Ferdinand Eder
Das Befinden von Kindern und Jugendlichen
in der österreichischen Schule
Befragung 2005

W0195690

BILDUNGS FORSCHUNG

DES BUNDESMINISTERIUMS FÜR BILDUNG, WISSENSCHAFT UND KULTUR

20

Das Befinden von Kindern und Jugendlichen in der österreichischen Schule

Befragung 2005

Ferdinand Eder

StudienVerlag
Innsbruck
Wien
Bozen

© 2007 by Studienverlag Ges.m.b.H., Erlerstraße 10, A-6020 Innsbruck
E-Mail: order@studienverlag.at
Internet: www.studienverlag.at

Umschlaggestaltung: Kreativstudio Ambrózy

Bibliografische Information Der Deutschen Bibliothek
Die Deutsche Bibliothek verzeichnet diese Publikation in der Deutschen Nationalbibliografie;
detaillierte bibliografische Daten sind im Internet über <http://dnb.ddb.de> abrufbar.

ISBN 978-3-7065-4380-4

Herausgeber: Bundesministerium für Bildung, Wissenschaft und Kultur (BMBWK),
Abt. I/4a, Doris Kölbl, A-1010 Wien, Rosengasse 2-6
www.bmbwk.at

Gedruckt auf umweltfreundlichem, chlor- und säurefrei gebleichtem Papier.

Vorwort zur Reihe

Das Bildungswesen, insbesondere das schulische, befindet sich seit jeher in einem Spannungsverhältnis zwischen Traditions- und Innovationsorientierung, indem es sich der Aufgabe verpflichtet, Erprobtes und Bewährtes zu sichern, gleichzeitig aber die Schülerinnen und Schüler auf die Zukunft vorzubereiten.

Die zunehmende Komplexität und gleichzeitige Schnelllebigkeit moderner Gesellschaften scheinen – auf den ersten Blick – die Schule und die darin Tätigen zu überfordern. Tatsächlich aber kann man die gegenwärtige Situation auch als Herausforderung betrachten, unter veränderten Bedingungen – und als solche haben sie sich wohl für jede Generation dargestellt – ein vernünftiges Verhältnis zwischen Reproduktions- und Innovationsfunktion der Schule zur Grundlage der täglichen Bildungsarbeit zu machen.

Freilich reicht zur Bewältigung dieser Aufgabe Intuition allein nicht mehr aus, es bedarf vielmehr verstärkter Anstrengungen, Prozesse systematisch zu beobachten, deren Bedingungsfaktoren zu analysieren und Handlungsvorschläge zu entwickeln. Hier ist Forschung als Motor für Innovationen und zentraler Faktor für die wirtschaftliche und gesellschaftliche Entwicklung eines Landes aufgerufen, unterstützend wirksam zu werden.
Für die in der gegenständlichen Reihe schwerpunktmäßig schulische Bildungsforschung bedeutet dies unter anderem, dass Neuerungen begleitend evaluiert werden, international vergleichende Forschung stärker in den Vordergrund rückt und die Wirkungsforschung forciert wird.

Angesichts der zunehmenden Beteiligung von mittel- und unmittelbar Betroffenen an Entwicklungsfragen der Schule, was vom Bundesministerium für Bildung, Wissenschaft und Kultur – in Fortsetzung erfolgreicher früherer Akzentsetzungen – unterstützt und gefördert wird (z.B.: Autonomie, Qualitätsentwicklung), ist Forschung so anzulegen bzw. hat sie sich so zu präsentieren, dass die Resultate nicht nur um ihrer wissenschaftlichen Seriosität willen, sondern auch hinsichtlich ihrer Lesbarkeit und Praxisorientierung geeignet sind, eine Grundlage für Bildungsplanung und Schulentwicklung auf allen schulischen Ebenen darzustellen.

Das BMBWK strebt mit seiner Auftragsforschung diese Zielsetzung an. Die vorliegende Publikationsreihe versteht sich dabei als Mittlerin. Die positiven Erfahrungen im In- und Ausland mit den bisher erschienenen Bänden geben Anlass zur Hoffnung, dass dieser Anspruch auch in Zukunft erreicht wird.

Dr. Anton Dobart
Leiter der Sektion I im BMBWK

Vorwort zum Band

Die Befindlichkeit von Schülerinnen und Schülern, die Bedingungen des Systems Schule für die Beteiligten sowie der Einfluss des privaten Umfelds auf die schulische Situation stehen, mit Ausnahme von (öffentlichkeits-wirksamen) Teilaspekten wie Kosten von Nachhilfestunden oder Auswirkungen der Wirbelsäulenbelastung, selten im Blickpunkt der Öffentlichkeit. Auch Diskussionen zur Qualitätsentwicklung der Schule in Österreich vermitteln nicht immer den Eindruck, dass dabei der Erhöhung der Zufriedenheit und des Wohlbefindens von Schülerinnen und Schülern zumindest der gleiche Stellenwert eingeräumt wird wie der Leistungssteigerung.

Das BMBWK gab deshalb schon 1994/95 ein Forschungsprojekt zu der komplexen Fragestellung, wie sich Schülerinnen und Schüler in der Schule fühlen, in Auftrag. Diese bildete ein Jahrzehnt lang eine wichtige Datengrundlage für bildungspolitische Diskussionen und Entscheidungen (Bildungsforschung, Bd. 8). Im Jahr 2007 können nunmehr – durch die Vergabe einer Nachfolgestudie – Antworten auf nahezu dieselben Fragestellungen, erhoben mit denselben, sehr differenzierten Untersuchungsinstrumenten an den Schulen der 10- bis 18-Jährigen und erneut durchgeführt von Univ. Prof. Dr. Ferdinand Eder, publiziert werden.

Es wurden 7625 Schüler/innen in 339 Schulklassen der 4.-12. Schulstufen in 126 Schulen befragt, wobei die Untersuchung diesmal zusätzlich an den Polytechnischen Schule sowie den Berufsschulen durchgeführt wurde. Neben einer repräsentativen Erhebung der subjektiven Befindlichkeit der Schüler/innen durch Fragebögen wurde in der umfassenden Grundlagenforschung als außergewöhnliches Datenerfassungsinstrument das „Befindenstagebuch" angewandt.

Die Wiederholung der Studie – etwa 10 Jahre später – eröffnet die große Chance, strukturelle Veränderungen im Schulsystem, darunter Maßnahmen, wie z.B. Stundenreduktionen oder geschlechtsspezifische Fördermaßnahmen, die direkt (oder indirekt) der Unterstützung bzw. Entlastung der Schüler/innen dienen, und deren Auswirkungen auf die Befindlichkeit im Vergleich zu betrachten.

Es darf vorweg genommen werden, dass die Ergebnisse der neuen Befindlichkeitsstudie der österreichischen Schule allgemein ein positives Zeugnis ausstellen. Die Schule ist für Schülerinnen und Schüler insgesamt angenehmer geworden. Die Schüler/innen gehen generell lieber in der Schule, die Mädchen weisen z.B. eine höhere Zufriedenheit und ein besseres Leistungsselbstkonzept als vor 10 Jahren auf.

Im Großen und Ganzen gibt es aber wenige Veränderungen zu den Daten von 1994/95, d.h. es bestehen nach wie vor Mängel in bestimmten Bereichen und es sind neue Erfordernisse sichtbar geworden.

Signifikant zeigt sich der Nachholbedarf generell an den Nahtstellen bei Schulübertritten und dem eklatanten Absinken der Motivation und Schulfreude nach der 4. bzw. 5. Schulstufe. Es müssen daher die Forderungen von Expert/innen, wie z.b. die qualitative Verbesserung des sozialen Klimas an den Schulen, Begleitmaßnahmen zur Stärkung der Sozial- und Selbstkompetenz der Schüler/innen oder die verstärkte individuelle Unterstützung der Schüler/innen, nach wie vor aufrecht bleiben.

Mit der vorliegenden „Befindlichkeitsstudie" als Beitrag zur kontinuierlichen Erhebung von Qualitätsdaten im Schulbereich (Systemmonitoring) konnte erneut ein realistisches Bild von Schule aus Sicht der Schüler/innen gezeichnet werden und erfolgreiche Veränderungen wie bestehender Veränderungsbedarf abgebildet werden.
Sichtbare Anstrengungen zur Qualitätsentwicklung auf allen Ebenen des Schulsystems, basierend u.a. auf aktuellen Studienergebnissen, geben zur Hoffnung Anlass, dass die österreichische Schule kontinuierlich – in Zusammenhang mit einer zunehmenden Selbstbestimmung von Strukturen und Rahmenbedingungen – den beharrenden Kräften innovative Erneuerung entgegensetzen kann.

Doris Kölbl
BMBWK, Abt. 1/4a
Wien, im Jänner 2007

Inhaltsverzeichnis

Das Befinden von Schülerinnen und Schülern in der Schule - eine Repräsentativerhebung

Ferdinand Eder (unter Mitarbeit von Juliane Schmich)

Schulerfahrungen besonders belasteter Schülerinnen und Schüler

Ferdinand Eder & Anna Eder

Einleitung

Im Schuljahr 1993/94 erfolgte – im Auftrag des damaligen Bundesministeriums für Unterricht und Kunst – erstmals eine ausführliche Untersuchung des Befindens der Schülerinnen und Schüler in den österreichischen Schulen (vgl. Eder, 1995). Seither haben im Schulsystem zahlreiche Entwicklungen und Veränderungen stattgefunden, über deren Auswirkungen auf das Befinden der Schülerinnen und Schüler wir wenig wissen.

- Ganz allgemein war die österreichische Schule in diesem Zeitraum geprägt durch eine intensive Qualitätsdiskussion, die vom Bildungsministerium durch eine Reihe von Qualitätsinitiativen in Gang gebracht wurde. Im Rahmen dieser Entwicklungen wurden den Schulen eine Reihe von Maßnahmen empfohlen, aber nicht verpflichtend vorgeschrieben. Dies gilt vor allem für das Schulprogrammkonzept, das Schulen anregt, ihren eigenen Entwicklungsstand zu diagnostizieren, ein Leitbild zu entwickeln, und zur Umsetzung dieses Leitbildes beziehungsweise zur Entwicklung von Qualität entsprechende Maßnahmen zu setzen und nach einer gewissen Zeit zu evaluieren.
- Diese Qualitätsinitiativen gingen einher bzw. waren Ausdruck von Veränderungen in der Steuerungsphilosophie des Bildungssystems, die letzten Endes zu einer weit gehenden Autonomie der Einzelschule geführt haben. Insbesondere sollten es durch standortbezogene Entscheidungen möglich oder erleichtert werden, das Angebot der Schulen besser auf die Erwartungen und Bedürfnisse ihrer Schülerinnen und Schüler abzustimmen.
- Die Teilnahme an PISA 2000 und PISA 2003 brachte eine wichtige internationale Vergleichsperspektive in die schulbezogene Diskussion; zugleich aber geriet das österreichische Schulsystem aufgrund der insgesamt mittelmäßigen Ergebnisse zumindest in einigen Bereichen stark in die öffentliche Kritik.
- Im Herbst 2003 bzw. im Sommer 2004 wurden schließlich durch die Vorschläge der „Zukunftskommission" (Haider, Eder, Specht & Spiel, 2004) eine Reihe weiterer Impulse gesetzt, die Qualität der Schulen zu entwickeln.

Parallel zu diesen Entwicklungen, die primär darauf abzielten, die Qualität der Einzelschule zu stärken, erfolgten eine Reihe von systembezogenen Maßnahmen, von denen vermutet werden kann, dass sie erhebliche Auswirkungen auf das Leben der Schülerinnen und Schüler haben. Mit Schuljahr 1997/98 wurden die Aufnahmeprüfungen für die berufsbildenden mittleren und höheren Schulen abgeschafft und durch ein Notenkalkül aus den Noten Deutsch, Englisch und Mathematik aus dem letzten Jahr der vorausgehenden Schule (Hauptschule, Unterstufe der allgemein bildenden höheren Schule) ersetzt. Dadurch erhielten die Abschlussnoten der Sekundarstufe I, die bis dahin lediglich den Abschluss des jeweiligen Schultyps dokumentierten, plötzlich Berechtigungsfunktion und damit vor allem in der Hauptschule einen Stellenwert, den sie ursprünglich – bei Einführung der „Neuen" Hauptschule – nicht gehabt hatten.

Bereits Mitte der 90er Jahre und dann noch einmal im Herbst 2003 erfolgte zur zeitlichen Entlastung der Schülerinnen und Schüler eine Kürzung der Pflichtstunden. Sie bedeutete für die Sekundarstufe I eine Reduzierung der Pflichtstunden von 127 auf 120, und ihre Einführung, die von den Lehrerinnen und Lehrern heftig bekämpft wurde, erfolgte nicht zuletzt auch, um Kosten einzusparen.

Im gleichen Zeitraum setzte sich die kontinuierliche Verschiebung der Schülerströme zwischen der Hauptschule und der Unterstufe der allgemein bildenden höheren Schulen fort (vgl. Stockhammer, Baumühlner & Langer 2002). Im Zusammenhang mit dem allgemeinen Rückgang der Schülerzahl ergab sich daraus eine zunehmend schwieriger werdende Situation für die Hauptschule, die dadurch einem doppelt verursachen Schülerschwund ausgesetzt wurde: Einerseits kam es als Folge des Geburtenrückgangs zu einem generellen Rückgang an Schüler/innen, und andererseits versuchten und versuchen immer mehr Volksschüler/innen, ihre Schulpflicht nicht an der Hauptschule, sondern an der Unterstufe der AHS zu absolvieren, weil diese Schulform insgesamt bessere Chancen vermittelt, nach Absolvieren der Pflichtschule in eine höhere Schullaufbahn einzutreten.

Vor dem Hintergrund dieser teilweise gravierenden Veränderungen in der Bildungspolitik und an den Schulen gewinnt die Frage an Bedeutung, ob es in diesem Zeitraum zu Veränderungen darin gekommen ist, wie die Schülerinnen und Schüler die Schule erleben. Hier könnte eine Wiederholung der Befindensuntersuchung aus dem Jahre 1994 wichtige Hinweise auf mögliche Begleitfolgen dieser Veränderungen liefern.

Ziel dieses Projekts war damit einerseits die aktuelle Untersuchung des Befindens der Schülerinnen und Schüler als Beitrag zur permanenten Erhebung von Qualitätsdaten im Schulbereich (Systemmonitoring), andererseits aber auch die Feststellung von Veränderungen im beschriebenen Zeitraum. Diese Zielsetzungen legen es nahe, die Befindensuntersuchung 1994 in möglichst unveränderter Form zu wiederholen, also im Wesentlichen die gleichen, sehr differenzierten Untersuchungsinstrumente zur Erfassung des Befindens der Schüler/innen einzusetzen wie damals, jedoch hinsichtlich der miterfassten Merkmale der betreffenden Schulen auf die schul- und bildungspolitischen Entwicklungen in der Zwischenzeit einzugehen. Natürlich lassen sich bei einem derartigen Epochenvergleich allfällige Veränderungen nicht direkt einzelnen Ereignissen oder Maßnahmen, die in der Zwischenzeit stattgefunden haben, zuschreiben. Vielmehr sind sie Ausdruck der gesamten zwischenzeitlichen Entwicklung. Es kann lediglich theoretisch argumentiert werden, und auch das vermutlich nur in Einzelfällen, dass einzelne markante Ereignisse als Auslöser für solche Veränderungen eine Rolle gespielt haben könnten.

Das Schulwesen steht nunmehr am Beginn einer neuen Reformphase, die u.a. durch die eher mittelmäßigen nationalen Ergebnisse in PISA, Vorschläge der „Zukunftskommission" und Anbindung an internationale Entwicklungen (etwa im Bereich der Standards) initiiert, zugleich aber stark vom Wunsch nach strategischer Gestaltung der Zukunft der Bildung gesteuert ist. Die weitgehende Aufhebung der parlamentarischen Zwei-Drittel-Mehrheit für schulgesetzliche Regelungen sollte ein flexibleres Reagieren der Bildungspolitik und der Schuladministration auf Veränderungen in den gesellschaftlichen Rahmenbedingungen für die Schule ermöglichen. Eine Bilanzierung der innerschulischen Verhältnisse zum derzeitigen Zeitpunkt erhält damit auch wieder den Charakter einer Anfangsdiagnose für die nächste Periode der Reformen.

Der jetzt vorliegende erste Bericht über diese Untersuchung soll vor allem einen Eindruck über das Befinden von Schülerinnen und Schülern in unserem Schulsystem insgesamt vermitteln. Daher wird die Darstellung der Ergebnisse nur nach einigen wenigen durchgehenden Gesichtspunkten differenziert. Solche sind das Geschlecht der Schülerinnen und Schüler, die Schultypen und die Schulstufen. Zusätzlich wird versucht, durch eine Differenzierung nach „Schulsträngen" (Hauptschul-Strang, AHS-Strang; zur Beschreibung vgl. Kap. 1) auch der Zweigliedrigkeit des Systems zumindest ansatzweise gerecht zu werden. Weiter gehende Differenzierungen würden die Darstellung in hohem Maße unübersichtlich und unüberschaubar machen. Differenziertere Analysen müssen daher späteren Auswertungen vorbehalten bleiben.

Entsprechend dem Anliegen, primär zu beschreiben, wird versucht, Ergebnisse möglichst anschaulich darzustellen und sich mit Interpretationen zurück zu halten. Ebenfalls war es ein Anliegen, nicht einen Wust von Zahlen und Mittelwerten zu präsentieren, sondern zentrale Informationen so aufzubereiten, dass ein klares Bild entsteht. Dies erforderte oft die Entscheidung, auf Tabellen zu verzichten und dafür grafische Darstellungen mit weniger Zahlen, dafür höherer Anschaulichkeit, zu präsentieren. Auch auf die vergleichende Einordnung anderer, in der Zwischenzeit erfolgter Untersuchungen, wird aus Gründen der Konzentration verzichtet. Die verwendeten Erhebungsinstrumente und statistischen Verfahren werden so sparsam wie möglich beschrieben, wobei im Regelfall auf die Beschreibungen aus der Erstuntersuchung zurück gegriffen wird. Auch auf den Abdruck der Fragebögen wird aus Raumgründen verzichtet. Um trotzdem einen entsprechenden Nachvollzug der Erhebung und des methodischen Zugangs zu ermöglichen, sind viele der erfragten Einzelmerkmale direkt im Text wiedergegeben; Interessent/innen an den Fragebögen selbst können sie beim Autor anfordern, am besten per E-Mail an Ferdinand.Eder@sbg.ac.at.

Die vorliegende Darstellung verzichtet auch darauf, explizit Maßnahmen zur Weiterentwicklung und Verbesserung der Verhältnisse an den Schulen vorzu-schlagen. Aus der Beschreibung der Verhältnisse folgt ja nicht unmittelbar, was zu ihrer Veränderung unternommen werden könnte. Wohl aber bietet das vorliegende Material *implizit* zahlreiche Anknüpfungspunkte, welche Ziele angestrebt werden könnten. Die Ergebnisse, um nur ein Beispiel dafür zu nennen, liefern deutliche Hinweise, dass das Ausmaß an Individualisierung über die Schulstufen hinweg massiv zurück geht, vor allem in der Sekundarstufe II. Hier liegt eine Zielperspektive klar auf der Hand, auch wenn zugleich zu bedenken ist, ob der Sachverhalt der geringen Differenzierung nicht auch damit zu tun hat, dass das österreichische Schulsystem auf der Ebene der Sekundarstufe II eine starke äußere Gliederung aufweist, die zu einer Homogenisierung der Lerngruppen in den einzelnen Schultypen und Schulzweigen führt und daher in einem gewissen Ausmaß innere Differenzierung auszugleichen vermag. In vergleichbarer Weise lassen sich zahlreiche Ergebnisse interpretieren, ganz allgemein deshalb, weil die verwendeten Verfahren aus einer Qualitätsperspektive entwickelt wurden und daher zum Großteil eine sinnvolle Entwicklungsperspektive für Schulen oder für das Schulsystem in operationalisierter Form in sich tragen.

Die Durchführung dieser Untersuchung wäre nicht möglich gewesen ohne die Mithilfe zahlreicher Personen, von denen hier stellvertretend vor allem Frau Mag. Juliane Schmich und Frau Gabriele Hörl erwähnt werden sollen. Frau Mag. Schmich hat große Teile der Feldforschung umsichtig organisiert, die Daten gesammelt, geprüft und für die Auswertung aufbereitet. Frau Hörl hat sich große Verdienste um die Erstellung des Manuskripts erworben. Ich möchte ihnen beiden dafür sehr herzlich danken; nicht zuletzt aber auch meiner Frau Anna, die unter schwierigen Bedingungen durch die Schule besonders belastete Schülerinnen und Schüler aufgefunden, mit ihnen Interviews geführt und ihre oft auch sprachlich nicht einfach zu verstehenden Antworten in lesbare Texte transkribiert hat.

Salzburg, November 2006

Ferdinand Eder

Das Befinden von Schülerinnen und Schülern in der Schule – eine Repräsentativerhebung

Ferdinand Eder (unter Mitarbeit von Juliane Schmich)

1 Gesamtkonzeption und Untersuchungs- design

Die Befindensuntersuchung 2005 ist eine Replikation der umfangreichen Erhebung zum „Befinden von Kindern und Jugendlichen in der Schule", die im Schuljahr 1993/94 durchgeführt wurde. Hinsichtlich der theoretischen Konzeption der Untersuchung wird daher auf den damaligen Ergebnisbericht („Das Befinden von Kindern und Jugendlichen in der Schule", Reihe Bildungsforschung des BMUK), insbesondere auf die quantitative Untersuchung (Eder, 1995) verwiesen. Zur Herstellung eines Überblicks wird hier der dort zu Grunde gelegte Befindensbegriff sowie die Untersuchungsstruktur auf Basis der erfassten Merkmale kurz dargestellt.

1.1 Zum Befindensbegriff

Wenn wir eine Person nach ihrem „Befinden" oder „Wohlbefinden" fragen, ist der Raum möglicher Antworten groß. Sie können sich auf Gesundheit und Krankheit, auf psychische Stimmungen, Zeitdruck oder Partnerprobleme beziehen. Immer aber werden sie explizit oder implizit eine subjektive Komponente enthalten: Die Frage nach dem Befinden enthält die Aufforderung, sich selbst reflektierend gegenüber zu treten und die eigene „Lage" zu beurteilen; Subjektivität wird dabei nicht als Mangel oder Fehler empfunden, sondern ist konstituierendes Merkmal der Antwort.

In der Psychologie wird *Befindlichkeit* als „allgemeiner Begriff für die momentane Gesamtheit aller Stimmungen und Empfindungen und die emotionalen Zustände einer Person" gebraucht (Tewes & Wildgrube, 1992, S. 45); *Befinden* kann im Anschluss daran als die Gesamtheit der relativ überdauernden Stimmungen, Empfindungen sowie emotionalen Zustände einer Person verstanden werden. Allerdings findet in dieser Begriffsfestlegung der Aspekt der Selbstwahrnehmung, wie er für die Alltagssprache charakteristisch ist, keine Berücksichtigung.

Im Anschluss an die Feldtheorie Lewins (vgl. Lang, 1973) soll hier Befinden verstanden werden als die affektiv-wertende Selbstwahrnehmung einer Person in ihrem Lebensraum. Der Lebensraum ist „die individuelle Welt, so wie sie für eine Person besteht" (Lewin, 1963, S. 31). „Für das Befinden ist demnach konstituierend, wie sich eine Person selber wahrnimmt und wie sie ihre Beziehungen zu den Elementen in ihrem Lebensraum wahrnimmt (wobei die Person selber ein Element des Lebensraums darstellt). Für den Lebensraum Schule (Klasse), der einen Teilbereich des gesamten Lebensraums einer Person bildet, läßt sich Befinden umschreiben als die affektiv-wertende Selbstwahrnehmung schulbezogener Merkmale der eigenen Person und der Beziehungen zu den relevanten Elementen der schulischen Umwelt" (Eder, 1995, S. 16).

1.2 Struktur der Untersuchungsvariablen

Aus den Überlegungen zur Definition von Befinden und zu den befindensrelevanten Merkmalen insbesondere des schulischen Lebensbereiches von Kindern und Jugendlichen (vgl. die Darstellung der Gesamtkonzeption im Bericht über die Befindensuntersuchung 1993) resultierte die Überlegung, den „Lebensraum Schule" und das Verhalten und Handeln der Schüler/innen in diesem Lebensraum möglichst umfassend abzubilden. Dies führte zu einer relativ komplexen Struktur möglicher Untersuchungsvariablen, die sich an den grundlegenden Lebensbereichen Jugendlicher orientiert.

Für Schülerinnen und Schüler sind vor allem die Lebensbereiche Familie, Schule und Peergruppe von Bedeutung; ihre Einbettung und Vernetzung in diese Lebensbereiche bedingt nach Auffassung der ökologischen Entwicklungspsychologie in hohem Maße die Entwicklung der Person.

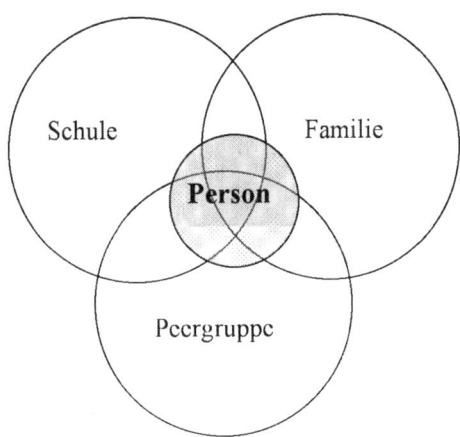

Abbildung 1: Die Person in ihren Lebensbereichen

Um das Befinden der Schüler/innen zu erfassen, war es notwendig, die Einbettung der Schülerinnen und Schüler in ihre Lebensbereiche empirisch abzubilden; die Auswahl der dazu notwendigen Untersuchungsvariablen orientierte sich daher stark an diesem Grundmodell (vgl. Abbildung 1). Demnach werden drei Ebenen von Merkmalen unterschieden:

• Merkmale des situativen und überdauernden Befindens der Person (Schüler/in)

- Merkmale der Einbettung der Person in den schulischen Lebensraum („Individuelle Lage")
- Merkmale der Lebensbereiche Schule, Familie und Peer Group, von denen die Person umgeben ist.

Die Gesamtstruktur der Untersuchung lässt sich in einem Zwiebelschalenmodell darstellen (Abbildung 2):

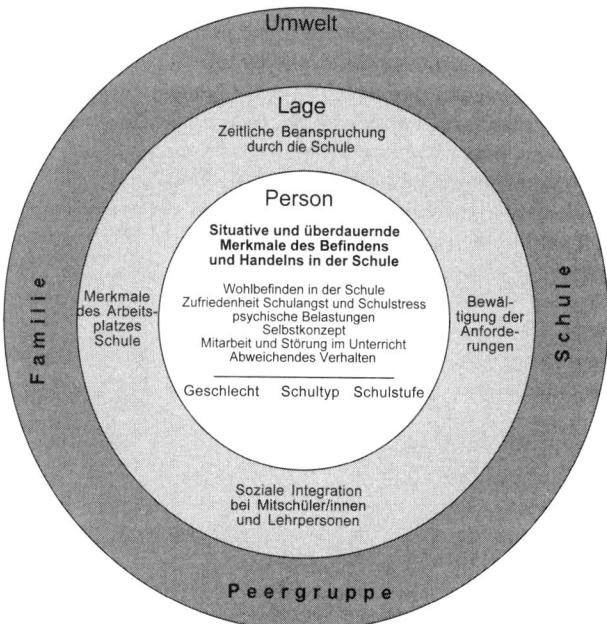

Abbildung 2: Ordnungsmodell für die Erfassung des Befindens in der Schule

1.3 Entwicklung der Fragebögen und Ziehung der Stichprobe

1.3.1 Entwicklung der Fragebögen

Zur Erhebung des Befindens wurden Fragebögen verwendet. Aufgrund des großen Altersunterschiedes innerhalb der Stichprobe – befragt wurden Schüler/innen von der 4. bis zur 12. Schulstufe – war es notwendig, Fragebögen zu erstellen, die auf das Alter sprachlich und inhaltlich abgestimmt sind, gleichzeitig aber dieselben Konstrukte erheben. Dies führte wie bereits bei der Befindensuntersuchung 1993 zu einer Dreiteilung der Fragebögen:

- Fragebogen A wurde für Schüler/innen der 4. Schulstufe (also für die 4. Klasse Volksschule) verwendet,
- Fragebogen B wurde bei Schüler/innen zwischen 5. und 8. Schulstufe eingesetzt (also in der Sekundarstufe I), und
- Fragebogen C erfasste die Schulstufen 9 bis 12 (also Berufsschulen, berufsbildende mittlere und höhere Schulen einschließlich der polytechnischen Schule, und AHS-Oberstufe).

Die Fragebögen A und B sind kürzere und sprachlich vereinfachte Versionen des Fragebogens C. Für manche Bereiche, z.b. zur Erfassung des Schulklimas, erfolgten jedoch zusätzliche Entwicklungen. Tabelle 1 gibt einen Überblick über die Variablenbereiche, die untersucht wurden.

Tabelle 1: Überblick über zentrale Untersuchungsvariablen bzw. Variablengruppen

Merkmale der Umwelt	Merkmale der „Lage"	Merkmale der Person
Merkmale der Schule: Klima auf Schul- und Klassenebene Merkmale der Schulstruktur (Schultyp) bzw. Klassenstruktur	**Soziale Integration der Schüler/innen:** Verhältnis zu den Lehrkräften Verhältnis zu den Mitschülern und Mitschülerinnen Zusammenleben der Geschlechter	**Eher situative Befindensmerkmale:** Wohlbefinden Freude am Schulbesuch Schulzufriedenheit Schul-/Prüfungsangst
Merkmale der Familie: Strukturelle Familienmerkmale (Familienform, Nationalität, Bildungs- und Berufsstatus der Eltern) Interaktionsmerkmale innerhalb der Familie	**Die „physische Lage" der Schüler/innen:** Ergonomische Aspekte des Arbeitsplatzes Merkmale des Arbeitsplatzes	**Eher überdauernde Merkmale:** Depressive Verstimmung Schulangst und Schulstress Selbstkonzept und Selbstwertgefühl Psychosomatische Belastungen
Freizeitsituation und Peergruppenbeziehungen: Qualität der Peerbeziehungen Freizeitinteressen Soziale Ressourcen Nutzung von Medien	**Bewältigung von Anforderungen:** Noten, allgemeine Orientierung, Bedeutsamkeit des Unterrichts	**Verhalten und Handeln:** Lernmotivation Mitarbeit und Störung im Unterricht Schulschwänzen Abweichendes Verhalten (Konsum von Alkohol, Nikotin)
	Zeitliche Belastung durch die Schule: Schulweg Häusliche Arbeitszeit	**Biografische Merkmale:** Geschlecht Soziale, regionale und kulturelle Herkunft

Für die Erstellung der Fragebögen wurden ganz überwiegend die bereits entwickelten Instrumente der Befindensuntersuchung 1993 verwendet; für neue Untersuchungsfragen (z.B. zur Erfassung des Zusammenlebens der Geschlechter) wurden spezifische Fragenmodule entwickelt.

Aufgrund der Datenerhebungsstrategie – in den einzelnen Klassen sollte nur eine Unterrichtseinheit lang getestet werden, aber insgesamt eine breite Datenerfassung erfolgen – war es notwendig, die für eine Klasse zur Erhebung vorgesehenen Merkmale zu splitten und auf verschiedene Fragebögen aufzuteilen. Es wurden also Fragebögen entwickelt, die neben einem gemeinsamen Kern zentraler Untersuchungsanliegen jeweils spezifische Bereiche erfassten, die aber nur von einem Teil der Schülerinnen und Schüler in einer Klasse erhoben wurden.

Die unterschiedlichen Bereiche, hier „Module" genannt, sind auf insgesamt 10 verschiedene Fragebögen verteilt (vgl. Tabelle 2).

Tabelle 2: Module in den Fragebögen

Modul	Modul eingesetzt im Fragebogen
Fragen zu Schule und Klasse (LFSK 9 – 13)	C1
Fragen zu Schule und Klasse (LFSK 4 – 8)	A1, B1
Befinden (kurz)	C1, B2, B4, A1
Befinden (lang)	C2, C3, B1, B3, A2, A3
Arbeitsplatz	C1, B1, A1
Selbstkonzept	C1, C3, B1, B4, A1
Gesundheit	C1, C3, B1, B3, B4, A1, A3
Familiäre und sozialer Hintergrund	C1, C2, C3, B1, B2, B3, B4, A1, A2, A3
Familie und Schule	C2, C3, B2, B3, A2, A3
Freizeit und Freunde	C1, C2, B1, B2, B4, A2
Zeitliche Beanspruchung durch die Schule (kurz)	B3, B4, A3
Zeitliche Beanspruchung durch die Schule (lang)	C2, C3, B2, A2
Partizipation, Individualisierung	C2, B2
Beste Lehrerin / Lehrer	C2, B2
Schulangst	C2, B1, A3
Sozialkapital/Ressourcen	C2, C3, B3
Lernmotivation	C3, B3
Gender-Situation	C3, B3, A3
3 offene Fragen am Schluss	C1, C2, C3, B1, B2, B3, B4, A1, A2, A3

Für die Aussagekraft der Untersuchung besonders bedeutsame Module wie z.B. „Soziale Herkunft" und „Befinden (lang)" bzw. „Befinden (kurz)" sind in allen 10 Fragebögen enthalten, währenddessen Module wie z.b. „Partizipation, Individualisierung", die sich nicht auf die individuelle Ebene der Schüler/innen, sondern auf die Ebene der Schule/Klasse beziehen (und daher repräsentativ von wenigen Schüler/innen für die ganze Klasse beantwortet werden können), nur in 2 Fragebögen, allerdings in unterschiedlichen Schultypen, erhoben werden. Einige Spezialfragestellungen wurden jeweils nur in einem Fragebogen vorgegeben.

Der Fragebogen B4 wurde in den Hauptschulen für Schülerinnen und Schüler mit sonderpädagogischem Förderbedarf vorgesehen. Er entspricht im Wesentlichen dem Fragenbogen, der in der Volksschule vorgegeben wurde; durch die kürzere Version sollte der meist eingeschränkten Leistungsfähigkeit dieser Schüler/innen Rechnung getragen werden.

1.4 Ziehung der Stichprobe

Analog zur Befindensuntersuchung 1994 sollte eine repräsentative Stichprobe von Schülerinnen und Schüler von der 4. bis zur 12. Schulstufe erfasst werden; zusätzlich wurden die damals ausgeschlossenen Berufsschulen in die Untersuchung eingebunden. Unter Berücksichtigung der Schulorganisation ergaben sich damit die folgenden Untersuchungsgruppen für die Ziehung der Stichprobe (vgl. Tabelle 3):

Tabelle 3: Schultypen und untersuchte Schulstufen

Schultyp	Untersuchte Schulstufen
Volksschule	4. Schulstufe
Hauptschule	5. bis 8. Schulstufe
AHS – Unterstufe	5. bis 8. Schulstufe
AHS – Oberstufe	9. bis 11. Schulstufe (exkl. Maturaklassen)
Berufsbildende mittlere Schulen	9. bis 11. Schulstufe
Berufsbildende Höhere Schulen	9. bis 12. Schulstufe (exkl. Maturaklassen)
Polytechnische Schule*)	9. Schulstufe
Berufsschulen	10. bis 12. Schulstufe

Anmerkung: *) Die Polytechnischen Schulen sind schulrechtlich berufsbildende mittlere Schulen. Sie werden hier gesondert angeführt, weil sie in der Befindensuntersuchung 1994 nicht mit erfasst wurden. Für die Stichprobenziehung wurden sie der Gruppe der Berufsbildenden mittleren Schulen zugeordnet.

Die Schulforschung hat in den letzten Jahren verstärkt gezeigt, dass Unterschiede weniger zwischen Schularten und Schultypen, viel stärker jedoch zwischen den einzelnen Schulen, und am größten zwischen den Klassen sind. Für die Befindensuntersuchung wurde daher die Strategie gewählt, die Anzahl der Klassen zu erhöhen und dafür die Befragungszeit für die einzelnen Schülerinnen und Schüler zu verringern. Gegenüber der Befindensuntersuchung 1994 bedeutete dies, dass aus einer Schule nicht mehr zwei Klassen für eine zweistündige Befragung ausgewählt wurden, sondern drei Klassen für eine einstündige Befragung.

Das Bildungsministerium stellte zum Zweck der Stichprobenziehung eine aktuelle Liste aller österreichischen Schulen zur Verfügung. Es standen demgemäß 5874 Schulen für die Stichprobenziehung zur Verfügung. Die Untersuchungsgröße wurde auf 120 Schulen festgelegt; die Verteilung auf die einzelnen Schultypen wurde im Hinblick auf eine hinreichende Messqualität sowie die absolute Anzahl der Schulen in den einzelnen Bereichen folgendermaßen festgelegt:

- 20 Volkschulen,
- 25 Hauptschulen,
- 20 Schulen der AHS-Unterstufe,
- 12 Schulen der AHS-Oberstufen,
- 11 Berufsbildende mittlere Schulen,
- 12 Berufsbildende höhere Schulen und
- 20 Berufschulen.

1.4.1 Volksschulen

Bei der Ziehung der 20 Schulstandorte wurden die Schulen aufgrund der großen Anzahl der Volksschulen in Österreich (3329 Volksschulen) nach den neun

Bundesländern geordnet, damit jedes Bundesland durch mindestens eine Schule vertreten sein könnte. Dabei wurde folgende Gewichtung vorgenommen (vgl. Tabelle 4):

Tabelle 4: Gewichtung der Bundesländer – Stichprobe Volksschulen

Bundesländer	Anzahl der Volksschulen	Gesamt
Burgenland/Vorarlberg	Je 1	2
Kärnten/Salzburg/Wien	Je 2	6
Niederösterreich/Oberösterreich/Steiermark/Tirol	Je 3	12
Gesamt Volksschulen		20

Das Ziehungsverfahren wird am Beispiel der Volksschulen genauer beschrieben: Für die Ziehung der Stichprobe wurde eine Zufallszahl als Ausgangszahl (bei den VS die Zahl 37) und eine weitere Zufallszahl (26) als Fortschrittszahl gezogen. Zuerst wurde also die Schule mit der Zahl 37 gezogen, dann 63 usw. Ergab sich am Ende der Liste keine ausreichende Anzahl von Schulen pro Bundesland, wurde am Beginn der Liste fortgesetzt, bis die entsprechende Anzahl erreicht war. Die auf diese Weise zustande gekommene Stichprobe von 20 Schulstandorten sollte, je nach dem, ob eine Schule über eine oder zwei vierte Klassen verfügte, zu einer Stichprobe von 30 bis 40 Volksschulklassen führen. Wie bereits oben erwähnt wurden in den Volksschulen nur die 4. Schulstufen untersucht. Eine zusätzliche Randomisierung der Klassen war somit nicht erforderlich.

1.4.2 Sekundarstufe I

Die Stichprobengröße für die Hauptschule wurde mit 25 und für die AHS mit 20 Schulstandorten festgelegt. Im Hinblick auf Größe und regionale Nähe wurden der Ziehung folgende Cluster der Bundesländer zugrunde gelegt:
• Burgenland, Kärnten und Steiermark
• Oberösterreich und Salzburg
• Tirol und Vorarlberg
• Wien
• Niederösterreich.

Danach wurden für jedes Cluster nach der oben (Kap. 1.4.1) beschriebenen Ziehungsprozedur 5 Hauptschul- und 4 AHS-Standorte gezogen. Aus der so entstandenen Stichprobe von 25 Hauptschulen und 20 AHS-Unterstufen wurden für jeden Schulstandort 3 (der 4 möglichen) Schulstufen für die Fragebogentestung zugeordnet, und zwar so, dass alle Stufen gleich oft berücksichtigt wurden (vgl. Tabelle 5):

Tabelle 5: Auswahl der Schulstufen

	5. Schulstufe	6. Schulstufe	7. Schulstufe	8. Schulstufe
1. HS	X	X	X	
2. HS	X		X	X
3. HS	X	X		X
4. HS		X	X	X
		und so fort...		

Wenn an einer Schule mehrere Klassen pro Stufe vorlagen, mussten die Test-leiter/innen nach einem genau vorgegebenen Prozedere die jeweiligen Klassen so auswählen, dass insgesamt eine Zufallsauswahl gesichert war.

1.4.3 Sekundarstufe II

Die vorgesehenen 35 Schulstandorte der Sekundarstufe II wurden zunächst in folgender Weise den Bundesländern zugeordnet (vgl. Tabelle 6):

Tabelle 6: Anzahl Schulen Sekundarstufe II

Schultypen	Aufteilung der 35 Schulen nach Schultypen:		
	AHS-Oberstufe	BMS	BHS
Anzahl Schulen	12	11	12
davon:			
Burgenland, Kärnten, Steiermark	2	2	2
Oberösterreich, Salzburg	3	2	2
Tirol, Vorarlberg	2	3	2
Niederösterreich	2	2	3
Wien	3	2	3

Die Auswahl innerhalb der Bundesländer(gruppe) erfolgte dann wieder nach dem oben beschriebenen Modus mit Zufallszahl und Fortschrittszahl. Auch hier wurde anschließend wieder nach einem Zufallsalgorithmus festgelegt, welche Klassen bzw. Schulstufen in den jeweiligen Schulen herangezogen werden sollten. In den Höheren Schulen wurden die Abschlussklassen nicht in die Untersuchung mit-einbezogen, um ihre Vorbereitung auf die Matura nicht zu beeinträchtigen.

1.4.4 Berufsschule

Durch Ziehung mittels Zufallszahl wurden 20 Berufsschulstandorte aus der bestehenden Berufsschulliste ausgewählt; aus jeder wurden drei Jahrgänge für die Festlegung der Klassen vorgesehen.

1.4.5 Überblick zur Stichprobenziehung

Die ausgewählten Schulen verteilten sich wie in Tabelle 7 dargestellt auf die einzelnen Schulsparten bzw. Bundesländer:

Tabelle 7: Gesamtzahl Schulen nach Schultyp und Bundesland

	Burgen-land	Kärn-ten	Steier-mark	Nieder-österreich	Ober-österreich	Salz-burg	Tirol	Vorarl-berg	Wien	
VS	1	2	3	3	3	2	3	1	2	20
HS		5		5		5		5	5	25
AHS-U		4		4		4		4	4	20
AHS-O		2		2		3		2	3	12
BMS		2		2		2		3	2	11
BHS		2		3		2		2	3	12
Berufsschulen	1	1	3	3	4	2	3	1	2	20
				Summe Schulanzahl						120

Abkürzungen: VS Volksschule; HS Hauptschule; AHS-U Allgemeinbildende Höhere Schule, Unterstufe; AHS-O Allgemeinbildende Höhere Schule, Oberstufe; BMS Berufsbildende mittlere Schulen; BHS Berufsbildende Höhere Schulen

Die gezogene Stichprobe ergab eine Gesamtklassenanzahl von ca. 340 Klassen. Bei einer durchschnittlichen Klassenschülerzahl von 23 Schüler/innen wurde eine Gesamtstichprobe von ca. 7800 Schüler/innen erwartet; davon abzuziehen ist die Anzahl jener Schülerinnen und Schüler, die am Befragungstag fehlen.

1.5 Durchführung der Befragung

Nach der Ziehung der Stichprobe wurden die betreffenden Schulen von den für die Durchführung dieser Studie ausgewählten und eingeschulten Testleitern und Testleiterinnen zur Terminvereinbarung kontaktiert. Vereinzelt konnten oder wollten Schulen der zufällig gezogenen Stichprobe aus unterschiedlichen Gründen an der Untersuchung nicht teilnehmen; für diese Fälle wurden entsprechend der vorab dargestellten Vorgangsweise Ersatzschulen gewählt und kontaktiert.

Die Erhebungen an den Schulen erfolgten im Schuljahr 2004/05 im Zeitraum Mitte April bis Anfang Juni.

1.5.1 Untersuchungsdurchführung in den Klassen

In der Regel wurden drei Klassen pro Schule untersucht. Volksschulen wiesen vereinzelt nur eine Klasse der 4. Schulstufe auf. Die Fragebögen wurden bereits vorab vom jeweiligen Testleiter bzw. von der jeweiligen Testleiterin mit Schul-, Klassen- und Schülernummer versehen. Die Schülerinnen und Schüler einer Klasse erhielten die ihrem Schultyp entsprechenden Fragebögen ausgeteilt. Die Zuteilung der drei Fragebogentypen erfolgte zufällig, indem die entsprechend vorsortierten Fragebögen in den Klassen fortlaufend entsprechend der Sitzordnung ausgegeben wurden.

1.5.2 Erhebung von Schulmerkmalen

Für jede untersuchte Schule wurden übergeordnete Merkmale im Rahmen eines Kurzinterviews mit dem Schulleiter oder Administrator bzw. mit der Schulleiterin oder Administratorin festgehalten. Beispiele für solche, durch einen halbstandardisierten Interviewleitfaden festgelegte, Merkmale sind:
* Name und Ort der Schule, Schulart und -typ, Zweig
* Besonderheiten (z.B. Schulversuche)
* Größe der Schule
* Profil der Schule
* Sozialökologische Einordnung der Schule.

In jeder untersuchten Klasse wurde von der Untersuchungsleitung zusätzlich ein Testprotokoll ausgefüllt, aus dem folgende Informationen hervorgehen:

* Besonderheiten der Klasse
* Name des Klassenvorstandes
* Anzahl der Schüler und Schülerinnen
* Befragungsdatum
* Anzahl der in dieser Klasse unterrichtenden Lehrer/innen
* Sitzordnung (zu zeichnen)
* Maßnahmen des sozialen Lernens in dieser Klasse (Klassenrat, Schüler-mediator/innen etc.).

1.6 Beschreibung der Stichprobe

Tabelle 8 gibt einen Überblick über die erreichten Klassen und stellt sie dem „Zielprofil" bei der Stichprobenerstellung gegenüber. Weil in einigen Volksschulen nur eine Klasse geführt wurde, mussten weitere Volksschulen in die Untersuchung aufgenommen werden. Die Gesamtzahl der erreichten Klassen und der erreichten Anzahl an Schüler/innen liegt über dem jeweils geplanten Wert; insgesamt erwiesen sich die Vorausschätzungen jedoch für einzelne Schultypen als etwas zu hoch (vgl. Tabelle 8).

Tabelle 8: Größe und Zusammensetzung der Stichprobe

	Klassen		Schülerinnen und Schüler	
	erreicht	geplant	erreicht	geplant
Volksschule	41	30-40	780	690
Hauptschule	75	75	1681	1725
AHS Unterstufe	64	60	1697	1380
AHS Oberstufe	38	36	778	828
BMS	28	33	664	759
BHS	36	36	815	828
BS	57	60	1210	1380
Gesamt	339	300	7625	7590

Ein Ziel bei der Auswahl der Klassen lag darin, die einzelnen Schulstufen innerhalb der Schultypen in einer hinreichenden Größe abzubilden. Über alle Schulstufen hinweg ergibt sich die in Tabelle 9 ausgewiesene Verteilung.

Tabelle 9: Aufteilung der Stichprobe nach Schulstufen.

Stufe	Klassen	%	Personen	%
4	41	12,1	780	10,2
5	34	10,0	818	10,7
6	37	10,9	832	10,9
7	35	10,3	850	11,1
8	35	10,3	879	11,5
9	39	11,5	992	13,0
10	48	14,2	999	13,1
11	41	12,1	908	11,9
12	29	8,6	567	7,4
Total	339	100	7625	100

Mit Ausnahme der 12. Schulstufe (für die sich, da die Abschlussklassen nicht befragt wurden, nur noch Schüler/innen der BHS in der Stichprobe befanden) sind alle Stufen durch mehr als 30 Schulklassen repräsentiert, sodass auch Auswertungen im Pseudo-Längsschnitt möglich erscheinen. Die Schultypen der Sekundarstufe I – Hauptschule und AHS – sind auf den einzelnen Stufen (5. - 8. Stufe) jeweils mit ungefähr gleich vielen Klassen vertreten. Tabelle 10 zeigt die Geschlechterverteilung der Stichprobe.

Tabelle 10: Geschlechterverteilung der Befragungsteilnehmer/innen nach Schultypen.

		Geschlecht		Total
		männlich	weiblich	
Volksschule	Anzahl	345	318	663
	%	52,0	48,0	100
Hauptschule	Anzahl	788	709	1497
	%	52,6	47,4	100
AHS-Unterstufe	Anzahl	782	803	1585
	%	49,3	50,7	100
AHS-Oberstufe	Anzahl	318	415	733
	%	43,4	56,6	100
BMS	Anzahl	230	155	385
	%	59,7	40,3	100
BHS	Anzahl	337	428	765
	%	44,1	55,9	100
Berufsschule	Anzahl	622	501	1123
	%	55,4	44,6	100
Polytechnische Schule	Anzahl	171	65	236
	%	72,5	27,5	100
Total	Anzahl	3593	3394	6987
	%	51,4	48,6	100

Nach Abschluss der Erhebungen wurde jeder Fragebogen daraufhin durchgesehen, ob er sorgfältig ausgefüllt worden war. Anschließend erfolgte die Übertragung auf elektronische Datenträger. Für die statistischen Auswertungen wurde das Statistik-programm SPSS 121.00 für Windows bzw. SPSS 11.2 für Macintosh verwendet.

1.7 Gewichtung der Daten

Für Aussagen über das Schulsystem insgesamt wurden die Daten einer nach Schultypen und Schulstufen so gewichtet, dass eine repräsentative Verteilung vorliegt. Die Grundlage dafür bildeten die Schuldaten der Statistik Austria (Statistik Austria 2006) für das Schuljahr 2004/05. Wo direkte Vergleiche mit den Ergebnissen der Befindensuntersuchung 1994 erfolgten, wurden die damaligen Daten ebenfalls einer Gewichtung auf Basis der Schuldaten, ebenfalls auf Basis der über Statistik Austria zugänglichen Daten für 1994/95, in vergleichbarer Form gewichtet. Die Einbeziehung der Schulstufen als zusätzlicher Gewichtungsfaktor erschien deswegen sinnvoll, weil zahlreiche Verläufe über die Schulstufen nachgezeichnet werden. Gegenüber der gezogenen Stichprobe führt die Gewichtung vor allem zu einer Höhergewichtung der Hauptschule, einer Reduzierung der AHS sowie einer Höhergewichtung der berufsbildenden mittleren Schulen.

1.8   Zur Darstellung der Ergebnisse

Aufgrund der großen Anzahl der erhobenen Merkmale erfordert die Darstellung der Ergebnisse eine erhebliche Verdichtung. Grundsätzlich wird versucht, die wichtigsten deskriptiven Ergebnisse entweder in Form von Tabellen oder in Form von Grafiken so darzustellen, dass ein anschauliches Bild der Verteilung entsteht. Als differenzierende Merkmale werden zusätzlich das Geschlecht, die Schultypen und die Schulstufen herangezogen.

Hinsichtlich der Entwicklung über die 12 untersuchten Schulstufen hinweg ist allerdings zu berücksichtigen, dass es sich nicht um einen „echten" Längsschnitt handelt, sondern um aneinander gereihte Querschnittsstichproben. Die Darstellung eines solchen Pseudolängsschnitts scheint aus mehreren Gründen gerechtfertigt. Zumindest von der 4. bis zur 9. Schulstufe sind tatsächlich alle Schüler und Schülerinnen (mit Ausnahme der Kinder in Sonderschulen) in der Stichprobe repräsentiert, so dass Verzerrungen aufgrund von Selektionseffekten nicht zu befürchten sind. Ab der 10. Schulstufe ist zwischen Jugendlichen in Vollzeitschulen und Jugendlichen in Berufsschulen zu unterscheiden.

Für die Beschreibung über die Schulstufen hinweg werden zur Vereinfachung zwei fiktive Schülerströme gebildet:
*   Der „Hauptschulstrang" (HS-Strang) umfasst jene Volksschulkinder, die vorhaben, in die Hauptschule zu wechseln (dieser Plan wurde im Fragebogen gesondert erhoben), anschließend die Hauptschüler/innen und die Schüler/innen der Berufsbildenden mittleren und höheren Schulen. Dieser Strang umfasst – weil Maturaklassen nicht befragt wurden – Schüler/innen bis einschließlich der 12. Schulstufe.
*   Der „Gymnasialstrang" (AHS-Strang) umfasst jene Volksschulkinder, die vorhaben, in die AHS-Unterstufe zu wechseln, anschließend die Schüler/innen aus der Unterstufe und der Oberstufe der AHS. Dieser Strang umfasst Schüler/innen bis einschließlich der 11. Schulstufe.

Der Sinn dieser Darstellung liegt vor allem darin, die dem zweigliedrigen Schulsystem entsprechenden Ausprägungen wichtiger Merkmale vergleichend sichtbar zu machen. Auch wenn es in der Realität zwischen diesen beiden „Strängen" natürlich immer wieder Wechsler/innen gibt, sollte es doch grundsätzlich möglich sein, eventuell bestehende Unterschiede zwischen den beiden Laufbahnen sichtbar zu machen. Schüler/innen der Polytechnischen Schulen und der Berufsschulen, die 2005 neu in die Stichprobe aufgenommen wurden, werden dabei nicht berücksichtigt, um die Vergleichbarkeit mit den analogen Darstellungen im Untersuchungsbericht 1994 (Eder, 1995) zu gewährleisten.

2 Das Befinden in der Schule

In diesem Abschnitt werden solche Merkmale dargestellt, in denen sich die Kinder und Jugendlichen selbst direkt dazu äußern, wie es ihnen in der Schule geht, wie sie die Schule emotional erleben und wie sie sich selbst in ihrer schulischen Umwelt wahrnehmen. Konkret geht es dabei um die Freude am Schulbesuch und das Wohlbefinden in der Schule, Schulzufriedenheit, Schulangst und psychische Belastungen durch die Schule, sowie um das Selbstkonzept der Schülerinnen und Schüler. Während das Selbstkonzept ein überdauerndes, in der Persönlichkeit verfestigtes Merkmal des Befindens darstellt, hängen die erstgenannten Merkmale relativ stark von den situativen Bedingungen der Schule bzw. der Schulklasse ab, die jemand besucht.

2.1 Schulfreude und persönliches Wohlbefinden

Mit zwei Fragen – „Gehst Du gerne in die Schule" und „Wie gut gefällt es Dir in der Schule insgesamt" – wurde der Aspekt des unmittelbaren Wohlbefindens im Zusammenhang mit Schule erfasst. Abbildung 3 zeigt die Ergebnisse für die gesamte Stichprobe. Nach diesen Angaben lässt sich zunächst sagen, dass der größere Teil der Schülerinnen und Schüler gern in die Schule geht und sich in der Schule wohl fühlt. Während jedoch bezüglich des Wohlfühlens in der Schule nur geringe Unterschiede zwischen den Geschlechtern bestehen, sind diese hinsichtlich der Freude am Schulbesuch beträchtlich: 44% männlichen Schülern, die ungern oder sehr ungern in die Schule gehen, stehen nur 30% Schülerinnen gegenüber, die vergleichbar ungern in die Schule gehen.

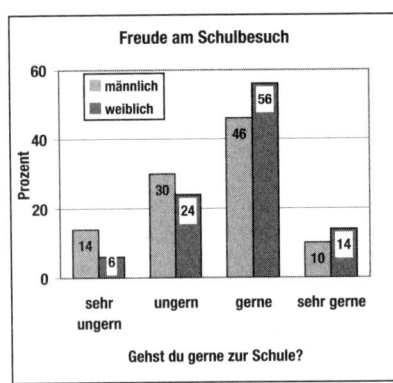
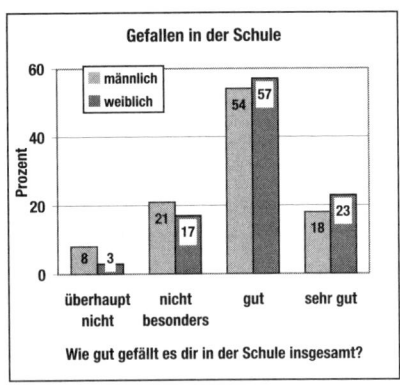

Abbildung 3: Freude am Schulbesuch (N=6897) und Wohlbefinden in der Schule (N=5855). Gewichtete Werte.

Die in Tabelle 11 zusammengestellten Angaben zu den Extremausprägungen machen deutlich, dass die Freude am Schulbesuch nach Schulstufen und Schultypen sehr unterschiedlich ist. Einer stark ausgeprägten Schulfreude noch in der 4. Stufe der Volksschule steht ein deutlicher Rückgang ab der Sekundarstufe I gegenüber, der vor allem die Positiv-Ausprägung („sehr gerne") betrifft, während der Anteil der Schüler/innen, die „sehr ungern" in die Schule gehen, über die Schulstufen relativ konstant bei 10 – 12 % bleibt. Bei der Analyse nach Schultypen fällt auf, dass vor allem die Berufsbildenden mittleren Schulen (PTS, BMS) und die Berufsschulen vergleichsweise hohe Anteile an schulunwilligen Schüler/innen haben.

Tabelle 11: Unterschiede in der Freude am Schulbesuch nach Schultyp und Schulstufe.

Schultyp	Volks-schule	Haupt-schule	AHS-Unter-stufe	PTS	BMS	Berufs-schule	AHS-Ober-stufe	BHS
sehr gerne	23	12	15	6	7	7	12	10
sehr ungern	10	13	8	19	12	15	5	5

Schulstufe	4.	5.	6.	7.	8.	9.	10.	11.	12.
sehr gerne	23	23	14	9	9	10	9	8	7
sehr ungern	10	8	10	11	11	10	10	12	10

Anmerkungen: Prozentangaben auf die Frage: "Gehst du gerne in die Schule?"; Antwortmöglichkeiten: sehr gerne - gerne - ungern - sehr ungern. N=7526.

Für eine verlässliche Darstellung dieses Entwicklungsverlaufes wurden „Freude am Schulbesuch" und „Wohlbefinden in der Schule" – sie korrelieren mit r = .61 – zu einem Indikator „Schulfreude" zusammengefasst.

Abbildung 4 zeigt den Verlauf der Schulfreude über die verschiedenen Schulstufen differenziert nach Schulsträngen und Geschlecht. Der Verlauf der Schulfreude über die verschiedenen Ebenen des Schulsystems ist bei Burschen und Mädchen sehr ähnlich: Das hohe Niveau an Schulfreude, das in der Volksschule vorherrscht, sinkt nach dem Übergang auf die Sekundarstufe I nicht unmittelbar ab; vielmehr beginnt nach dem ersten Schuljahr in der Sekundarstufe I ein massiver Rückgang der Schulfreude, die in der 7. Schulstufe einen Tiefstand erreicht.

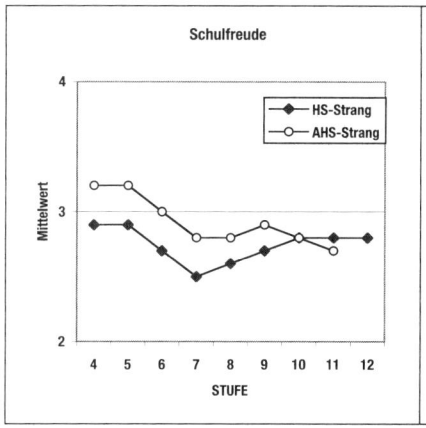
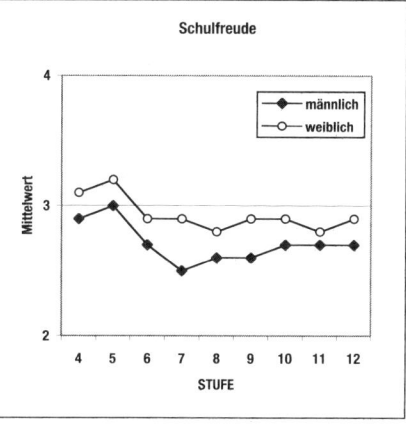

Abbildung 4: Schulfreude, differenziert nach Stufe und Geschlecht. Wertebereich: 1- 4.

Hauptschule und AHS-Unterstufe zeigen sehr ähnliche Verläufe, allerdings auf unterschiedlichem Niveau. Ab der 8. Stufe zeigt sich eine Tendenz zur Verbesserung, wobei sich die beiden Schulstränge zunehmend annähern. Über alle Stufen hinweg zeigen sich dabei klare Geschlechtsunterschiede, wobei jeweils die Mädchen die höhere Schulfreude berichten. Von der 7. bis zur 9. Schulstufe sind diese Unterschiede besonders ausgeprägt.

Auffällig erscheint vor allem, dass die Schüler/innen, die vorhaben, in die AHS zu gehen, bereits in der Volksschule mehr Schulfreude zeigen als die späteren Hauptschüler/innen, und dieser Unterschied bleibt offenbar bis zur 9. Schulstufe erhalten. Eine mögliche Erklärung für dieses Phänomen könnte darin liegen, dass die höhere Schulfreude mit den besseren Leistungen in der Volksschule zusammenhängt; möglicherweise spielt aber auch das Image der AHS eine Rolle – dass also die Kinder aus dem Wissen, in eine angesehene Schulart überwechseln zu dürfen, auch eine erhöhte Motivation für den Besuch der gegenwärtigen Schule beziehen („Glory-Effekt").

2.2 Schulzufriedenheit

Die Zufriedenheit mit der Schule wurde in globaler Form – mit Hilfe eines Gesichter-Items – von allen Befragten erhoben; zusätzlich wurde ab der 8. Schulstufe auch die Zufriedenheit mit einzelnen Aspekten der schulischen Umwelt erfasst. Auf die Frage „Wie zufrieden bist Du mit der Schule insgesamt?" ergab sich – getrennt nach Geschlechtern – die in Abbildung 5 dargestellte Verteilung.

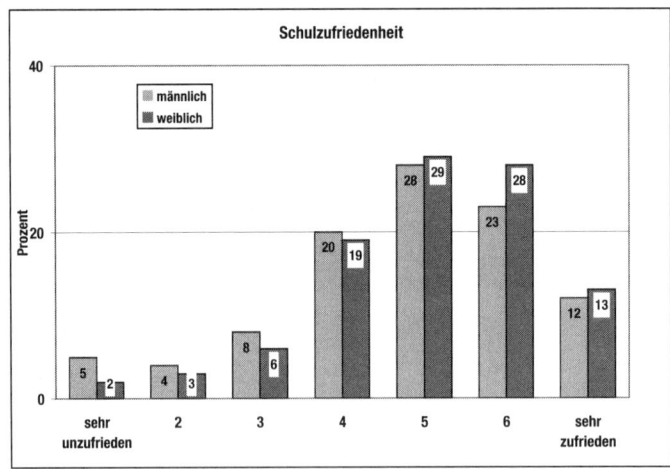

Abbildung 5: Zufriedenheit mit der Schule, getrennt nach Geschlecht. Prozentangaben, N=6817. Gewichtete Werte.

Betrachtet man die Stufe 4 als neutrale Mittelkategorie, so liegt der Großteil der Schülerinnen und Schüler über dieser Kategorie, d. h. sie sind mit der Schule zumindest nicht unzufrieden. Etwa 17% bei den Burschen und 12% bei den Mädchen geben eine negative Einstufung.

Die Verteilung der Extremangaben (vgl. Tabelle 12) zeigt auch hier, dass es auf den verschiedenen Ebenen des Schulsystems große Unterschiede in der Zufriedenheit gibt; die Haupttendenz in der Entwicklung scheint weniger zu sein, dass die Unzufriedenheit zunimmt, sondern dass die positive Zufriedenheit stark zurück geht.

Tabelle 12: Unterschiede in der Schulzufriedenheit nach Schultyp und Schulstufe.

Schultyp	Volks-schule	Haupt-schule	AHS-Unter-stufe	PTS	BMS	Berufs schule	AHS-Ober-stufe	BHS
Mittelwert	5,6	4,9	5,2	4,4	4,7	4,6	4,9	4,9
sehr zufrieden (6+7)	62	37	48	25	26	26	35	36
sehr unzufrieden (1+2)	4	7	5	14	8	8	6	5

Schulstufe	4.	5.	6.	7.	8.	9.	10.	11.	12.
Mittelwert	5,6	5,4	5,0	4,8	4,6	4,7	4,8	4,8	4,7
sehr zufrieden (6+7)	62	54	41	36	30	31	33	28	29
sehr unzufrieden (1+2)	4	4	5	8	9	8	6	7	7

Anmerkungen: Prozentangaben auf die Frage: „Wie zufrieden bist du mit der Schule insgesamt?"; Antwortmöglichkeiten 1 „sehr unzufrieden" – 7 „sehr zufrieden". N=7526.

Die Unterschiede zwischen den Schultypen bestätigen die oben angeführten Ergebnisse zur Schulfreude: Nach sehr hohen Zufriedenheitswerten in der Volksschule zeigen sich deutliche Unterschiede in der Sekundarstufe I zugunsten der AHS. In der Sekundarstufe II finden wir wiederum relativ niedrige Werte im Bereich der Berufsbildenden mittleren Schulen, wobei auch hier die Polytechnische Schule die ungünstigste Ausprägung aufweist. In den höheren Schulformen ist die Schulzufriedenheit wiederum höher.

Die in Abbildung 6 dargestellten Verläufe im Pseudolängsschnitt zeigen eine konsistent höhere Schulzufriedenheit im Gymnasialstrang bis zur 9. Schulstufe; im letzten Jahr der Hauptschule ist in diesem Schultyp auch die Zufriedenheit am niedrigsten. In der Sekundarstufe II verlieren sich dann wiederum die Unterschiede. Ebenso konsistent zeigen sich Geschlechtsunterschiede zu Gunsten der Mädchen. Sie haben ihr Maximum in der 7. und 8. Schulstufe und verlieren sich erst gegen Ende der Schullaufbahn.

Bei der Interpretation dieser Daten ist zu berücksichtigen, dass nach der Sekundarstufe I einerseits zahlreiche Jugendliche aus der AHS in den Bereich der Berufsbildenden Schulen wechseln, und es auf diese Weise zu einer Vermischung der bisher getrennten Schülerströme kommt, und andererseits zahlreiche Schüler/innen in die Berufsschulen überwechseln bzw. zum Teil überhaupt keine Schule mehr besuchen.

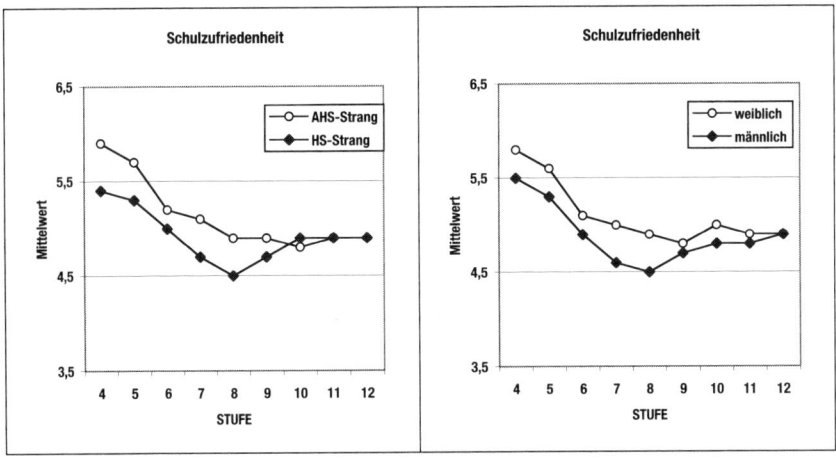

Abbildung 6: Schulzufriedenheit, differenziert nach Stufe und Geschlecht. Möglicher Wertebereich: 1-7.

Wie die Zufriedenheitswerte der Berufsschulen bzw. der Polytechnischen Schulen zeigen, handelt es sich bei der letztgenannten Gruppe um Personen, die mit der Schule eher unzufrieden sind – die „Erholung" der Zufriedenheitswerte ab dem Ende der Sekundarstufe I geht also vermutlich zu einem größeren Teil auch darauf zurück, dass eine Selektion von Schüler/innen mit positiver Einstellung zu Schule stattgefunden hat.

2.3 Schul- und Prüfungsangst

Die Schulangst wurde mit dem Schulangstfragebogen (SAF) von Jacobs & Strittmatter (1979 erhoben. Der SAF misst „die Bereitschaft, in schulischen Situationen Angst zu erleben" und wird von den Autoren als ein „Test der bereichsspezifischen Angstneigung" verstanden (Jacobs & Strittmatter, 1979, S. 27/28). Die in den Items des Tests (vgl. Tabelle 13) genannten Situationen beziehen sich alle auf die Schule; insbesondere geht es um die Situationstypen „Erbringen einer Leistung", „Situation, einen Fehler gemacht zu haben" und „Prüfungssituationen". Das Verfahren wurde von den Autoren selbst und zusätzlich im Rahmen der ersten Befindensuntersuchung (Eder, 1995) psychometrisch validiert, wobei sich jeweils eine einfaktorielle Struktur mit einer hohen Reliabilität ergab.

Aus den Mittelwerten der Tabelle ist ablesbar, dass Angst am häufigsten in Verbindung mit unklaren Situationen (z.B. Item 1) oder mit Prüfungssituationen auftritt (Items 5 und 6) und sich vor allem in Form von Aufgeregtheit äußert. Die relativ niedrigsten Mittelwerte haben Items, in denen Angst vor den Mitschüler/innen angesprochen wird, oder der Schule generell eine Angst machende Qualität zugeschrieben wird. Aber trotzdem halten etwa 9% die Aussage, dass es an der Schule vieles gebe, was einem Angst macht, für „genau" zutreffend, und etwa 10% berichten über ihre Angst, von den Mitschüler/innen ausgelacht zu werden.

Tabelle 13: Schulangstfragebogen von Jacobs & Strittmatter (1979). Prozentangaben, Mittelwerte und Streuungen. N = ca. 3700.

	stimmt genau	stimmt unge- fähr	stimmt kaum	stimmt über- haupt nicht	M	SD
1. Wenn jemand an die Tafel gehen soll, denke ich: hoffentlich nimmt die Lehrerin / der Lehrer nicht mich dran.	43	29	17	11	3,0	1,0
5. Wenn geprüft wird, bekomme ich jedes Mal ein komisches Gefühl im Magen.	31	29	24	16	2,8	1,1
6. Schon wenn eine Schularbeit verteilt wird, bekomme ich Herzklopfen.	34	26	23	17	2,8	1,1
7. Ich habe bei Prüfungen oder Tests immer Angst, dass ich schlechte Noten bekomme.	29	26	28	17	2,7	1,1
13. Ich bin aufgeregt, wenn ich vor anderen sprechen muss	25	28	27	20	2,6	1,1
2. Manchmal ist mir so, als ob die anderen in der Klasse alles viel besser könnten als ich.	15	28	36	21	2,4	1,0
4. Ich bin mir oft nicht sicher, ob ich das Richtige tue.	15	31	35	18	2,4	1,0
8. Wenn ich aufgerufen werde, habe ich immer Angst, dass ich etwas Falsches sage.	19	24	32	25	2,4	1,1
12. Wenn eine Schularbeit oder ein Test geschrieben wird, vergesse ich die Dinge, die ich vorher gut gelernt habe.	18	25	32	25	2,4	1,0
14. Wenn mein Name fällt, habe ich sofort ein unangenehmes Gefühl.	15	21	32	32	2,2	1,0

(Fortsetzung Tabelle 13)	stimmt genau	stimmt unge-fähr	stimmt kaum	stimmt über-haupt nicht	M	SD
11. Ich verliere leicht den Mut, wenn in der Schule etwas schief geht.	13	17	29	41	2,0	1,0
3. Manchmal habe ich Angst, von Klassenkameradinnen oder Klassenkameraden ausgelacht zu werden.	10	16	30	43	1,9	1,0
9. In der Schule gibt es vieles, was einem Angst macht	9	14	30	47	1,8	1,0
10. Ich glaube, ich könnte in der Schule besser sein, wenn ich nicht so viel Angst hätte.	12	13	21	53	1,8	1,1

Anmerkung: Die Items der Skala sind nach dem Mittelwert geordnet.

Fasst man alle in der Skala verwendeten Items zu einem Durchschnittswert zusammen, so verfügt man über einen sehr messgenauen Indikator, mit dem Unterschiede in der Schul- und Prüfungsangst zwischen verschiedenen Teileinheiten des Schulsystems bzw. verschiedenen Schülergruppen dargestellt werden können.

Wie aus Abbildung 7 unmittelbar ersichtlich, bestehen bei Verwendung dieses Indikators zwischen den Schultypen kaum Unterschiede in der Schul- und Prüfungsangst. Sie ist lediglich in den Volksschulen etwas niedriger, zwischen den übrigen Schultypen sind die Unterschiede minimal. Man kann dies als Hinweis sehen, dass Schul- und Prüfungsangst nicht nur von schulischen Situationen abhängt, sondern auch sehr stark von der Person der Schülerinnen und Schüler bestimmt ist, also davon, wie viel Angst einzelne Schülerinnen und Schüler in die Schule „mitbringen" und wie sie mit den schulischen Situationen umgehen und zurechtkommen.

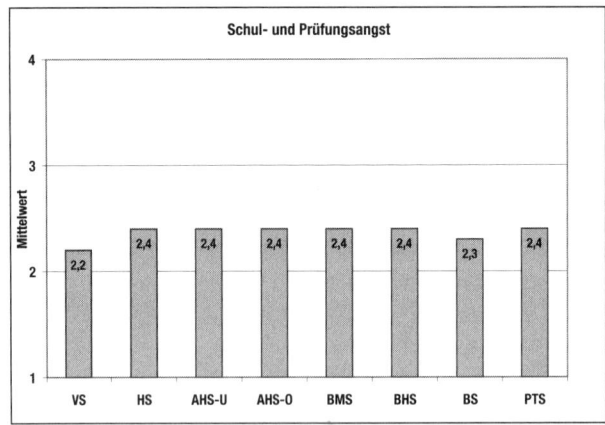

Abbildung 7: Schul- und Prüfungsangst in den einzelnen Schultypen. Indikator: Durchschnittswert des SAF. Hohe Werte bedeuten hohe Schul- und Prüfungsangst.

Abbildung 8 zeigt den Verlauf der Schul- und Prüfungsangst über die Schulstufen hinweg. Hinsichtlich der Schulstränge erscheint charakteristisch, dass sich die Kinder mit unterschiedlichen geplanten Schullaufbahnen bereits in der Volksschule in ihrer Schulangst deutlich unterscheiden, und dass beim Übergang von der Volksschule in die Sekundarstufe I die Angst massiv zunimmt, sich aber dann auf einem relativ gleich bleibenden Niveau einpendelt und gegen Ende der Schullaufbahn wieder etwas zurückgeht.

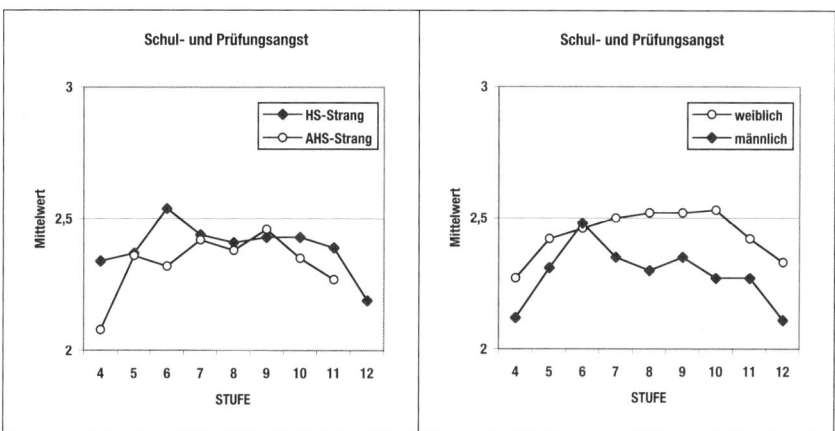

Abbildung 8: Schul- und Prüfungsangst in Abhängigkeit von Schulstrang und Geschlecht. Möglicher Wertebereich: 1 – 4. Hohe Werte bedeuten eine hohe Ausprägung.

Die Darstellung der Geschlechtsunterschiede zeigt diesen Effekt noch deutlicher: Beide Geschlechter erleben einen Zuwachs an Angst bis zur 6. Schulstufe, anschließend steigt die Schul- und Prüfungsangst der Mädchen noch geringfügig an, jene der Burschen sinkt. In Übereinstimmung mit vielen empirischen Ergebnissen zeigt sich also auch hier, dass Mädchen entweder tatsächlich - aus welchen Gründen auch immer - größere Angst haben, oder ihre Angst zumindest offener zugeben.

Der in der Sekundarstufe II eher abnehmende Verlauf der Schulangst hat vermutlich auch damit zu tun, dass nach der Absolvierung der Schulpflicht überwiegend solche Schüler und Schülerinnen im Schulsystem verbleiben, die dort auch emotional besser zurechtkommen. Für den Rückgang der Schulangst sind also vermutlich auch hier *Selektionsprozesse* eine mögliche Ursache.

2.4 Psychische Belastungen durch die Schule

Als psychische Belastungen sollen hier Merkmalssyndrome von Störungen verstanden werden, die – ohne im medizinischen Sinne als Krankheit oder im psychiatrischen Sinne als psychische Störung zu gelten – von den Betroffenen als akute oder überdauernde Beeinträchtigung ihres psychischen oder psychophysischen Wohlbefindens erlebt werden und durch die Schule zumindest mitbedingt sind. Bergmann (1984) unterschied in einer empirischen Klassifikation drei Bereiche schulbezogener psychischer Belastungen:

- Affektive Unausgeglichenheit (Symptome: Interesselosigkeit; Stimmungsschwankungen; Aggressivität; Niedergeschlagenheit; u. ä.)
- Psychische Überforderung durch die Schule (Symptome: Schul- und Prüfungsangst; Nervosität; Angst, dass alles zu viel wird; u. ä.)
- Psychovegetative Beschwerden (Symptome: Kopfschmerzen, Essunlust, Schlafstörungen, Übelkeit, u. ä.).

Zur Erfassung der psychischen Belastungen wurde für die Schüler und Schülerinnen der 9. - 12. Schulstufe eine von Bergmann (1984) entwickelte und von Eder (1994) im Bereich der weiterführenden höheren Schule verwendete Symptomliste vorgegeben. Sie umfasst 24 Einzelsymptome, die auf Basis der Klassifikation kindlicher Verhaltensstörungen von Graefe (1956) zusammengestellt wurden. Die Schüler/innen erhielten die gesamte Liste mit der Instruktion vorgegeben, jene Belastungen und Symptome anzugeben, welche ihnen im Laufe der letzten drei Monate an sich selber aufgefallen seien. Als Antwortformat stehen die Kategorien „nie - selten - manchmal - oft" zur Verfügung; sie waren bei den einzelnen Symptomen durch die Ziffern 1 - 4 zusätzlich symbolisiert.

Die Symptomliste von Bergmann wurde entsprechend den Ergebnissen von Eder (1994) zu drei Bereichen zusammengefasst: Depressive Verstimmung, Schulstress und Psychovegetative Beschwerden; die einzelnen Symptome sind in Tabelle 14 zusammengefasst.

a) Depressive Verstimmung. Dieser Bereich vereinigt – mit den Leitsymptomen der Stimmungsschwankungen und der Niedergeschlagenheit – Symptome einer negativen Grundstimmung und eines herabgesetzten Interesses an den Gegebenheiten der Umwelt unter Einbeziehung einer aggressiven Komponente.

Als Einzelsymptome zeigen Müdigkeit, Konzentrationsschwierigkeiten und Arbeitsunlust die größten Häufigkeiten; eine Interpretation von Einzelsymptomen erscheint jedoch wenig sinnvoll, da sie dem Charakter eines Merkmals*syndroms* nicht entspricht. So kann z. B. „Müdigkeit" für sich genommen durchaus eine „normale" Folge von Anstrengung darstellen; erst in Kombination mit dem Auftreten von Niedergeschlagenheit und Stimmungsschwankungen wird sie zum Indikator depressiver Verstimmung.

b) Schulstress. Im zweiten Bereich gruppieren sich um das Leitsymptom der Prüfungs- und Schulangst hemmende Begleitumstände der Leistungserbringung in der Schule (Unruhe, Herzklopfen, Hemmungen beim Sprechen), sodass insgesamt die Merkmalscharakteristik von zentralen schulischen Belastungssituationen repräsentiert ist. Zusammen mit dem Aspekt der Überforderung sind damit die wesentlichen Merkmale einer Stresssituation bzw. Stressreaktion erfasst. Als häufigste Einzelsymptome treten Nervosität, Prüfungsangst sowie „Angst, dass alles zuviel wird", in Erscheinung; hinsichtlich der Interpretation von Einzelmerkmalen ist jedoch auch hier der Syndromcharakter zu beachten.

c) Psychovegetative Beschwerden. Der dritte Bereich der Symptomliste umfasst Störungen, die den Charakter unspezifischer Folgewirkungen chronischer Belastungen aufweisen und dem sog. „psychovegetativen Syndrom" zuzurechnen sind. Sie sind insbesondere auch Ausdruck dafür, dass die psychovegetativen Steuerungsprozesse des Organismus beeinträchtigt sind. Von der Einzelsymptomatik her liegen Kopfschmerzen an der Spitze, gefolgt von Schlafstörungen. Auch hier ist vor allem der Syndromcharakter der Merkmale zu beachten.

2.4.1 Zur Häufigkeit psychischer Belastungen

Tabelle 14 zeigt die Verteilung der Einzelsymptome zu den oben beschriebenen Bereichen für die 9. - 12. Schulstufe.

Tabelle 14: Häufigkeitsangaben zu Belastungen durch die Schule bei Schüler/innen in weiterführenden Schulen (Stufe 9 - 12)

	nie 1	selten 2	manch- mal 3	oft 4	M	SD
Depressive Verstimmung						
B9 Müdigkeit und Abgespanntheit	11	18	34	**38**	3,0	1,0
B4 Konzentrationsschwierigkeiten im Unterricht	14	29	**34**	23	2,7	1,0
B23 Arbeitsunlust	23	27	**30**	20	2,5	1,0
B24 Stimmungsschwankungen	26	**33**	24	17	2,3	1,0
B13 Niedergeschlagenheit, Verstimmtheit	**32**	31	24	14	2,2	1,0
B15 Zerstreutheit, Vergesslichkeit	26	**37**	24	13	2,2	1,0
B16 Interesselosigkeit, Entschlusslosigkeit	29	**35**	23	13	2,2	1,0
B17 plötzliche Aggressivität	**51**	25	15	9	1,8	1,0
B20 plötzliche, grundlose Traurigkeit	**53**	23	14	10	1,8	1,0
B21 Zerstörungswünsche, Zerstörungswut	**58**	20	13	9	1,7	1,0
Schulstress						
B14 Prüfungsangst	22	**32**	27	19	2,4	1,0
B6 innere Unruhe und Nervosität	25	**33**	25	17	2,3	1,0
B22 Angst, dass alles zu viel wird, über den Kopf wächst	**29**	27	24	19	2,3	1,1
B2 Plötzliches Herzklopfen	**40**	32	20	8	2,0	1,0
B19 Nägelbeißen	**60**	13	12	15	1,8	1,1
B7 Hemmungen beim Sprechen	**52**	27	15	6	1,7	0,9
B11 Angst vor der Schule	**65**	22	9	4	1,5	0,8
Psychovegetative Beschwerden						
B1 Kopfschmerzen	20	29	**30**	21	2,5	1,0
B5 Schlafstörungen, nächtliches Aufschrecken	**51**	20	18	11	1,9	1,1
B18 Kränklichkeit	**50**	30	14	6	1,8	0,9
B3 Übelkeit, Erbrechen	**56**	29	11	5	1,7	0,9
B8 Essunlust	**63**	19	11	7	1,6	0,9
B10 Alpträume	**67**	21	8	4	1,5	0,8
B12 nervöses Zucken, Tics	**76**	14	6	4	1,4	0,8

Anmerkung: Die jeweils häufigste Ausprägung einer Antwortkategorie ist durch Fettdruck hervorgehoben; innerhalb der Bereiche sind die einzelnen Symptome nach Häufigkeit (Mittelwert) geordnet.

Die drei angesprochenen Syndrome weisen etwas unterschiedliche Häufigkeiten auf: Symptome der Depressiven Verstimmung kommen deutlich öfter vor (Schwerpunkt im Bereich „manchmal" oder „selten") als Schulstress und psychovegetative Beschwerden: Diese beiden Symptombereiche werden von der Mehrzahl der Jugendlichen mit „selten" oder „nie" eingestuft.

Für die Schülerinnen und Schüler in den Schulstufen 4 - 8 wurden verkürzte Skalen zum Schulstress und zu den Psychovegetativen Beschwerden vorgegeben (vgl. Tabelle 15).

Tabelle 15: Häufigkeitsangaben zu Belastungen durch die Schule bei Schüler/innen der Volksschule und der Sekundarstufe I (Stufe 4 - 8)

	1 nie		2 selten		3 manchmal		4 oft		MW	
	VS	Sek I	VS	Sek I	VS	Sek I	VS	Sek I	VS	Sek I
Schulstress										
Plötzliches Herzklopfen	46	43	31	30	16	18	7	10	1,8	1,9
Angst beim Sprechen vor der Klasse	49	40	26	29	15	18	10	12	1,9	2,0
Schweißausbrüche	71	68	17	20	7	8	5	4	1,5	1,5
Angst vor der Schule	72	66	17	21	7	8	4	5	1,4	1,5
Prüfungsangst	32	24	29	29	24	27	15	20	2,2	2,4
Nägelbeißen	61	60	17	15	10	10	11	15	1,7	1,8
Wut auf alles	53	47	25	26	13	14	9	14	1,8	2,0
Angst, dass alles zu viel wird,	54	37	23	28	13	21	10	14	1,8	2,1
Schwierigkeiten, im Unterricht aufmerksam zu sein	42	28	28	30	22	26	9	17	2,0	2,3
Psychovegetative Beschwerden										
Kopfschmerzen	32	25	32	30	23	28	13	17	2,2	2,4
Übelkeit, Erbrechen	63	58	25	26	9	12	2	4	1,5	1,6
Bauchweh	22	n.e.	35	n.e.	29	n.e.	15	n.e.	2,4	n.e.
Schlafstörungen, nächtliches Aufschrecken	50	59	24	20	16	13	10	8	1,9	1,7
Schwindelgefühle	58	n.e.	22	n.e.	12		8	n.e.	1,7	n.e.
Appetitlosigkeit	51	59	26	21	16	12	7	8	1,8	1,7
Müdigkeit und Abgespanntheit	36	26	33	27	19	25	12	22	2,1	2,4

Anmerkungen: Nebeneinander stehend sind die Prozentwerte jeweils für Volksschule (N ca. 460) und Sekundarstufe I (N ca. 2070) sowie die Mittelwerte eingetragen. n.e. nicht erhoben.

Depressive Verstimmung wurde nicht erfasst, weil die dazu erforderliche reflexive Selbstbeobachtung in diesem Alter noch nicht durchgehend gegeben ist.

Bauchweh, Kopfschmerzen, Prüfungsangst, Müdigkeit und Konzentrations-schwierigkeiten bilden die häufigsten Belastungen in der Volksschule; jeweils 12 - 15% der Befragten haben hier die Antwort „oft" gewählt. Kopfschmerzen, Prüfungsangst, Müdigkeit, „Angst, dass alles zu viel wird", und „Wut auf alles" jene in der Sekundarstufe I. Die stärksten Belastungszuwächse zwischen Volks-schule und Sekundarstufe I gibt es bei Müdigkeit, Konzentrationsschwierigkeiten und bei „Angst, dass alles zu viel wird".

Um zusammenfassende Aussagen über die Häufigkeit und Verbreitung von tatsächlicher „Belastung" machen zu können, erscheint es notwendig, jeweils das gesamte Belastungssyndrom zu berücksichtigen und absolute, an der Häufigkeit der Symptome selbst orientierte Kriterien festzulegen. Folgende Belastungsstufen sollen unterschieden werden:

- *nicht oder wenig belastet:* Die meisten Symptome eines Merkmalssyndroms kommen nicht oder nur „selten" vor, maximal die Hälfte der Symptome „manchmal".
- *mittel bis stark belastet:* Die meisten Symptome eines Merkmalssyndroms kommen nicht öfter als „manchmal" vor, maximal die Hälfte kommt „oft" vor.
- *extrem belastet:* Mehr als die Hälfte der Symptome eines Syndroms kommt „oft" vor.

Tabelle 16 enthält die Prozentsätze, die auf diese Stufen entfallen.

Tabelle 16: Häufigkeit psychischer Belastungen nach Belastungsstufen

	4.-8. Stufe			9.-12. Stufe		
	wenig belastet	stark belastet	extrem belastet	wenig belastet	stark belastet	extrem belastet
Depressive Verstimmung	n.e	n.e	n.e	57,9	34,0	8,1
Schulstress	76,6	18,5	4,9	64	31,4	4,6
Psychovegetative Beschwerden	75,0	21,5	3,4	86,3	11,1	2,6

Anmerkungen: n.e. = nicht erhoben.

Die Anzahl der extrem belasteten Schüler/innen – also der *chronisch* Beeinträchtigten – ist mit Werten zwischen 2,6 und 8,1% jeweils gering. Umgerechnet auf die in dieser Stichprobe abgebildete Population – ca. 900 000 Schüler/innen und Schüler – bedeutet dies jedoch eine jeweils erhebliche Anzahl von Personen, die sich als extrem belastet beschreiben.

Ungefähr ein Drittel der Jugendlichen ab der Stufe 9 beschreibt sich als „stark belastet" im Bereich von depressiver Verstimmung und Schulstress; in der Sekundarstufe I entfallen jeweils ungefähr ein Fünftel auf diesen Bereich.

2.4.2 Geschlechts- und Schulstufenunterschiede

Aus der bisherigen Forschung ist bekannt, dass Mädchen über ein erheblich höheres Ausmaß an psychischen Belastungen berichten als Burschen. Für die Darstellung diesbezüglicher Unterschiede werden die folgenden Indikatoren verwendet (vgl. Tabelle 17):

Tabelle 17: Indikatoren für psychische Belastungen

		Anzahl Schüler/-innen	Anzahl Items	Reich-weite	MW	SD	Cron-bachs Alpha
Depressive Verstimmung	Sek II	2294	10	1-4	2,23	0,67	.86
Schulstress	VS	430	8		1,75	0,62	.81
	Sek I	1995	8	1-4	1,90	0,63	.79
	Sek II	2329	6		2,05	0,70	.81
Psychovegetative Beschwerden	VS	423	7		1,90	0,63	.79
	Sek I	1993	5	1-4	1,95	0,66	.70
	Sek II	2323	7		1,75	0,58	.76

Die anschließenden Graphiken, in denen Geschlechts-, Schulart- und Schulstufen-unterschiede kombiniert dargestellt werden, bestätigen die bisherigen Forschungs-ergebnisse weitgehend. Für den *Schulstress* (vgl. Abbildung 9) lassen sich drei Tendenzen feststellen:

•   Eine Auseinanderentwicklung zwischen den Geschlechtern; die Differenz beträgt gegen Ende der Schullaufbahn ca. 2/3 einer Standardabweichung;

•   Eine ansteigende, jedoch kurvlineare Entwicklung über die Schulstufen mit einem Höhepunkt in der 10. Schulstufe, wobei auffällt, dass in der letzten Klasse der Sekundarstufe I (8. Schulstufe) eine massive Zunahme stattfindet.

•   Die Schüler/innen im anfangs weniger belasteten AHS-Strang tauschen ab der 7. Schulstufe mit dem HS-Strang ihre Position.

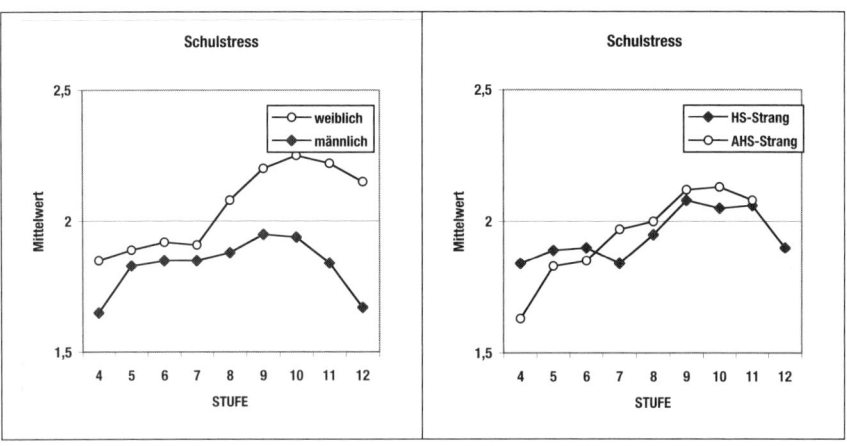

Abbildung 9: Schulstress, differenziert nach Stufe, Geschlecht und Schulstrang. Möglicher Wertebereich: 1 - 4.

Ein etwas anderes Bild zeigt sich bei den *psychovegetativen Beschwerden* (vgl. Abbildung 10). Hinsichtlich der Geschlechtsunterschiede zeigt sich ebenfalls der erwartete Unterschied, der vor allem in der 8. Schulstufe sehr deutlich ausgeprägt ist.

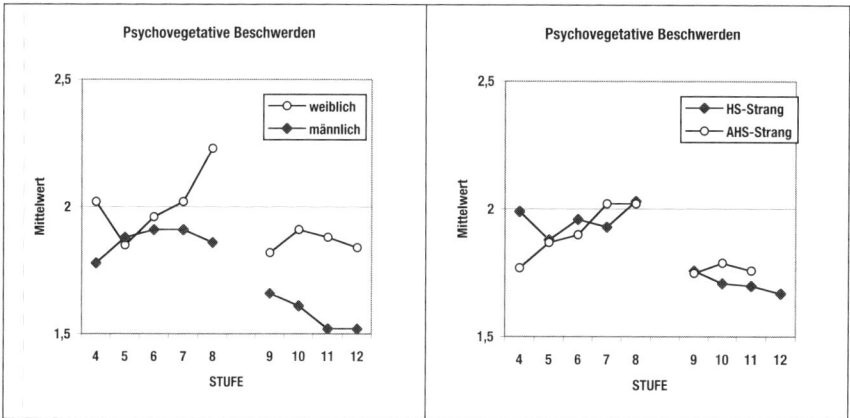

Abbildung 10: Psychovegetative Beschwerden, differenziert nach Stufe, Geschlecht und Schulstrang. Gesamter Wertebereich: 1 - 4.

Anmerkung: Die Symptomliste „Psychovegetative Beschwerden" für die Schulstufen 9 - 12 unterscheidet sich – dem Alter der Befragten entsprechend - erheblich von jener für die Stufen 4 - 8. Die Entwicklung kann daher nicht als durchgehend betrachtet werden, sondern nur innerhalb der einzelnen Stufenbereiche.

Hinsichtlich der Schulstränge ergeben sich jedoch kaum Unterschiede, wohl aber der Hinweise, dass das Ausmaß der psychovegetativen Beschwerden ab der 9. Schulstufe spürbar zurückgeht.

Der Bereich der *Depressiven Verstimmung* wurde nur in der Sekundarstufe II erhoben. Die in Abbildung 11 dargestellten Verläufe zeigen ein relativ konstantes Ausprägungsniveau während der gesamten Sekundarstufe II mit deutlichen Geschlechtsunterschieden. Im AHS-Strang findet sich eine etwas höhere Ausprägung dieses Symptombereichs.

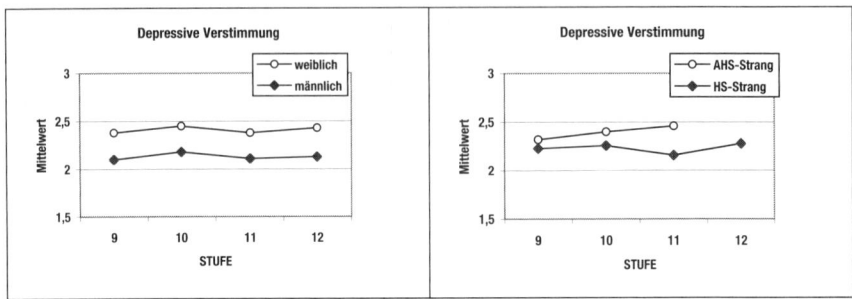

Abbildung 11: Depressive Verstimmung, differenziert nach Stufe, Geschlecht und Schulstrang. Sekundarstufe II. Gesamter Wertebereich: 1-4.

Die im Folgenden für *Schulstress* und *Psychovegetative Beschwerden* dargestellten Schultypenvergleiche zeigen, dass die beiden Merkmale nicht immer parallel verlaufen (vgl. Abbildung 12).

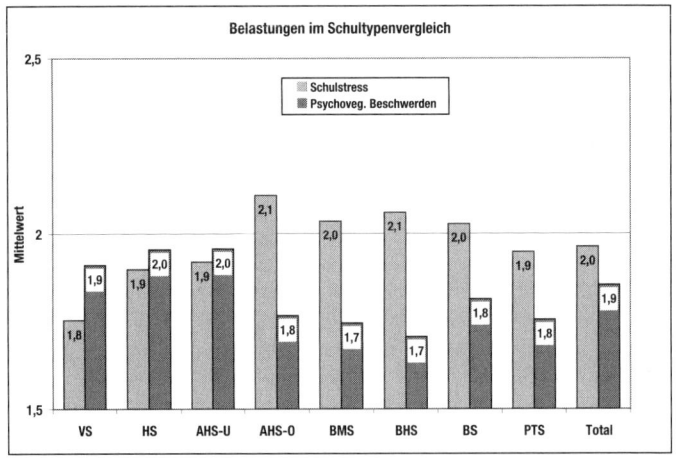

Abbildung 12: Schultypenunterschiede in der schulischen Belastung

Während im Pflichtschulbereich eine vergleichbar hohe Ausprägung vorliegt, zeigt sich im weiterführenden Schulbereich eine deutliche Auseinanderentwicklung. Bei relativ hoher Belastung durch Schulstress zeigen sich konträr dazu deutlich niedrigere Ausprägungen der psychovegetativen Beschwerden. Man kann dies auch als Hinweis sehen, dass in der Sekundarstufe II bereits bessere Bewältigungs-strategien entwickelt wurden. Besonders ausgeprägt erscheinen diese Diskrepanzen im Bereich der Schulen, die zur Matura führen.

Die Hauptergebnisse zu den psychischen Belastungen lassen sich folgendermaßen zusammenfassen:

- Es gibt eine kleine Gruppe (2%-5%) extrem belasteter Schüler/innen, die praktisch alle erfragten Symptome von Schulstress bzw. psychovegetativen Beschwerden aufweisen. Zweifellos handelt es sich hier um eine Risikogruppe innerhalb des Systems.
- Beim Übergang von der Volksschule in die Sekundarstufe I kommt es vor allem bei Mädchen und im AHS-Bereich zu einer raschen Zunahme psychischer Belastungen.
- In der zweiten Hälfte der Sekundarstufe I zeigt sich bei den Mädchen ein massiver, bei den Burschen ein mäßiger Zuwachs an Schulstress, der in den Zeitraum der weiterführenden Schulen hineinreicht und erst in den letzten Schulstufen abflacht bzw. zurückgeht.
- Die erfassten psychovegetativen Beschwerden zeigen vor allem bei den Mädchen einen starken Anstieg während der Sekundarstufe I; in den höheren Schulstufen ist diese Symptomatik deutlich niedriger ausgeprägt und zeigt eine Tendenz zum Rückgang.
- Das Ausmaß depressiver Verstimmung bleibt während der Schulstufen auf einem relativ gleich bleibenden Niveau.
- Mädchen berichten deutlich mehr psychische Belastungen als Burschen.

2.5 Das Selbstkonzept als überdauerndes Befindensmerkmal

Mit dem Terminus „Selbstkonzept" wird in der pädagogischen Psychologie die Summe der Wahrnehmungen und Bewertungen einer Person in Bezug auf sich selbst (Pekrun, 1983, S. 74) oder einfach die „Gesamtheit der wahrgenommenen eigenen Attribute und deren Struktur" (Meyer, 1984, S. 16) verstanden. In diesem Zusammenhang wurden verschiedene hierarchische Modelle des Selbstkonzepts entwickelt (vgl. z. B. Marsh, 1990), die auf einer oberen Ebene ein „allgemeines" Selbstkonzept ansiedeln, das sich nach unten in ein *akademisches* (Leistungs-) und ein *nichtakademisches* Selbstkonzept gliedert. Das akademische Selbstkonzept enthält z. B. differenzierte Repräsentationen der einzelnen schulischen Lernfelder, während das nichtakademische das soziale, emotionale und physische Selbstkonzept (körperliches Erscheinungsbild) umfasst, die ihrerseits wieder in verschiedene Teilbereiche gliederbar sind. Das „Selbstwertgefühl" umfasst die Bewertung dieser Bereiche durch die Person selbst.

Eine Schülerin, die in der Schule rundum gute Leistungen erbringt, kann aus dieser Erfahrung ein Selbstbild entwickeln, demzufolge sie insgesamt mit guten schulischen Fähigkeiten ausgestattet ist und diese auch erfolgreich einsetzen kann (Begabungs- und Leistungsselbstkonzept), und dies auch mit einem Gefühl von Stolz und Selbstwertschätzung als tüchtige Person verbinden. Umgekehrt ist jedoch auch denkbar, dass jemand, der sich z. B. als gut in einer bestimmten Sportart erlebt, diesen Sachverhalt nicht als wichtigen Teil der eigenen Fähigkeiten betrachtet und ihm auch keine besondere Bedeutung beimisst.

Selbstkonzept und Selbstwertgefühl haben zwei wichtige Funktionen: Sie steuern das Verhalten einer Person und bilden eine wesentliche Basis für psychische Stabilität und Wohlbefinden. Die Steuerung des Verhaltens durch das Selbstkonzept erfolgt einerseits über das Aufsuchen und Meiden bestimmter Situationen und andererseits über die Dauer der Auseinandersetzung mit Aufgaben bzw. Herausforderungen. Meyer (1984) beschreibt diese verhaltenssteuernde Funktion am Beispiel des Begabungsselbstkonzepts wie folgt:

- Personen mit einer hohen Selbsteinschätzung der eigenen Fähigkeiten, also einem positiven Selbstkonzept, strengen sich bei schwierigen Aufgaben mehr an und zeigen bei Misserfolgen größere Ausdauer. Andererseits investieren sie in leichte Aufgaben meist weniger Anstrengung, so dass sie dort manchmal sogar schlechter abschneiden als Personen mit einem niedrigen Selbstkonzept.
- Je niedriger das Konzept von der eigenen Begabung ist, desto rascher sinkt bei schwierigen Aufgaben die subjektive Erfolgswahrscheinlichkeit auf den Punkt, wo weitere Anstrengungen als sinnlos angesehen werden.
- Wer seine Fähigkeit zur Lösung einer Aufgabe niedrig einschätzt, verfällt eher in ablenkende Verhaltensweisen, die mit der Lösung der Aufgabe interferieren (z. B. Prüfungsangst, Gedanken über die negativen Konsequenzen bei Misserfolg u. ä.).
- Wer sich für begabt hält, schreibt Erfolge eher der eigenen Begabung zu und führt Misserfolge auf externale Ursachen zurück; wer sich für nicht begabt hält, neigt mehr dazu, Erfolge als Zufall abzutun und Misserfolge der fehlenden Fähigkeit zuzuschreiben.

Personen mit einem positiven Selbstkonzept haben meist eine optimistische Lebenseinstellung und sind fähig, äußerem Druck ohne größere Angst zu begegnen und sich nach Niederlagen rasch zu regenerieren (Epstein, 1979, S. 19); umgekehrt sind Personen mit niedrigem Selbstkonzept unangemessen sensitiv für Misserfolg und Zurechtweisung, pessimistisch, wenig frustrationstolerant und brauchen lange Erholungszeiten für die Wiedererlangung ihrer psychischen Stabilität.

2.5.1   Die Erfassung des Selbstkonzepts

Im Zusammenhang mit Schule werden häufig das Leistungsselbstkonzept, das soziale Selbstkonzept und das Allgemeine Selbstwertgefühl als jene Teile des gesamten Selbstkonzepts betrachtet, die einerseits die bisherigen kognitiven und sozialen Erfahrungen repräsentieren und andererseits eine steuernde Funktion für das weitere Verhalten in der Schule aufweisen (vgl. Helmke, 1992).

Zur Erfassung des Selbstkonzepts wurde weitgehend das gleiche Messinstrument verwendet wie in der Befindensuntersuchung 1994. Es handelt sich um eine von Bergmann & Eder (1986) bzw. Eder (1994) entwickelte Skala, die um einige Aspekte aus der Selbstkonzeptskala von Rost & Lamsfuss (1992) erweitert wurde. Eine Faktorenanalyse legte eine Strukturierung in drei Faktoren nahe, die als Leistungsselbstkonzept, Soziales Selbstkonzept und Allgemeines Selbstwertgefühl bezeichnet werden können.

Das *Leistungsselbstkonzept* repräsentiert die Selbstsicht einer Person hinsichtlich der Bewältigung von (schwierigen) Aufgaben, wobei der Vergleich mit anderen und die Geschwindigkeit der Aufgabenbewältigung wichtige Kriterien bilden. Als hervorstechende Merkmale eines positiven Leistungsselbstkonzepts bei Schülerinnen und Schülern können vor allem gelten, dass jemand Dinge rasch lernt, gut anwenden kann, und sich selbständig neue Sachen aneignet; jeweils die Hälfte bis drei Viertel der Befragten schreiben sich diese Eigenschaften zu.

Das *soziale Selbstkonzept* repräsentiert die Selbstsicht einer Person in Hinblick auf ihre Beziehung zu den anderen. Die Hauptaspekte dabei sind die Anzahl positiver Beziehungen und die Zuschreibung der Fähigkeit und Bereitschaft, sich in andere hineinzuversetzen, mit ihnen zusammen zu sein und zusammenzuarbeiten.

Das *allgemeine Selbstwertgefühl* repräsentiert die *Bewertung* der eigenen Person; vor allem die Aspekte der Selbstakzeptanz und der Zufriedenheit mit sich selbst spielen dabei eine wichtige Rolle.

2.5.1.1 Die Erfassung des Selbstkonzepts von der 4. bis zur 8. Schulstufe.

Tabelle 18 zeigt eine Zusammenstellung der Fragen, die zur Erfassung des Selbstkonzepts in den Stufen 4 - 8 verwendet wurden. Im Bereich des Leistungsselbstkonzepts ist die Zustimmung bei den Statements „Ich lerne schnell" sowie „Das, was ich gelernt habe, kann ich gut anwenden" besonders hoch; am wenigsten trifft die Aussage zu, dass man sich für gute Noten nicht anstrengen müsse.

Tabelle 18: Die Selbstkonzept-Items für die Schulstufen 4-8

	stimmt über-haupt nicht			stimmt genau		
	1	2	3	4	M	SD
Leistungsselbstkonzept						
Ich lerne Dinge schnell.	8	18	36	38	3,0	0,9
Ich gehe gern in die Schule.	23	23	31	23	2,5	1,1
Ich weiß die Antwort auf eine Frage meistens früher als die anderen.	13	37	36	15	2,5	0,9
Das, was ich gelernt habe, kann ich gut anwenden.	4	21	40	36	3,1	0,8
Ich gehöre in der Schule zu den Besten.	15	35	34	16	2,5	0,9
Für gute Noten brauche ich mich nicht anzustrengen.	26	34	28	12	2,3	1,0
Es fällt mir leicht, schwige Aufgaben zu lösen.	20	34	32	14	2,4	1,0
Bei schweren Aufgaben braucht mir niemand zu helfen.	21	37	30	13	2,4	0,9
Soziales Selbstkonzept						
Ich glaube, dass ich bei anderen beliebt bin.	12	23	45	20	2,7	0,9
Ich habe viele Freunde.	3	11	25	61	3,4	0,8
Es fällt mir leicht, Freundschaften zu schließen.	9	15	32	43	3,1	1,0
Ich unternehme gerne etwas mit anderen zusammen.	2	7	21	70	3,6	0,7
Ich kann gut mit anderen zusammenarbeiten.	3	12	39	46	3,3	0,8
Allgemeines Selbstwertgefühl						
Eigentlich bin ich mit mir ganz zufrieden.	3	10	45	42	3,3	0,8
Manchmal glaube ich, dass ich zu überhaupt nichts gut bin.	47	25	17	11	1,9	1,0
Ich meine, dass ich eine Reihe guter Eigenschaften habe.	4	15	42	39	3,2	0,8
Ich finde mich ganz in Ordnung.	4	10	35	51	3,3	0,8

Anmerkung: Eingetragen sind die Prozentsätze zu den einzelnen Antwortkategorien. N=1272 - 1299

Beim sozialen Selbstkonzept finden Aussagen wie „gerne etwas zusammen mit anderen" zu unternehmen oder „Ich habe viele Freunde" besonders hohe Zustimmung; generell werden die Statements in diesem Bereich in hohem Ausmaß bejaht.

Im Bereich des Selbstwertgefühls ist die Zustimmung zu den Aspekten „Ich finde mich ganz in Ordnung" und „Eigentlich bin ich mit mir ganz zufrieden", die auf eine allgemein positive Selbstsicht der Schülerinnen und Schüler schließen lassen, besonders hoch.

2.5.1.2   Die Erfassung des Selbstkonzepts von der 9. bis zur 12. Schulstufe.

Tabelle 19: Die Selbstkonzept-Items für die Schulstufen 9-12

	stimmt überhaupt nicht 1	2	3	stimmt genau 4	M	SD
Leistungsselbstkonzept						
Ich lerne Dinge schnell	8	21	41	30	2,9	0,9
Ich gehe gern in die Schule	19	28	39	14	2,5	1,0
Ich weiß die Antwort auf eine Frage meistens früher als die anderen	12	45	33	10	2,4	0,8
Das, was ich gelernt habe, kann ich gut anwenden	6	27	45	23	2,9	0,8
Ich lerne selbständig neue Dinge, für die sich andere nicht interessieren	12	30	32	26	2,7	1,0
Ich gehöre in der Schule zu den Besten	24	36	27	13	2,3	1,0
Es macht mir Spaß, schwierige Aufgaben zu übernehmen	19	34	31	17	2,5	1,0
Für gute Noten brauche ich mich nicht anzustrengen	29	37	26	8	2,1	0,9
Es fällt mir leicht, schwierige Aufgaben zu lösen	21	41	29	9	2,3	0,9
Ich glaube, dass ich besser bin als viele andere	34	35	22	9	2,1	1,0
Bei schweren Aufgaben braucht mir niemand zu helfen	26	44	23	7	2,1	0,9
Soziales Selbstkonzept						
Es fällt mir leicht, Freundschaften zu schließen	6	16	39	39	3,1	0,9
Ich unternehme gerne etwas mit anderen zusammen	2	8	26	64	3,5	0,7
Ich kann gut mit anderen zusammenarbeiten	3	13	44	40	3,2	0,8
Allgemeines Selbstwertgefühl						
Eigentlich bin ich mit mir ganz zufrieden.	3	14	49	34	3,1	0,8
Manchmal glaube ich, dass ich zu überhaupt nichts gut bin	44	31	17	8	1,9	1,0
Ich meine, dass ich eine Reihe guter Eigenschaften habe	2	10	48	41	3,3	0,7
Ich kann mit meinem Leben genauso gut zurechtkommen wie andere	2	8	36	53	3,4	0,7
Es gibt nicht viel, auf das ich stolz sein könnte	48	30	15	7	1,8	0,9
Ich finde mich ganz in Ordnung	2	9	38	50	3,4	0,7
Ich wollte, ich könnte von mir eine bessere Meinung haben	41	25	20	14	2,1	1,1

Anmerkung: Eingetragen sind die Prozentsätze zu den einzelnen Antwortkategorien. N=2356 - 2377

Auch bei den Schüler/innen der höheren Schulstufen ist das Leistungsselbstkonzept vor allem durch das Statement „Ich lerne Dinge schnell" charakterisiert. 71%

wählen dort eine zustimmende Antwortkategorie. In fast vergleichbar hohem Ausmaß ist das Selbstkonzept durch die Einschätzung charakterisiert, das Gelernte gut anwenden zu können und sich rasch für neue Dinge zu interessieren. Im sozialen Selbstkonzept, das hier nur mit drei Statements angesprochen wurde, dominiert das Motiv, gerne etwas mit anderen zusammen zu unternehmen; aber auch die beiden anderen Statements finden relativ hohe Zustimmung. Im allgemeinen Selbstwertgefühl dominiert die Einschätzung, mit seinem Leben gut zu Recht zu kommen und „ganz in Ordnung" zu sein.

2.5.2 Selbstkonzeptunterschiede nach Schulstufe, Geschlecht und Schulstrang

Aus den oben dargestellten Items wurden drei zusammenfassende Indikatoren für die angeführten Selbstkonzeptaspekte gebildet: Leistungsselbstkonzept, Soziales Selbstkonzept und Allgemeines Selbstkonzept. Ihre Kennwerte sind in Tabelle 20 dargestellt.

Tabelle 20: Selbstkonzept-Indikatoren

		Anzahl Schüler/ -innen	Anzahl Items	Reich- weite	MW	SD	Cron- bachs Alpha
Leistungsselbst- konzept	Stufe 4 - 8	1215	8	1 - 4	2,58	,61	,81
	Stufe 9 - 12	2257	11		2,42	,59	,86
Soziales Selbstkonzept	Stufe 4 - 8	1241	5	1 - 4	3,23	,58	,73
	Stufe 9 - 12	2347	3		3,28	,60	,64
Allgemeines Selbstwertgefühl	Stufe 4 - 8	1262	4	1 - 4	3,21	,59	,65
	Stufe 9 - 12	2319	7		3,20	,59	,82

Hinsichtlich der Messqualität der Indikatoren ist anzumerken, dass für das Leistungsselbstkonzept eine sehr gute Messqualität gegeben ist (vgl. Cronbachs Alpha), während die beiden anderen Indikatoren aufgrund der zu geringen Itemzahl lediglich eine mittlere Messqualität aufweisen.

Ein wichtiger Beleg für die Einflüsse der schulischen Erfahrungen auf die Selbstkonzeptentwicklung ist dann gegeben, wenn der Verlauf der Selbstkonzept-veränderungen mit Merkmalen der Schullaufbahn zusammenhängt. Grundsätzlich wäre zu erwarten, dass es im Laufe der Schulzeit zu einer positiven Entwicklung des Selbstkonzepts kommt – immerhin erfolgt während dieser Zeit ein ständiger Zuwachs an Wissen, Können und Erfahrung, der auch in einem Wachstum der Persönlichkeit und einer darauf basierenden verbesserten Selbstsicht seinen Ausdruck finden sollte. Andererseits laufen in der Schule ständig soziale Bewertungsprozesse ab, die häufig mit Abwertungen der Personen und ihrer Leistungen verknüpft sind, und die vermutlich zu Beeinträchtigungen des Selbstkonzepts beitragen. Eine bündige Vorhersage der Selbstkonzeptentwicklung erscheint daher nicht möglich, weil zusätzlich zu den unmittelbaren Erfahrungen zahlreiche andere

Faktoren, insbesondere auch das Image der besuchten Schule, eine Rolle spielen können.
Abbildung 13 zeigt die Selbstkonzeptmerkmale differenziert nach Schultypen.

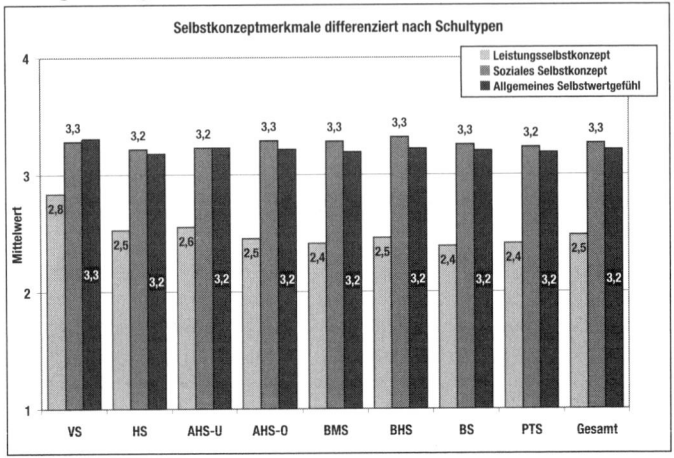

Abbildung 13: Selbstkonzeptmerkmale, differenziert nach Schultypen

Auffallend ist die deutlich niedrigere Ausprägung des Leistungsselbstkonzepts, das auch Unterschiede zwischen den Schultypen aufweist (Streuung zwischen MW = 2,8 in der Volksschule und MW = 2,4 in den Berufsbildenden mittleren Schulen). Das soziale Selbstkonzept und das allgemeine Selbstwertgefühl sind praktisch in allen Schultypen im Durchschnitt gleich hoch – Variationen in diesem Bereich hängen also möglicherweise stärker mit persönlichen Merkmalen wie dem Geschlecht, dem Alter oder auch mit der Schulstufe zusammen.

Abbildung 14 zeigt den Verlauf der drei Selbstkonzeptmerkmale während der Schullaufbahn, getrennt für die verschiedenen Schülerströme.

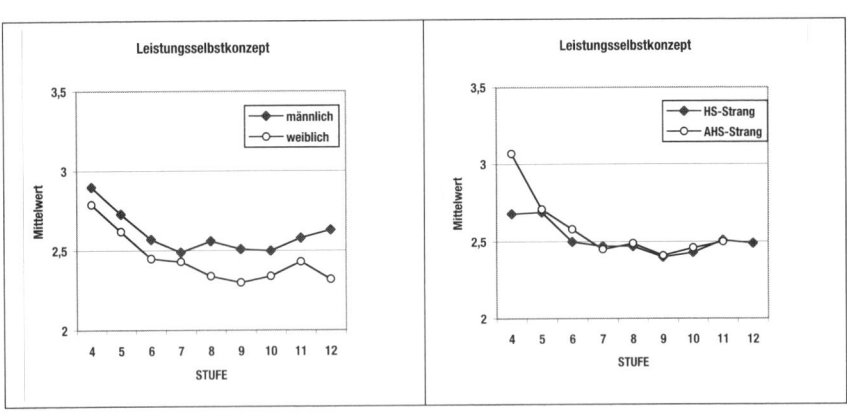

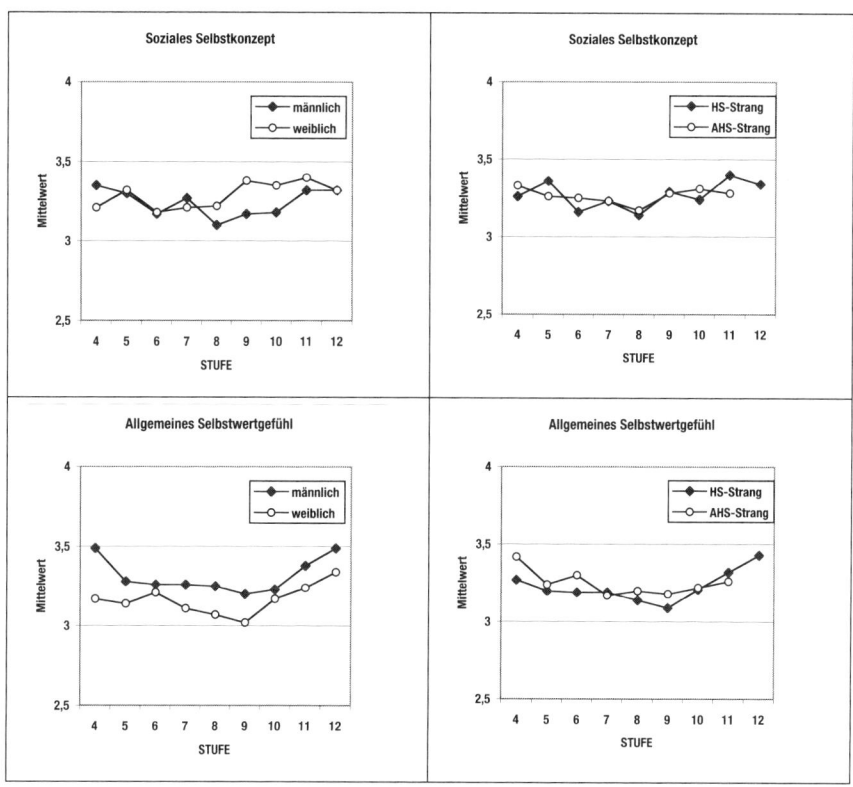

Abbildung 14: Veränderungen von Selbstkonzeptmerkmalen in Abhängigkeit von Schulstufe, Geschlecht und Schulstrang

Hinsichtlich der *Schulstufeneinflüsse* lassen sich drei unterschiedliche Verläufe identifizieren:

*   Das Leistungsselbstkonzept zeigt für beide Geschlechter eine sich verflachende Abnahme. Die in der Volksschule sehr positive Einschätzung des Leistungsselbstkonzepts geht während der Sekundarstufe I deutlich zurück und bleibt dann ab der 7. Schulstufe auf einem ungefähr gleichen Niveau. Dieser Rückgang betrifft besonders die Schüler/innen der AHS.
*   Das soziale Selbstkonzept erweist sich weitgehend unabhängig von der Schulstufe.
*   Das allgemeine Selbstwertgefühl zeigt einen wannenförmigen Verlauf. Gegen Ende der Schullaufbahn werden die anfänglichen Werte in der Volksschule wieder erreicht oder sogar übertroffen.

Bei allen Verläufen ist zu berücksichtigen, dass sich die berichteten Werte spätestens ab der 9. Schulstufe auf eine selegierte Schülergruppe (ohne Berufsschulen und ohne Polytechnische Schulen) beziehen.

Geschlechtsunterschiede zeigen sich im Leistungsselbstkonzept und im Allgemeinen Selbstwertgefühl. Die Burschen weisen hier über die gesamte Schullaufbahn hinweg die höheren Werte auf. Im Sozialen Selbstkonzept zeigen sich auf den höheren Schulstufen positivere Einschätzungen bei den Mädchen. Hinsichtlich der *Schulstränge* zeigen sich nur beim Selbstwertgefühl geringfügige Unterschiede: Hier liegen die Schüler/innen aus dem AHS-Strang bis zur 10. Schulstufe etwas über ihren Mitschüler/innen aus dem Hauptschulstrang.

Grundsätzlich ist aber auch hier die Interpretation der Verläufe sehr dadurch erschwert, dass es sich nicht um echte Längsschnittdaten handelt, so dass nicht leicht abgeschätzt werden kann, welche Veränderungen auf Selektionsprozesse (Ausscheiden von Schüler/innen) zurückzuführen sind, und welche tatsächlich Entwicklungsverläufe darstellen.

Abbildung 15 zeigt eine Darstellung der Geschlechtsunterschiede im Leistungsselbstkonzept sowie im allgemeinen Selbstwertgefühl *innerhalb* der Schulstränge.

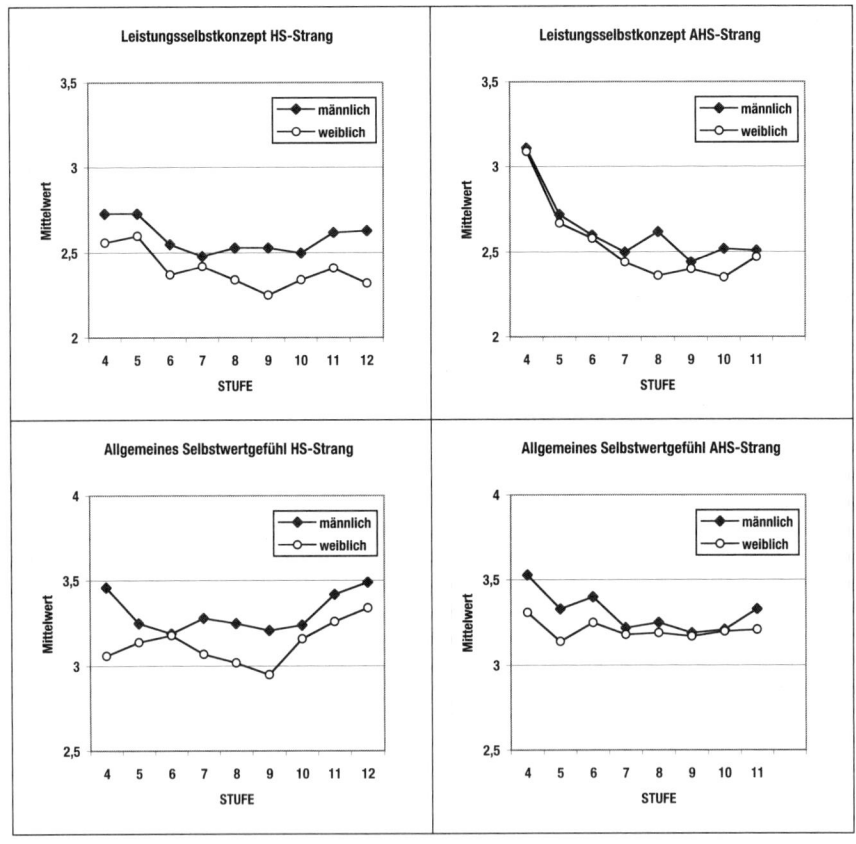

Abbildung 15: Geschlechtsunterschiede innerhalb der Schulstränge

Die Darstellung ermöglicht eine grobe Einschätzung, inwieweit die Geschlechts-unterschiede in den verschiedenen Bereichen des Schulsystems gleichmäßig gegeben sind. Die Ergebnisse weisen darauf hin, dass die Geschlechtsunterschiede im Selbstkonzept im Hauptschulstrang tendenziell größer sind: Im Leistungs-selbstkonzept finden wir im Hauptschulstrang einen sich über die Schulstufen vergrößernden Unterschied, der in dieser Form im AHS-Bereich nicht feststellbar ist (dort finden sich von der 4. bis zur 7. Schulstufe überhaupt keine Geschlechts-unterschiede). Im Bereich des Selbstwertgefühls zeigen sich im Hauptschulstrang praktisch durchgehend erhebliche Geschlechtsunterschiede zugunsten der Burschen, im AHS-Strang werden diese während der Schullaufbahn jedoch zunehmend geringer. Die beiden großen Bereiche des Schulsystems tragen also in deutlich unterschiedlichem Ausmaß zu den Geschlechtsunterschieden bei. Abbildung 16 zeigt eine Darstellung der Geschlechtsunterschiede innerhalb der untersuchten Schultypen.

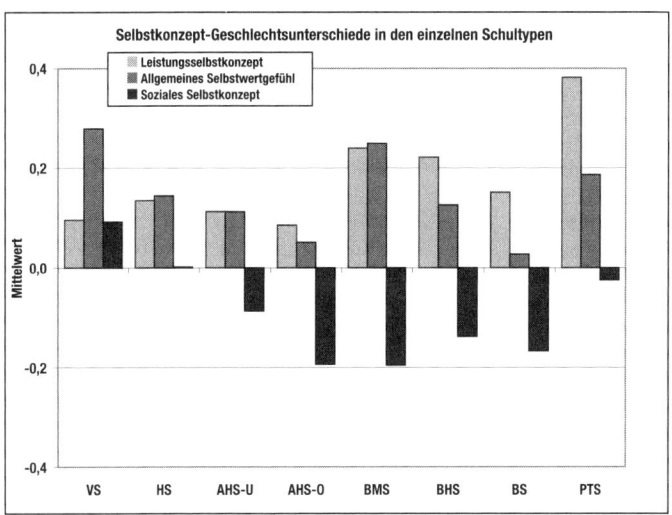

Abbildung 16: Geschlechtsunterschiede in Selbstkonzeptmerkmalen, differenziert nach Schul-typen. Die Darstellung zeigt die Differenzen zwischen den jeweiligen Mittelwerten für die Burschen und die Mädchen. Säulen oberhalb der Null-Achse bedeuten einen Vorsprung für die Burschen.

Insgesamt finden sich die ausgeprägtesten Unterschiede in den Polytechnischen Schulen und in den Berufsbildenden mittleren Schulen sowie in den BHS; vergleichsweise gering sind sie in den AHS. Für das Leistungsselbstkonzept und das Selbstwertgefühl gibt es in keinem Schultyp einen Vorsprung für die Mädchen.

2.6   Veränderungen im Befinden gegenüber 1994

Eine zentrale Frage dieser Untersuchung bezieht sich darauf, in welchem Ausmaß Veränderungen im Befinden der Schüler/innen gegenüber der Erstuntersuchung 1994 eingetreten sind. Es würde den Rahmen dieser Darstellung sprengen, *alle* erhobenen Merkmale mit der Ersterhebung zu vergleichen. Vielmehr sollen exemplarisch drei Fragestellungen analysiert werden, nämlich ob im untersuchten Zeitraum die Zufriedenheit mit der Schule gestiegen und die Angst vor der Schule weniger geworden ist, und ob Veränderungen im Selbstkonzept der Schüler/innen eingetreten sind.

Die Durchführung eines solchen Vergleichs ist nur dann zulässig, wenn die Stichproben tatsächlich vergleichbar sind. Die Stichprobe 2005 unterscheidet sich von der Stichprobe 1994 vor allem durch die Einbeziehung der Polytechnischen Schulen und der Berufsschulen. Für den Epochenvergleich werden diese beiden Schultypen aus der Stichprobe herausgenommen. Zusätzlich wurden die Daten 1994 in der selben Weise schultypen- und schulstufenbezogen gewichtet wie die Stichprobe 2005.

2.6.1   Ist die Zufriedenheit mit der Schule gestiegen?

Um Veränderungen in der Schulzufriedenheit zu zeigen, werden die Verteilungen des Merkmals zu den beiden Erhebungszeitpunkten, die Mittelwerte der einzelnen Schultypen sowie die geschlechtsspezifischen Verteilungen der Zufriedenheitswerte gegenüber gestellt. Abbildung 17 zeigt die Zufriedenheitsverteilungen zu den beiden Erhebungszeitpunkten.

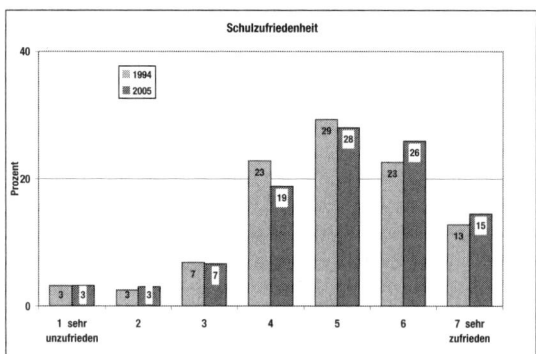

Abbildung 17: Vergleich der Schulzufriedenheit 1994 (N= 4365) und 2005 (N= 6032); gewichtete Werte; Stichprobe 2005 ohne Berufsschulen und ohne Polytechnische Schulen.

Die beiden höchsten Zufriedenheitsstufen zeigen zusammen einen Zuwachs von ca. 6%, der primär daraus entsteht, dass sich die Anzahl der „mittel" zufriedenen Schüler/innen verringert. Die Quote der wenig bzw. sehr Unzufriedenen bleibt unverändert. Die in Abbildung 18 dargestellten Mittelwerte zeigen, dass die festgestellte Zunahme an Zufriedenheit alle Schultypen mit Ausnahme der Volksschule betrifft.

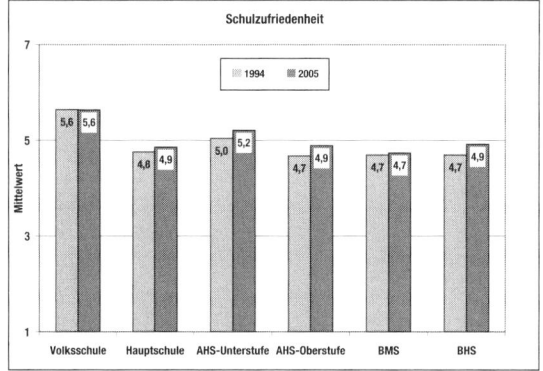

Abbildung 18: Durchschnittliche Ausprägung der Schulzufriedenheit in den einzelnen Schultypen, 1994 und 2205.

Die Volksschule wies bereits 1995 ein sehr hohes Zufriedenheitsniveau auf, sodass Zuwächse offenbar nur noch schwer möglich sind. Den relativ stärksten Zuwachs zeigen die Höheren Schulen, gefolgt von der AHS-Unterstufe.

Abbildung 19 zeigt eine Gegenüberstellung der geschlechtsspezifischen Veränderungen in der Zufriedenheit.

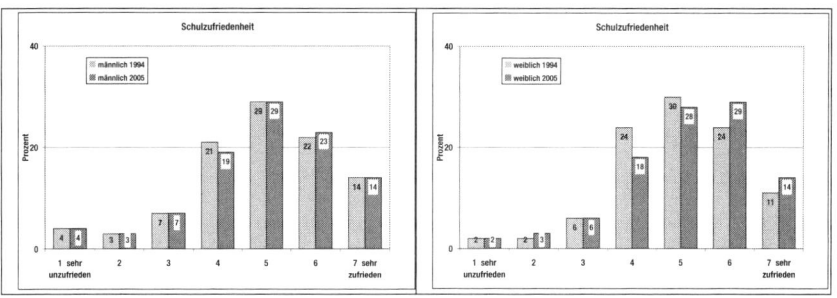

Abbildung 19: Veränderungen der Schulzufriedenheit, differenziert nach Geschlecht.

Die Analyse der geschlechtsspezifischen Veränderungen zeigt deutlich, dass der Zuwachs an Zufriedenheit praktisch zur Gänze bei den Mädchen stattfindet; bei diesen steigen die höchsten Zufriedenheitsstufen relativ deutlich, während auch hier die Unzufriedenheit eine relativ konstante Größe aufweist.

2.6.2   Ist die Angst vor der Schule weniger geworden?

Wie Abbildung 20 zeigt, ist die Angst vor der Schule konstant geblieben; lediglich in den Berufsbildenden mittleren Schulen finden wir einen minimalen Rückgang der - in der Erstuntersuchung vergleichsweise höheren - Schulangst.

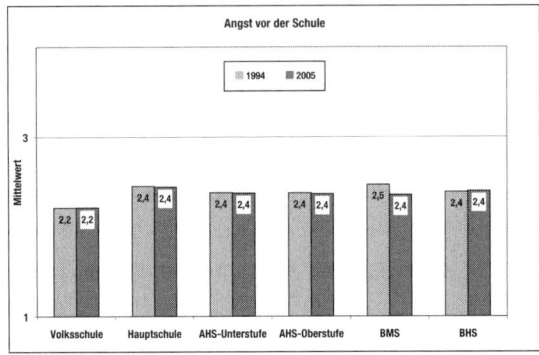

Abbildung 20: Unterschiede in der Schulangst 1994 und 2005; Mittelwerte der einzelnen Schultypen.

2.6.3   Gibt es Veränderungen im Selbstkonzept?

Für den Vergleich mit 1994 wurde aus den Items, die zur Messung des Selbstkonzepts herangezogen wurden, eine Version erstellt, die mit den damals verwendeten Indikatoren identisch ist, und nach den 1994 erstellten Z-Normen standardisiert. Durch die Standardisierung ergibt sich ein Wertebereich von 70 - 130 mit einem Mittelwert von 100 und einer Streuung von 10 Punkten. Die folgende Abbildung zeigt die Veränderungen für das Leistungsselbstkonzept und das allgemeine Selbstwertgefühl.

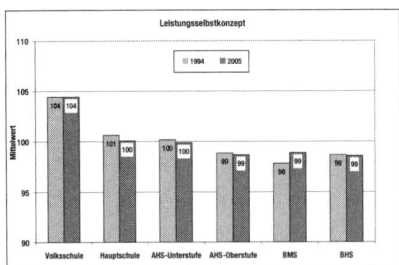 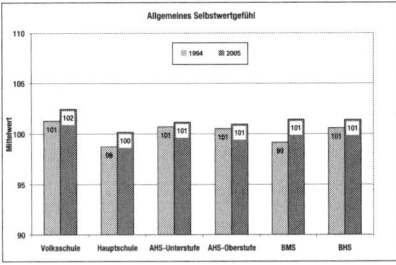

Abbildung 21: Veränderungen im Selbstkonzept 1994 - 2005, differenziert nach Schultypen

Beim Leistungsselbstkonzept bestehen offensichtlich keine konsistenten Unterschiede; einer geringfügigen Zunahme im Bereich der BMS stehen geringfügige

Rückgänge in den anderen Schultypen gegenüber. Das Allgemeine Selbstwertgefühl ist hingegen der Tendenz nach in allen Schultypen gestiegen, am stärksten in der Hauptschule und den Berufsbildenden mittleren Schulen.

Veränderungen gegenüber 1994 zeigen sich auch in den geschlechterbezogenen Ausprägungen. Die damals feststellbare Tendenz zu sich während der Schullaufbahn vergrößernden Unterschieden im Allgemeinen Selbstwertgefühl findet in den gegenwärtigen Daten keine Bestätigung; im Bereich der AHS zeigt sich vielmehr eher eine Reduzierung der Unterschiede während der Schullaufbahn.

3 Die individuelle Lage der Schülerinnen und Schüler in der Schule

Als „individuelle Lage" wird hier das Geflecht schulischer Anforderungen und Beziehungen verstanden, in dem sich Kinder und Jugendliche in der Schule befinden, sowie die Art und Weise, wie sie diese Beziehungen gestalten und die Anforderungen bewältigen. Folgende Aspekte stehen dabei im Vordergrund:

- Schule ist ein Ort des sozialen Zusammenlebens von Schüler/innen und Lehrer/innen - die zentrale Entwicklungsaufgabe für die Schüler/innen besteht hier im Aufbau und im Erhalt von sozialen Beziehungen.
- An diesem Ort erfolgt eine Auseinandersetzung mit inhaltlichen Aufgaben die zentrale Aufgabe in dieser Hinsicht besteht in der Erfüllung der schulischen Anforderungen und im Erwerb einer fachlichen Qualifikation.
- Dies geschieht in einem konkreten zeitlichen und organisatorischen Rahmen - hier geht es für die Schüler/innen vor allem um die Erfüllung der vorgegebenen zeitlich-organisatorischen Strukturen und deren Anpassung an das eigene Leben.

Die Art und Weise, wie diese Anforderungen von den Einzelnen jeweils unterschiedlich geleistet werden, konstituiert ihre „individuelle Lage" in der Schule als „beliebte" oder „unbeliebte", „gute" oder „schlechte", „angepasste" oder „unangepasste" Schülerinnen und Schüler.

In diesem Kapitel erfolgt daher eine Beschreibung der Schülerinnen und Schüler im Hinblick auf ihre soziale Integration in der Schule, die Bewältigung der schulischen Aufgaben und Anforderungen sowie ihre zeitliche und physische Beanspruchung durch die Organisation Schule.

3.1 Das soziale Zusammenleben in der Schule

Als soziale Integration wird hier vor allem das Ausmaß verstanden, in dem es Schüler/innen gelingt, mit ihren Mitschüler/innen und ihren Lehrpersonen in befriedigenden und nicht belastenden sozialen Beziehungen zu leben.

3.1.1 Soziale Integration bei Mitschülerinnen und Mitschülern

Für Kinder und Jugendliche wird die Bedeutung der Schule ganz wesentlich durch die sozialen Beziehungen zu den Mitschüler/innen geprägt; für manche ist die Möglichkeit, mit den Klassenkamerad/innen zusammenzutreffen, die wichtigste Qualität von Schule überhaupt. Dieser Aufbau von Beziehungen und die Integration in die Gruppe kann unterschiedlich gut gelingen - wobei das Ergebnis nicht von den einzelnen Schülerinnen und Schülern allein, sondern auch von der Zusammensetzung der Klasse und der Kultur der umgebenden Schule abhängen kann.

3.1.1.1 Die allgemeine Qualität der Mitschüler/-innenbeziehungen

Die Erfassung der individuellen Integration in die Gruppe erfolgte mit acht Einzelfragen, die sich auf positive und negative Aspekte des Verhältnisses zu den Mitschüler/innen beziehen. Abbildung 22 zeigt die Antwortverteilung auf zwei Fragen zu positiven Beziehungsaspekten, die in allen Klassenstufen und Schultypen gestellt wurden.

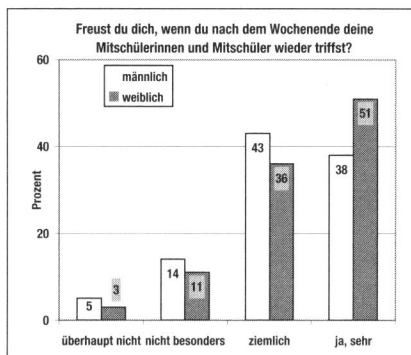 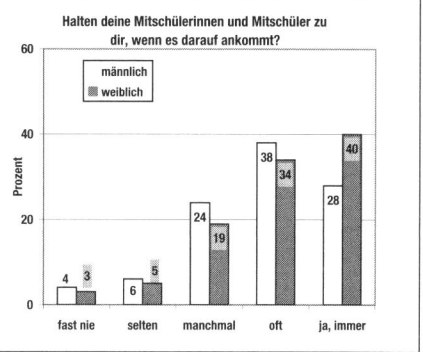

Abbildung 22: Fragen zur Integration bei den Mitschüler/innen, getrennt nach Geschlechtern. Prozentangaben, N = 3374 (weiblich) bzw. 3552 (männlich).

Die meisten Schüler/innen freuen sich, nach dem Wochenende ihre Mitschüler/innen wieder zu treffen. Die Angaben der Mädchen liegen etwas höher als die der Burschen (87% der Schülerinnen und 81% der Schüler antworten mit „ziemlich" oder „sehr"). Die große Mehrheit der Mädchen und Burschen fühlen sich von ihren Mitschüler/innen „oft" oder „immer" unterstützt (75% der Schülerinnen und 65% der Schüler). „Selten" oder „fast nie" Unterstützung erfahren 9% der Burschen bzw. 7% der Mädchen. Insgesamt lässt sich für Mädchen wie Burschen festhalten, dass sich die große Mehrheit der Schüler/innen gut in die Klasse integriert fühlt. Der Unterschied zwischen Mädchen und Burschen ist für beide Fragen statistisch signifikant.

Abbildung 23 thematisiert die Qualität der sozialen Beziehungen: Die Mehrheit der Schüler/innen (89% der Schüler und 90% der Schülerinnen) gibt an, „nie" bzw. „selten" Angst vor Klassenkamerad/innen zu haben oder mit ihnen zu streiten – die Geschlechter unterscheiden sich hier statistisch gesehen nicht signifikant. 79% der Burschen und 86% der Mädchen streiten „nie" bzw. „selten" ernsthaft – hier unterscheiden sich die Angaben zwischen den Geschlechtern in einer bedeutsamen Größenordnung.

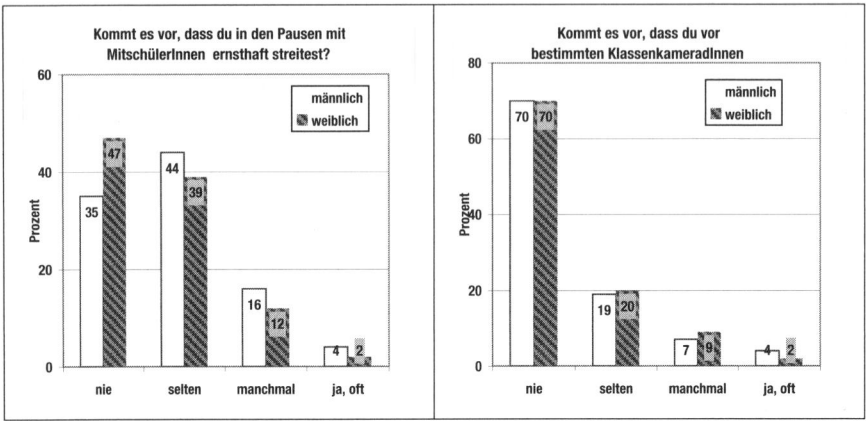

Abbildung 23: Probleme mit Mitschüler/innen, getrennt nach Geschlechtern. Prozentangaben, N=2229 (weiblich) bzw. 2360 (männlich) und N=1153 (weiblich) bzw. 1197 (männlich).

In einem Teil der Stichprobe wurde die Frage nach der Angst vor Klassen-kamerad/innen im Hinblick auf Burschen und Mädchen nach Geschlechtern differenziert vorgegeben (vgl. Abbildung 24).

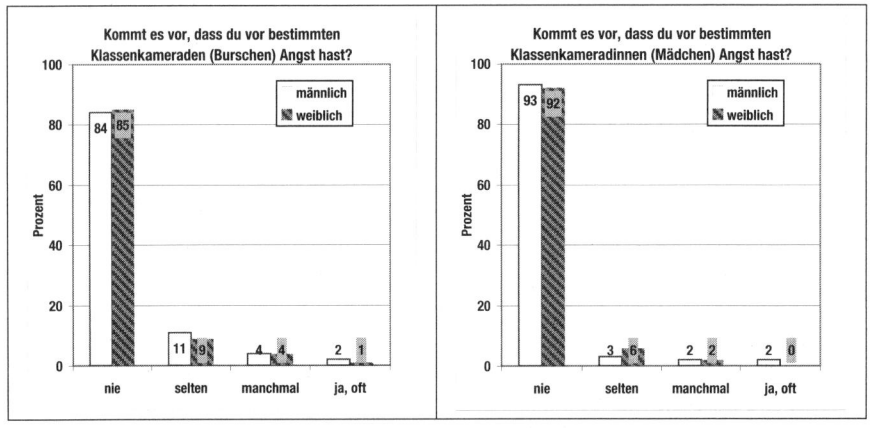

Abbildung 24: Probleme mit Mitschülerinnen bzw. Mitschülern, getrennt nach Geschlechtern. Prozentangaben, N=2200 (weiblich) bzw. 2358 (männlich).

Überraschenderweise wird seltener über Angst berichtet: Bei der nach Geschlecht differenzierten Frage geben etwa 92% der Schüler/innen an, „nie" vor Mädchen und etwa 84% „nie" vor Burschen Angst zu haben (gegenüber 70% bei der nicht differenzierten Frage).

Der statistische Vergleich der Werte aus Abbildung 24 ergab (erwartungs-gemäß), dass Schülerinnen und Schüler signifikant seltener Angst vor Mädchen als vor Burschen haben, wobei sich die Geschlechter nicht unterscheiden (84% bzw. 85% haben „nie" Angst vor Burschen, 92% bzw. 93% „nie" Angst vor Mädchen). Eine ebenfalls nach Geschlecht differenzierte Frage, die in allen Schultypen gestellt wurde, zeigt das Ausmaß der erlebten Belästigung durch Mitschüler/innen (vgl. Abbildung 25):

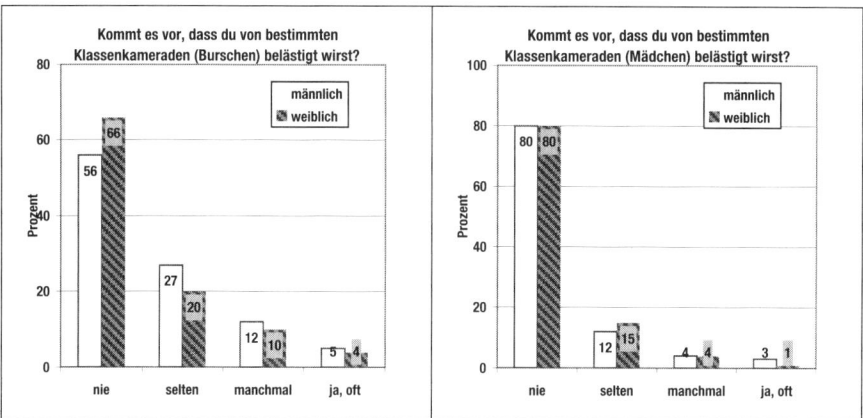

Abbildung 25: Belästigung von Mitschüler/innen, getrennt nach Geschlechtern. Prozentangaben, N=2166 (weiblich) bzw. 2353 (männlich).

4% der Schülerinnen und 5% der Schüler fühlen sich „oft" von Klassenkameraden (Burschen) belästigt, während dies bei 1% der Schülerinnen und 3% der Schüler bei Klassenkameradinnen (Mädchen) der Fall ist. Insgesamt ist auffällig, dass sich Burschen wie Mädchen häufiger von Burschen belästigt fühlen (44% bei den Burschen und 34% der Mädchen) als von Mädchen (17% der Burschen und 20% der Mädchen).

3.1.1.2   Schulstufenunterschiede

Es ist zu erwarten, dass sich die Beziehungen zwischen den Mitschüler/innen während der Schullaufbahn verändern. Gründe dafür sind insbesondere entwicklungsbedingte Veränderungen der einzelnen Personen, Neuformierung der Geschlechterbeziehungen, Wechsel von Schulen und daraus resultierende Neuzusammensetzungen von Klassen sowie der zunehmende Aufbau außerschulischer Beziehungen. Einige dieser Faktoren wirken generell (z.B. entwicklungsbedingte Veränderungen), einige hängen mit Merkmalen des Schulsystems zusammen und laufen daher in den beiden Schulsträngen unterschiedlich ab. Schüler/innen im Hauptschulstrang erleben z.B. mehr Schulwechsel und daher auch mehr Neuzusammensetzungen von Klassen oder Gruppen, und es wäre daher zu erwarten, dass sich daher auch die sozialen Beziehungen in diesem Schulstrang anders entwickeln.

Zur Vereinfachung der Darstellung dieser Entwicklung wurden jeweils die beiden Fragen zu den positiven (vgl. Abbildung 22) bzw. negativen Beziehungsaspekten (vgl. Abbildung 23) zu zwei Indikatoren zusammengefasst, die als „Integration" und „Konflikte" bezeichnet werden. Abbildung 26 zeigt den Verlauf dieser beiden Indikatoren getrennt für beide Geschlechter:

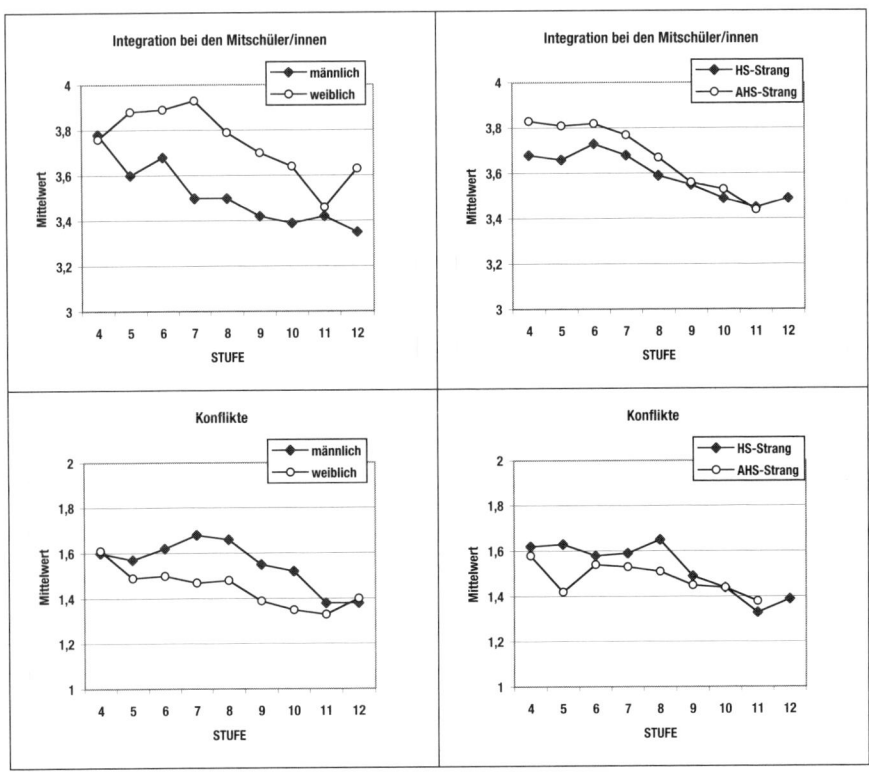

Abbildung 26: Indikatoren zu Integration bzw. Konflikte bei den Mitschüler/innen, getrennt nach Geschlechtern.

Anmerkung: Die Skalenbreite entspricht dem Antwortformat der Einzelitems (1-4); hohe Werte bedeuten eine hohe Ausprägung des Indikators.

Der Indikator für *Integration* zeigt an, dass Mädchen über alle Schulstufen hinweg besser integriert sind als Burschen. Das Ausmaß der Integration nimmt bei beiden Geschlechtern im Verlauf der Schulstufen ab, liegt jedoch immer auf einem relativ hohen Niveau. Bei den Mädchen zeigt sich ein Wendepunkt im Ausmaß der Integration zwischen der 7. und 8. Schulstufe; zu diesem Zeitpunkt beginnt eine rückläufige Entwicklung. Bei den Burschen setzt diese Abwärtsentwicklung bereits beim Wechsel aus der Volksschule ein. Vor allem in der Sekundarstufe I haben die Geschlechtsunterschiede eine erhebliche Größenordnung und verweisen darauf, dass es den Burschen weniger gut gelingt, in der Schule positive soziale Beziehungen zu etablieren. Die Unterschiede zwischen Hauptschulstrang und AHS-

Strang sind vergleichsweise geringer, aber auch hier fällt auf, dass die späteren Gymnasiast/innen bereits in der Volksschule bessere soziale Beziehungen zu den Mitschüler/innen aufweisen.

Der Indikator für *Konflikte* zeigt generell, dass die Häufigkeit von Konflikten im Verlauf der Schulstufen abnimmt und dass Burschen durchgehend etwas häufiger über Konflikte berichten als Mädchen. Die Entwicklung dieses Indikators zeigt für die Geschlechter einen unterschiedlichen Verlauf. Für die Burschen zeigt sich eine Häufung von Konflikten in der 7. und 8. Schulstufe; bei den Mädchen zeigt sich ab dem Eintritt in die Sekundarstufe I ein weitgehend kontinuierlicher Rückgang über die Schulstufen. Während der Sekundarstufe I sind Konfliktsituationen im HS-Strang etwas stärker ausgeprägt, in der Sekundarstufe II kommt es zu einer weitgehenden Angleichung der Stränge.

3.1.2 Das Verhältnis zu den Lehrerinnen und Lehrern

Vermutlich wird das Befinden der Schüler/innen in der Schule stärker durch die Beziehung zu den Lehrpersonen geprägt als durch die Beziehung zu den Mitschüler/innen. Die Gründe dafür liegen auf der Hand: Die Lehrpersonen bestimmen in hohem Ausmaß das schulische Leben: Sie gestalten den Unterricht, verfügen über Sanktionsmacht hinsichtlich Belohnungen und Bestrafungen, bestimmen die Noten, entscheiden über das Ausmaß der Anforderungen und definieren den Stoff- und Leistungsdruck, sie legen die Hausaufgaben fest – all dies sind Komponenten, die unmittelbar und gravierend in das schulische und außerschulische Leben der Kinder und Jugendlichen hineinwirken. Mit Lehrer/-innen gut auszukommen ist daher für die Schüler/innen ein wichtiges, im Extremfall existentielles Problem.

3.1.2.1 Die allgemeine Beziehung zu den Lehrerinnen und Lehrern

Die Beziehungen der Schüler/innen zu ihren Lehrpersonen wurden einerseits durch eine allgemeine Frage nach der Häufigkeit guter Beziehungen („Zu wie vielen Lehrerinnen und Lehrern hast du ein gutes Verhältnis?"), anderseits durch ein Set von Fragen nach der Qualität der Schüler-Lehrer-Beziehung erfasst.

Abbildung 27 gibt Auskunft darüber, zu wie vielen Lehrerinnen und Lehrern die Kinder und Jugendlichen ein gutes Verhältnis haben.

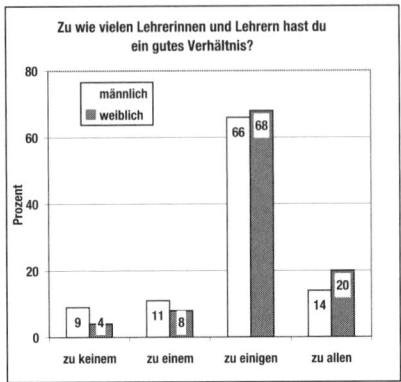

Abbildung 27: Verhältnis zu den Lehrer/innen, getrennt nach Geschlechtern. Prozentangaben, N=2220 (weiblich) bzw. 2345 (männlich).

Dabei gibt nur ein geringer Prozentsatz (9% der Schüler; 4% der Schülerinnen) an, „zu keinem" ein gutes Verhältnis zu haben. Ein gutes Verhältnis „zu einem" Lehrer oder zu einer Lehrerin haben zwischen 8% (weiblich) und 11% (männlich) der Schüler/innen. An dieser Stelle dreht sich die Verteilung zwischen Schülerinnen und Schüler um: es geben deutlich mehr Mädchen als Burschen an, „zu einigen" bzw. „zu allen" Lehrerinnen und Lehrern ein gutes Verhältnis zu haben.

Über die Schulstufen hinweg zeigt sich der in Abbildung 28 dargestellte zeitliche Verlauf:

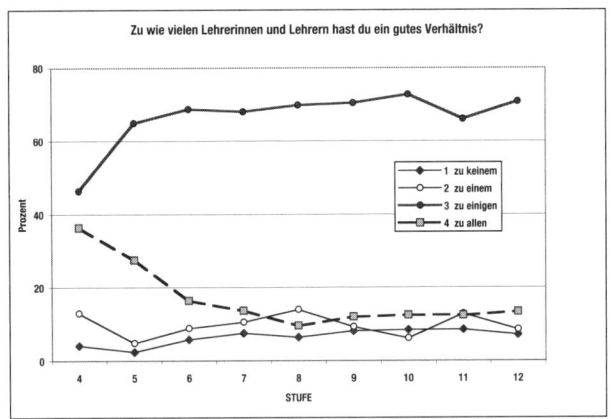

Abbildung 28: Verhältnis zu Lehrer/innen nach Schulstufen, Prozentangaben.

In der letzten Klasse der Volksschule berichten 45%, „zu einigen" sowie 36% der Schüler/innen, „zu allen" Lehrerinnen ein gutes Verhältnis zu haben. Angesichts der geringen Zahl von Lehrpersonen, mit denen es die Kinder in der Volksschule zu tun haben, erscheint der im Vergleich zu später relativ hohe Prozentsatz derer, die zu allen Lehrpersonen ein gutes Verhältnis haben, realistisch. Mit Beginn der Sekundarstufe I verändert sich dieses Verhältnis, nicht zuletzt wohl auch aufgrund der zunehmenden Zahl der unterrichtenden Lehrpersonen, zu Gunsten der Antwortkategorie „zu einigen" (demzufolge ging die Anzahl derer, die „zu allen" in der 5. Schulstufe angekreuzt haben, eindeutig zurück). Ein relativ geringer Teil der Schüler/innen gibt an, nur „zu einem" bzw. „zu keinem" Lehrer oder zu einer oder keiner Lehrerin ein gutes Verhältnis zu haben – der Prozentsatz für diese Antwortkategorien bleibt für die untersuchten Schulstufen durchwegs gleich.

In Tabelle 21 sind Items zusammengestellt, in denen eher die Qualität der Beziehung thematisiert wird: Gerechtigkeit bei der Leistungsbeurteilung, Angst, Unsicherheit und Unbeliebtheit. Ein Teil dieser Fragen wurde auf allen Schulstufen gestellt, ein Teil nur ab der 9. Schulstufe.

Tabelle 21: Die Qualität der Beziehung zu den Lehrkräften; nach Schulstufen. Prozentangaben. Kennwerte des Indikators „Integration bei den Lehrpersonen"

	Stufe	stimmt gar nicht	stimmt etwas	stimmt ziemlich	stimmt völlig
Die Noten, die ich bekomme, sind oft ungerecht	4. - 8.	42,1	38,0	12,1	7,8
	9. - 12.	35,8	46,3	12,3	5,6
Vor machen Lehrerinnen oder Lehrern habe ich ziemlich Angst	4. - 8.	69,8	19,4	5,7	5,1
	9. - 12.	70,6	18,8	6,8	3,8
Ich glaube, dass ich bei einigen Lehrerinnen oder Lehrern unbeliebt bin	4. - 8.	38,7	34,8	12,1	14,3
	9. - 12.	45,3	31,8	11,0	11,9
Ich werde mehr getadelt oder bestraft als andere in der Klasse	4. - 8.	74,3	14,4	5,3	6,0
	9. - 12.	77,9	13,5	5,2	3,4
Meistens werde ich von den Lehrerinnen und Lehrern fair behandelt	4. - 8.	14,6	19,6	34,4	31,4
	9. - 12.	7,9	20,9	44,9	26,4
Manche Lehrpersonen nörgeln immer an mir herum	9. - 12.	57,6	25,7	8,8	7,9
Oft weiß ich nicht so richtig, was ich mir bei einzelnen Lehrer/innen erlauben darf	9. - 12.	46,0	35,2	13,0	5,8

Indikator	N	Anzahl der Items	Reichweite	Skalen-mittel-wert	Mittelwert	Streuung	Cronbachs Alpha
Integration bei den Lehrpersonen	4854	5	5 – 20	12.5	16.42	2.69	.666

Anmerkung: Der Indikator „Integration bei den Lehrpersonen" setzt sich aus den ersten 4 Items dieser Tabelle und aus der Frage in Abbildung 27 zusammen.

Die Beziehungen der Schülerinnen und Schüler zu ihren Lehrer/innen lassen sich auf dieser Basis wie folgt resümieren:
- Fast 10% der Schüler und etwa 4% der Schülerinnen haben zu keiner Lehrperson ein gutes Verhältnis.
- Ca. 10% der Schüler/innen haben vor einigen Lehrpersonen ziemlich Angst.
- Jeweils 15 – 20% fühlen sich ungerecht behandelt, sind verunsichert und leiden unter ständigen Nörgeleien.

- Ca. ein Viertel der Schüler/innen denkt, „bei einigen" Lehrpersonen unbeliebt zu sein.
- Ca. zwei Drittel haben zumindest „zu einigen" Lehrer/innen ein gutes Verhältnis und fühlen sich im Allgemeinen fair behandelt.

3.1.2.2 Geschlechts- und Schulstufenunterschiede

Die ersten vier Aussagen aus Tabelle 21 sowie die Frage aus Abbildung 27 wurden nach einer faktorenanalytischen Prüfung auf Homogenität zu einem Indikator „Integration bei den Lehrpersonen" zusammengefasst. Dabei wurden die Items so umgepolt, dass ein hoher Skalenwert eine günstige Ausprägung der Beziehung zu den Lehrer/innen ausdrückt.

Für die aus der Zusammenfassung resultierende Skala liegt der *theoretische* Mittelwert bei M=12.5. Schüler/innen, die unterhalb dieses Wertes liegen, schätzen ihre Erfahrungen mit Lehrpersonen praktisch durchgehend negativ ein. Dies gilt für ca. 9,5% der Schüler/innen. Der *empirische* Mittelwert in Tabelle 21 (M=16.42) liegt jedoch weit über diesem Wert, was bedeutet, dass der überwiegende Teil der Schüler/innen die Beziehung zu den Lehrpersonen durchwegs positiv erleben.

Abbildung 29 zeigt die Ausprägung dieses Indikators nach Schulstufe, Geschlecht und Schulsträngen.

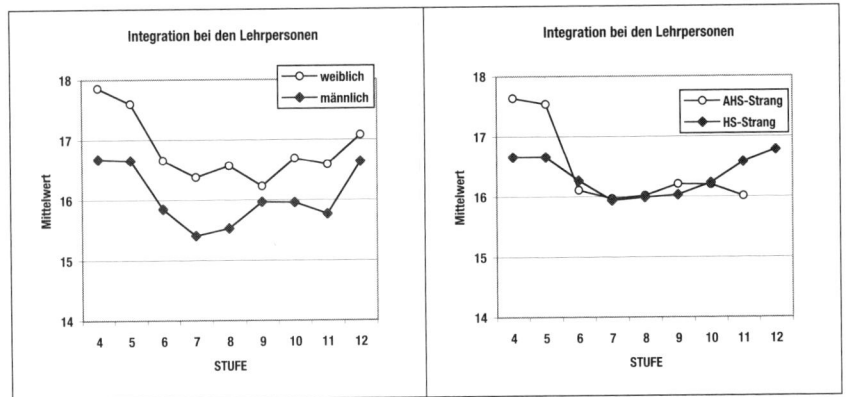

Abbildung 29: Geschlechtsunterschiede in der Integration bei den Lehrer/innen. N=4854.

Insgesamt zeigt sich ein wannenförmiger Verlauf der Beziehungsqualität, die in den letzten Jahren der Sekundarstufe I einen Tiefpunkt aufweist und sich dann allmählich wieder etwas verbessert. Auffallend ist der deutliche Rückgang nach dem Übergang von der Volksschule. Er beträgt mehr als eine halbe Standardabweichung und muss wohl als Hinweis gesehen werden, dass es den Lehrpersonen in dieser Phase der Schullaufbahn nicht ausreichend gelingt, die Beziehung zu ihren Schüler/innen positiv zu gestalten. Zwischen den Schulsträngen bestehen hier - sieht man davon ab, dass der „Absturz" im AHS-Strang noch deutlicher ausfällt als im Hauptschulstrang - im Kern keine Unterschiede.

Wohl aber bestehen deutliche Geschlechtsunterschiede. Schülerinnen erleben ihre Beziehungen zu den Lehrpersonen demzufolge um Einiges besser als Schüler, und dieser Unterschied bleibt bis zum Ende der Schullaufbahn erhalten.

3.1.3 Veränderungen gegenüber 1994

Hat sich das Zusammenleben an den Schulen in den letzten 10 Jahren verändert? Im Folgenden wird an zwei Indikatoren – Integration bei den Mitschüler/innen; Integration bei den Lehrpersonen – exemplarisch eine Gegenüberstellung zu den Ergebnissen der Untersuchung 1994 vorgenommen.

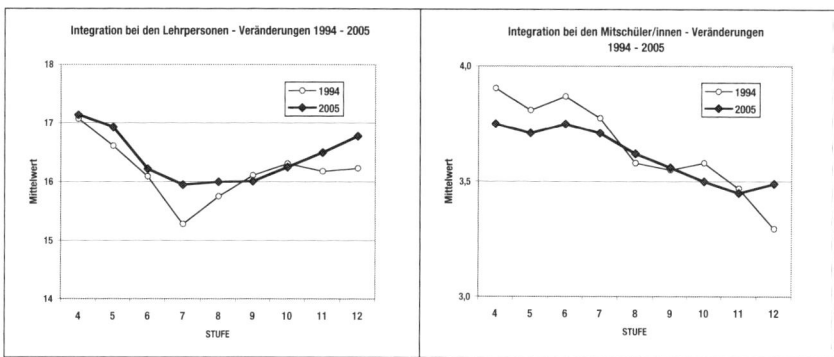

Abbildung 30: Veränderungen in den sozialen Beziehungen in der Schule, 1994 - 2005. Die Werte für 1994 wurden für diese Darstellung neu berechnet. Für 1994 vergleiche insgesamt Eder, 1995, S. 66 ff.)

Die Abbildungen legen die Interpretation nahe, dass die Beziehungen zwischen Schüler/innen und Lehrpersonen etwas besser geworden sind; vor allem der Tiefpunkt in der Sekundarstufe I zeigt einen abgemilderten Verlauf. Bei den Mitschülerbeziehungen besteht eher der Eindruck einer Verschlechterung: Bei insgesamt hohem Niveau liegen die Werte in der Sekundarstufe I mit Ausnahme der 8. Schulstufe konsistent unter dem Niveau von 1994.

3.2 Die Bewältigung der schulischen Aufgaben

3.2.1 Leistungen und Noten

Schüler und Schülerinnen erhalten für ihre Leistungen in der Schule Noten, für deren Zustandekommen das Schulunterrichtsgesetz durch die Definition der Notenstufen sowie durch den Hinweis, dass sich die Beurteilung auf den Lehrplan sowie auf den Stand des vorangegangenen Unterrichts zu stützen habe, die erforderlichen Grundlagen liefert. Wenn sich der Unterricht, wie im Schulunterrichtsgesetz vorgesehen, auch an der Entwicklung der Schüler/innen orientiert (§17, Abs. 1), wenn durch „geeignete Methoden und durch zweckmäßigen Einsatz von Unterrichtsmitteln" der Ertrag des Unterrichts gesichert und durch entsprechende Übungen gefestigt ist (§17, Abs. 1), wenn die Form der Leistungsfeststellung dem Alter und dem Bildungsstand der Schüler/innen entsprechend gewählt wird (Verordnung der Leistungsbeurteilung, §2, Abs. 2) und damit eine auf den Stand des Unterrichts Bedacht nehmende Leistungsfeststellung durchgeführt und eine *kriterien- bzw. lernzielorientierte Beurteilung* vorgenommen wird, dann sollten sich im allgemeinen linkssteile Notenverteilungen ergeben: Der größere Teil der Schüler/innen bewältigt aufgrund des vorausgegangenen guten Unterrichts die gestellten Aufgaben und erhält daher positive Bewertungen; die Anzahl der „Sehr Gut" und „Gut" sollte deutlich größer als die Anzahl von „Genügend" und „Nicht Genügend" sein.

Wenn die Leistungen von Schüler/innen *vergleichend* bewertet werden – was dem Schulunterrichtsgesetz ausdrücklich widerspricht – dann ergeben sich Verteilungen, die der Glockenform der Gauß'schen Normalverteilung ähneln: Nur sehr wenige Schüler/innen erhalten sehr gute bzw. sehr schlechte Noten, und der Großteil der Schüler/innen liegt in der Mitte der Notenverteilung. Solche Verteilungen entstehen vor allem dadurch, dass die Aufgabenschwierigkeit bei Leistungsfeststellungen so angesetzt wird, dass die Aufgaben jeweils nur von etwa der Hälfte der Klasse gelöst werden können.

Für die Situation der Schüler/innen erscheint wichtig, dass beim Modell der lernzielorientierten Beurteilung die erreichte Note – von Fehlern bei der Leistungsbeurteilung abgesehen – ausschließlich von ihrer tatsächlichen Leistung abhängt (die ihrerseits in der Regel wieder auf Fähigkeit und Anstrengung beruht), während bei der vergleichenden Beurteilung ein Faktor hinzutritt, auf den die einzelne Person kaum Einfluss hat, nämlich die Leistung der übrigen Schüler/innen in der Klasse. (Ein Schüler/Eine Schülerin könnte allenfalls versuchen, Mitschüler/innen irgendwie am Erbringen guter Leistungen zu hindern, um die eigene Bewertung zu verbessern.)

Vor dem Hintergrund der verschiedenen Beurteilungsmodelle erscheint es zunächst interessant, die Verteilungen der Schulnoten auf den verschiedenen Ebenen des Bildungssystems zu analysieren. In der Schülerbefragung wurden die

Noten aus den Fächern Deutsch, Englisch (in der Volksschule Sachunterricht), und Mathematik erfasst. Die Notensumme aus den drei Hauptfächern erscheint ein gutes Maß, um die Merkmale der Verteilungen sichtbar zu machen. (Die Zusammenfassung von drei Noten zu einer Notensumme ist aufgrund der relativ hohen Interkorrelation der Noten gut vertretbar.)

3.2.1.1 Notenverteilungen

Abbildung 31 zeigt die Verteilung der Notensumme auf den verschiedenen Ebenen des Schulsystems.

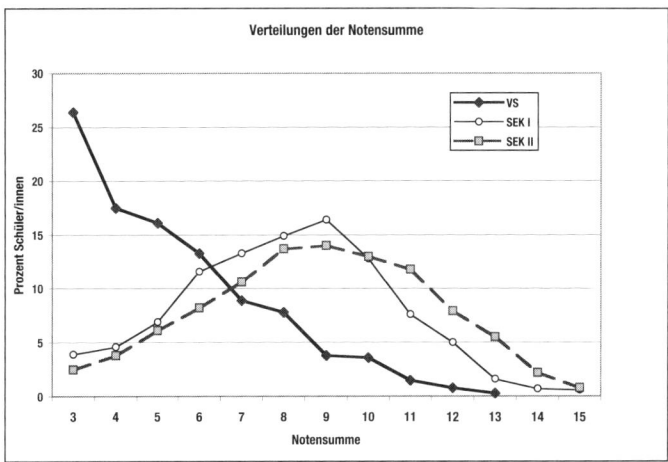

Abbildung 31: Notenverteilungen (Notensumme aus Deutsch, Englisch bzw. Sachunterricht, und Mathematik) in der Volksschule (4. Stufe), Sekundarstufe I und Sekundarstufe II (ohne Berufsschulen). Prozentangaben, N=6032. Noten aus der 2. und 3. Leistungsgruppe der Hauptschule sind nicht korrigiert.

Es erscheint evident, dass auf der vierten Stufe der Grundschule nach dem kriterienorientierten Modell beurteilt wird, während auf der Sekundarstufe I und der Sekundarstufe II offensichtlich das Modell der Normalverteilung zum Tragen kommt, die Leistungsbeurteilung somit eine *vergleichende* Grundorientierung aufweist.

Der Übergang von der Volksschule in die Sekundarstufe I ist mit einer drastischen Verschlechterung der Noten verbunden. In der Sekundarstufe II kommt es noch einmal zu einer – wenn auch geringeren – Verschiebung in den Bereich der schlechten Noten. Eine differenzierte Darstellung dieser Notenentwicklung ergibt sich, wenn man die Durchschnittsnoten über die einzelnen Schulstufen hinweg verfolgt; die entsprechende Entwicklung ist in Abbildung 32 dargestellt. Die Notenverschlechterung tritt zunächst nach der Volksschule als ein abrupter Sprung nach unten in Erscheinung – sie beträgt immerhin mehr als eine halbe Note im Durchschnitt – und geht dann in eine kontinuierliche Verschlechterung um fast eine weitere halbe Note während der nächsten Schuljahre über. Die schulrechtliche Abwertung der Noten aus der 2. und 3. Leistungsgruppe ist dabei noch nicht berücksichtigt.

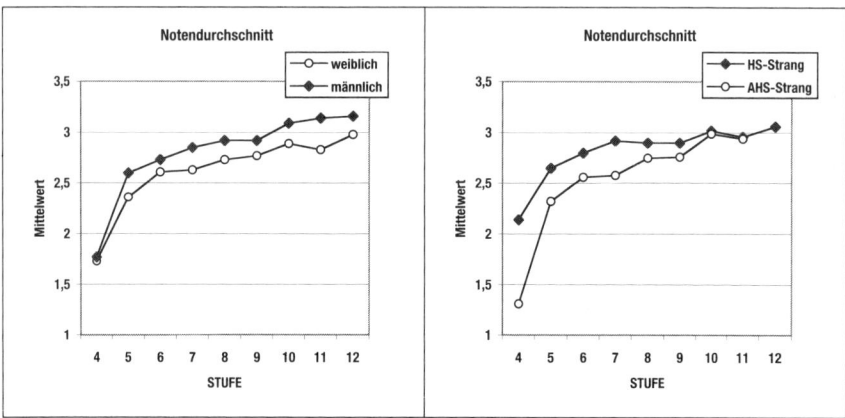

Abbildung 32: Entwicklung der Notendurchschnitte (Mittelwerte aus Deutsch, Englisch bzw. Sachunterricht, und Mathematik) auf den verschiedenen Schulstufen (ohne Berufsschulen). Noten aus der 2. und 3. Leistungsgruppe der Hauptschule sind nicht korrigiert.

In den auf die Sekundarstufe I folgenden weiterführenden mittleren und höheren Schulen sinkt das Notenniveau noch einmal etwas ab, in den AHS deutlicher als in den BMHS. Dabei ist in Rechnung zu stellen, dass es beim Übergang auf die Sekundarstufe II aufgrund von Selbst- und Fremdselektion (z. B. Austritt aus dem Schulsystem, Aufnahmeregelungen) bereits zu einer Auswahl der leistungs-fähigeren Schüler/innen gekommen ist. Im Verlauf der Schullaufbahn erweist sich damit die Benotung als ein Prozess kontinuierlicher Verschlechterung.

Mit Ausnahme der Noten in der Volksschule weisen Mädchen in allen Stufen etwas bessere Durchschnittsnoten auf als Burschen. Der Unterschied beträgt ca. 0,20 Noteneinheiten und zeigt sich konsistent in allen Schultypen und untersuchten Fächern: In Deutsch und Englisch haben Schülerinnen deutlich bessere Noten, aber auch in Mathematik besteht eine leichte Überlegenheit der Mädchen im Vergleich zu den Burschen (ohne Abbildung). Die Unterschiede bestätigen zahlreiche Unter-suchungen zur Notenüberlegenheit der Mädchen (Wagner, 1975; Baumert, 1992; Eder, 1994).

3.2.1.2 Notenverteilungen innerhalb der Sekundarstufe

Noten aus der AHS sind mit Noten aus der Hauptschule nur für die erste Leistungsgruppe direkt vergleichbar. Berücksichtigt man die schulrechtliche Wertung der Noten, dann ist zu einer Note in der 2. Leistungsgruppe der Wert 2 und zu einer Note in der 3. Leistungsgruppe der Wert 4 hinzu zu rechnen. Faktisch bedeutet dies, dass für die Hauptschule eine Notenskala 1 - 9 besteht. Abbildung 33 zeigt die Notenverteilungen in der Sekundarstufe I unter Berücksichtigung dieser Umrechnung.

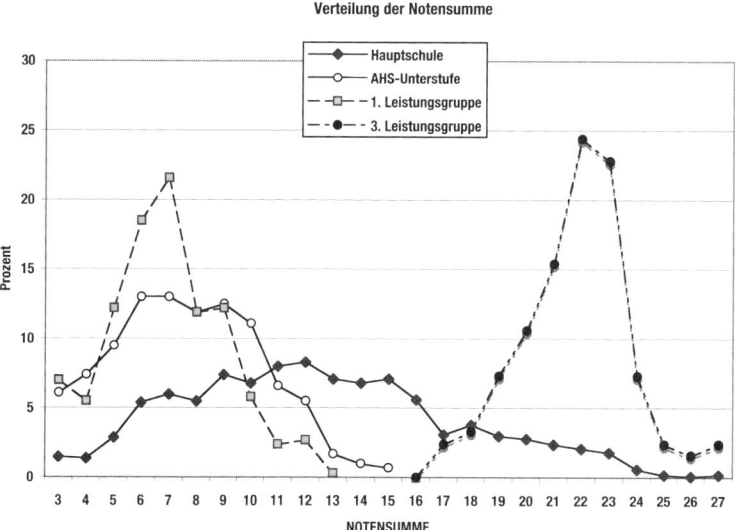

Abbildung 33: Verteilung der Notensumme aus Deutsch, Englisch und Mathematik in der Sekundarstufe I unter Berücksichtigung der unterschiedlichen Bewertung der Leistungsgruppen.

Anmerkung: Die Verteilung für die erste Leistungsgruppe umfasst jene Schüler/innen, die in allen drei Fächern in der 1. Leistungsgruppe sind; ebenso umfasst die 3. Leistungsgruppe hier Schüler/innen, die in allen drei Fächern in der 3. Leistungsgruppe sind.

Aus der Darstellung ist unmittelbar ersichtlich, dass Schüler/innen, die überall in der ersten Leistungsgruppe sind, die weitaus günstigste Notenverteilung aufweisen, und dass durch die schulrechtliche Interpretation der Noten die Notenskala stark erweitert wird. Da ein „sehr gut" in der 3. Leistungsgruppe nur in Ausnahmefällen möglich ist – die betreffenden Schüler/innen müssten unmittelbar aufgestuft werden – kann man für Schüler/innen, die in allen Fächern in der 3. Leistungsgruppe sind, die kleinstmögliche Notensumme bei 17 ansetzen, sodass bereits per definitionem ausgedrückt wird, dass es zwischen der 3. und 1. Leistungsgruppe keinen überschneidenden Benotungsbereich gibt.

Das System der Auf- und Abstufungen hat vermutlich zur Folge, dass die erste Leistungsgruppe der Hauptschule eine homogenere und auch leistungsstärkere Gruppe darstellt als eine durchschnittliche Gymnasialklasse; dies zeigt sich auch an den geringeren Standardabweichungen (SD) bei den Hauptschülern der 1. Leistungsgruppe (vergleiche Tabelle 22).

Tabelle 22: Notendurchschnitte Hauptschule 1. LG gegenüber AHS Unterstufe

Notendurchschnitt	Deutsch		Englisch		Mathematik	
nach Fächern	MW	SD	MW	SD	MW	SD
HS 1. LG (N=549)	2,46	0,840	2,58	0,881	2,48	0,872
AHS-US (N=1658)	2,50	1,071	2,60	1,114	2,59	1,078

Berücksichtigt man die schulrechtliche Korrektur der Noten in der Sekundarstufe I, ergibt sich für den Hauptschulstrang ein drastisch verändertes Bild der durchschnittlichen Notenentwicklung:

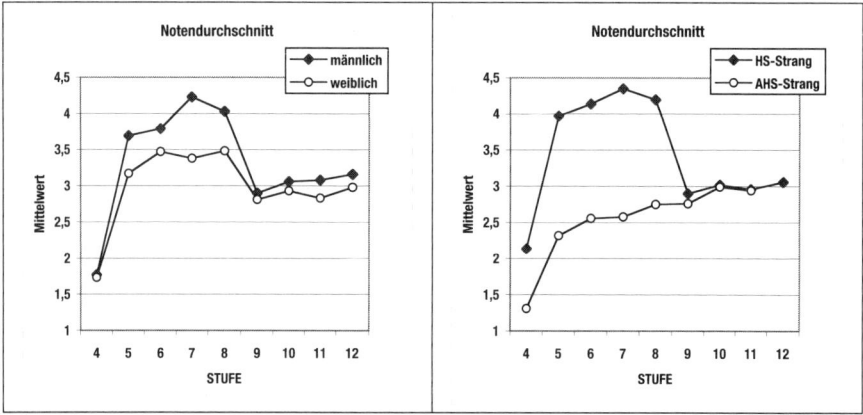

Abbildung 34: Entwicklung der Notendurchschnitte (Mittelwerte aus Deutsch, Englisch bzw. Sachunterricht, und Mathematik) auf den verschiedenen Schulstufen (ohne Berufsschulen) mit Korrektur der Noten aus der 2. und 3. Leistungsgruppe der Hauptschule.

Gegenüber der Volksschule ergibt sich beim Übergang im Durchschnitt eine Verschlechterung um fast zwei Notenstufen, an die sich in den nächsten Jahren eine weitere Verschlechterung anschließt. Es bestehen massive Zweifel, dass dieser Beurteilungspraxis reale Leistungsunterschiede in dieser Größe entsprechen (vgl. Eder, 2002).

3.2.1.3 Nachhilfe

Nachhilfe kann als individuelle Reaktion auf negative schulische Leistungsbewertungen verstanden werden. Nachhilfe ist eine privat organisierte, individuelle Fördermaßnahme, mit der versucht wird, drohenden schulischen Misserfolg zu verhindern. Ein solcher Misserfolg ist unter Umständen nicht nur das Verfehlen eines positiven Jahresabschlusses, sondern auch das Nichterreichen der Gymnasialeinstufung nach Abschluss der Grundschule.

Nachhilfe ist mit hohen individuellen Kosten verbunden, insbesondere als direktes finanzielles Entgelt für den Privatunterricht. Die Häufigkeit von Nachhilfe gibt daher Aufschluss darüber, wie viele Schüler/innen bzw. deren Eltern von diesen Kosten betroffen sind. Sie gibt aber auch Hinweise darauf, an welchen Stellen des Schulsystems die reguläre Beschulung von den Eltern als nicht ausreichend angesehen wird, die Ziele des Unterrichts zu erreichen.

Abbildung 35 zeigt die Entwicklung der Nachhilfe während der Sekundarstufe I. Der Verlauf der Quote deutet darauf hin, dass es sich dabei um eine sehr schulartspezifische Form der Problemlösung handelt: Nachhilfe erscheint bevorzugt als typisches AHS-Phänomen. Ab der dritten Schulstufe der AHS erhalten im Schnitt über 20% der Schüler/innen dieses Schultyps Nachhilfe; der plötzliche Anstieg hängt wohl mit der bevorstehenden Selektion für die Oberstufe zusammen.

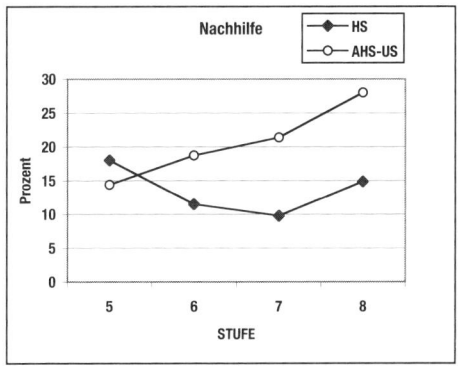

Abbildung 35: Nachhilfe, N=1366.

Gegen Ende der Hauptschulzeit steigt auch der Prozentsatz der Hauptschüler/innen, die Nachhilfe erhalten, etwas an. Offenbar gelingt es während der ersten Hauptschuljahre, durch das System der Auf- und Abstufungen sowie durch den Förderunterricht individuelle Nachhilfe vergleichsweise niedrig zu halten; im letzten Schuljahr, an dessen Ende wichtige Entscheidungen über die weitere Schullaufbahn anstehen, kommt es aber offenbar wieder zu größeren Investitionen in diesen Bereich.

Zentrale Ergebnisse zur Notengebung und Leistungsbeurteilung lassen sich wie folgt zusammenfassen:

- In der Volksschule erfolgt offenbar eine stark kriterienorientierte Leistungsbeurteilung, die dazu führt, dass viele Kinder insgesamt sehr positive Benotungen erhalten. Etwa 27 % der Kinder haben in allen drei erfassten Gegenständen - Deutsch, Mathematik, Sachunterricht - ein „Sehr gut".
- Mit dem Übergang auf die Sekundarstufe I erfolgt eine abrupte Umstellung des Notensystems auf eine verteilungsorientierte Basis, die für die Schüler/innen mit einer massiven Verschlechterung ihrer Noten in den

Hauptfächern verbunden ist. Der als Kriterium verwendete Notendurchschnitt aus den drei Hautgegenständen wird von Jahr zu Jahr schlechter.

- Die schulrechtliche Umrechnung der Noten aus den Leistungsgruppen führt für die Hauptschule faktisch eine Notenskala von 1 - 9 ein und erzeugt dadurch unrealistisch hohe Notendiskrepanzen zwischen den Leistungsgruppen.
- Die Noten der Mädchen sind durchgehend besser als die der Burschen.

3.2.2   Die subjektive Bewältigung der Leistungsanforderungen

Der Aspekt der subjektiven Bewältigung zielt auf die Frage, wie leicht es den einzelnen Schüler/innen gelingt, die Anforderungen der Schule zu erfüllen, und wie hoch die emotionale Belastung durch die schulischen Anforderungen ist. Bewältigung in diesem Verständnis muss nicht mit den objektiven Leistungs-ergebnissen übereinstimmen, sondern enthält zusätzlich zu diesen noch die Komponente der Anstrengung und des Vergleichs mit einer angestrebten Norm. Persönliche Ansprüche der Schüler/innen oder auch unterschiedliche Erwartungen der Eltern können zur Folge haben, dass positive Bewältigung für zwei Schüler/innen etwas völlig Unterschiedliches bedeutet; subjektiv ist jedoch damit die persönliche Zielerreichung angesprochen.

Zur Erfassung der subjektiven Situation wurde Schüler/innen aller Schulstufen und Schultypen die Frage gestellt: „Wie leicht kannst du die Anforderungen in dieser Schule bewältigen?" In der Grundschule wurde zusätzlich erfragt, wie oft es vorkomme, dass jemandem die Schule zu viel wird; in den Schulstufen 5 bis 12 wurde von den Schüler/innen die Bewertung erhoben, ob das, was in der Schule verlangt wird, „zu wenig", „gerade richtig" oder „viel zu viel" sei.

Abbildung 36 zeigt im Geschlechtervergleich, wie leicht oder wie schwer es den Schülerinnen und Schülern nach ihrer eigenen Einschätzung fällt, die An-forderungen der Schule zu erfüllen.

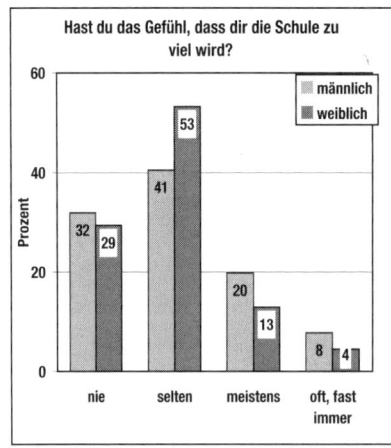
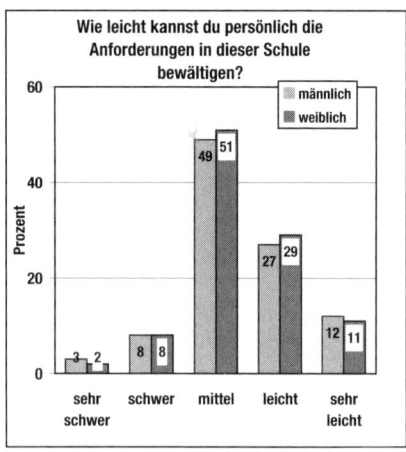

Abbildung 36: Schwierigkeit der Anforderungen, Prozentangaben, N=2332 (männlich) bzw. 2194 (weiblich) und Überlastung durch die Schule, N=232 (männlich) bzw. 201 (weiblich).

Etwa 10% der Schüler/innen geben demnach an, dass ihnen die Bewältigung der Anforderungen „sehr schwer" oder „schwer" fällt; ungefähr die Hälfte stuft sich selbst im mittleren Bereich ein.

Von den Volksschüler/innen, die zur Überlastung durch die Schule befragt wurden (vgl. Abbildung 36), gibt etwa 1/3 der Schüler/innen an, dass ihnen die Schule „nie" zu viel sei, bei den Mädchen ist dies bei mehr als der Hälfte „selten" der Fall. Die Burschen berichten häufiger über Überlastung (20% „meistens", 8% „oft, fast immer") als Mädchen.

Von den Schüler/innen der 5. bis 12. Schulstufe geben etwas mehr als ein Viertel an, dass in der Schule „viel zu viel" verlangt wird (vgl. Abbildung 37, links) während etwa zwei Drittel „gerade richtig" gefordert sind. Nur ein geringer Teil – 7% der männlichen und 5% der weiblichen Schüler – empfindet die Anforderungen als zu gering. Insgesamt unterscheiden sich die Geschlechter in ihrer subjektiven Einschätzung nicht.

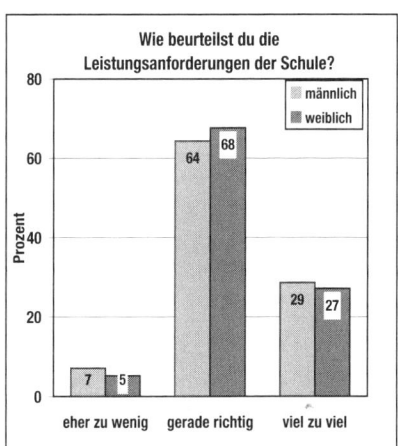
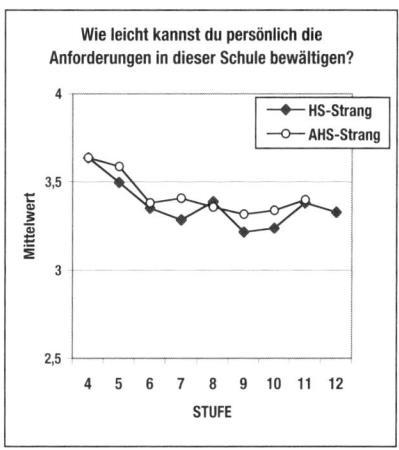

Abbildung 37: Leistungsanforderungen. Prozentangaben, N=2110 (männlich) bzw. 2013 (weiblich) bzw. Subjektive Bewältigung der Anforderungen nach Schulstufen und Schultypen. N=4927.

Die Leichtigkeit der Bewältigung nimmt über die Schulstufen hinweg kontinuierlich ab (vgl. Abbildung 37). Systematische Unterschiede zwischen den Schultypen bestehen insofern, als die Oberstufe des Gymnasiums etwas leichter bewältigbar erscheint als die Berufsbildenden mittleren und höheren Schulen; auch ist der Einstieg in diese Schultypen mit einem relativ deutlichen Rückgang der selbst eingeschätzten Bewältigungskompetenz verbunden.

Als ein allgemeines Merkmal des subjektiven Umgangs mit der Leistungsbeurteilung wurde die Zufriedenheit mit den eigenen Leistungen erfasst. Sie drückt u. a. aus, inwieweit die schulischen Erfolge mit den subjektiven Leistungsan-

sprüchen übereinstimmen, und ist dadurch auch ein Indiz für persönliches Wohlbefinden (vgl. Abbildung 38).

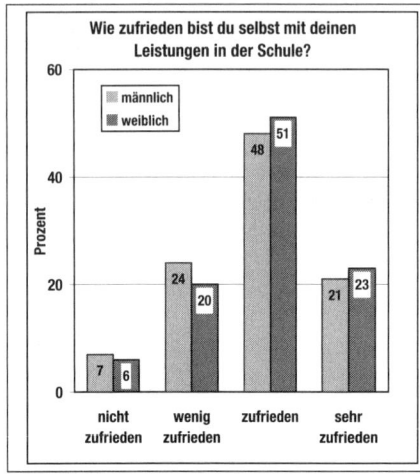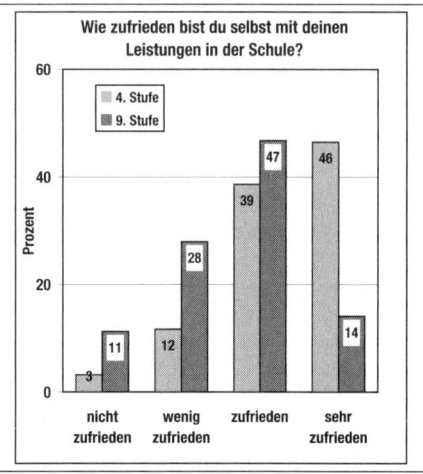

Abbildung 38: Zufriedenheit mit den eigenen Leistungen in der Schule.

Links: Gesamte Stichprobe, getrennt nach Geschlecht; rechts: am Ende der Volksschule und am
Beginn der Sekundarstufe II. Prozentangaben, N=751 (4. Schulstufe) bzw. 985 (9. Schulstufe).

Während der Pflichtschulzeit kommt es zu einem deutlichen Rückgang der
Zufriedenheit mit den eigenen Leistungen, der vor allem die „sehr zufriedenen"
Schüler/innen betrifft (vgl. Abbildung 38, rechts).

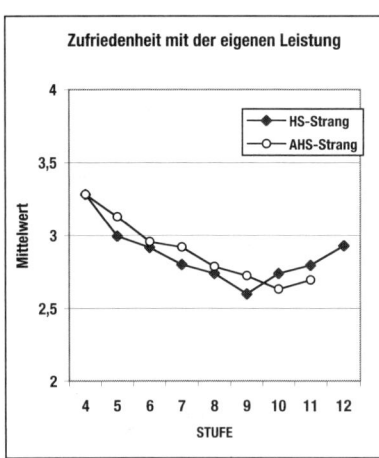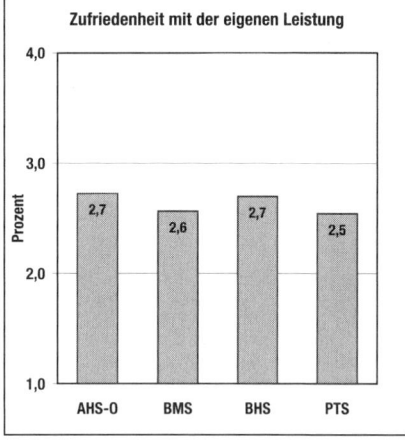

Abbildung 39: Zufriedenheit mit der eigenen Leistung im Schulstufenverlauf (links) bzw. im
Vergleich der Schultypen der 9. Schulstufe (rechts).

Während am Ende der Volksschule noch 46% „sehr zufrieden" sind, sind es nach der Sekundarstufe I nur noch 14%. Dieser Rückgang stimmt überein mit dem allgemeinen Rückgang an guten Noten, der am Übergang von der Grundschule zur Sekundarstufe auftritt.

Betrachtet man lediglich die Mittelwerte der Zufriedenheitseinschätzungen, zeigt sich eine erste fast kontinuierliche Abnahme, die in der 9. Schulstufe ihren Tiefpunkt findet. Eine genauere Analyse zur Leistungszufriedenheit von Schüler-/innen in den verschiedenen Schultypen der 9. Schulstufe ergab, dass die Schüler-/innen der Polytechnischen Schulen sowie die der Berufsbildenden Mittleren Schulen mit der eigenen Leistung signifikant unzufriedener sind als Schüler/innen von Berufsbildenden Höheren Schulen bzw. Gymnasien.

3.2.3 Orientierung im Unterricht und Bedeutsamkeit der schulischen Inhalte

Die Auseinandersetzung mit den Anforderungen der Schule erfolgt zumindest auf zwei Ebenen:

- auf der *Leistungs*ebene, insofern die Erfüllung inhaltlicher Anforderungen Gegenstand der Leistungsbeurteilung ist und über Erfolg und Misserfolg in der Schule entscheidet;
- auf der *Sinn*ebene, insofern die schulischen Inhalte Angebote darstellen, die für das gegenwärtige und zukünftige Leben der Kinder und Jugendlichen Bedeutung haben können.

Die mögliche Antinomie von Leistungs- und Sinnebene muss in der Regel von jedem einzelnen Schüler bzw. jeder einzelnen Schülerin selbst bewältigt werden. Wegen der existentiellen Bedeutung der Leistungsebene führt dies häufig dazu, dass Inhalte lediglich mechanisch gelernt bzw. Anforderungen lediglich formal erfüllt werden, und dass die Suche nach Sinn im schulischen Angebot zu Gunsten der kurzfristigen Ausrichtung auf Prüfungen und Noten zurückgestellt wird.

Um empirisch zu erfassen, als wie *bedeutsam* die Schülerinnen und Schüler den Unterricht erleben, wurden – in Anlehnung an die Idee der „Kategorialen Bildung" (Klafki, 1969) bzw. Ansätze zum schülerzentrierten Unterricht – Fragen zu zwei Konzepten gestellt, die man mit den Begriffen „Orientierung im Unterricht" und „Bedeutsamkeit der Inhalte" umschreiben kann.

Orientierung bezieht sich auf das elementare Verstehen des dargebotenen Unterrichts, also darauf, ob jemand die angebotenen Inhalte kognitiv einordnen und ihren Stellenwert einschätzen kann. Zusätzlich wurden Aussagen formuliert, in denen die Gegenwarts- und Zukunftsbedeutung und die persönliche Bedeutung der Fächer thematisiert wird.

Tabelle 23 gibt einen Überblick über die auf den einzelnen Schulstufen verwendeten Fragen.

Tabelle 23: Antwortverhalten zu Fragen nach Orientierung im Unterricht und Bedeutsamkeit schulischer Inhalte. Prozentangaben, N=4073 (4. - 8. Stufe) bzw. 3428 (9. - 12. Stufe).

	Stufe	stimmt gar nicht	stimmt etwas	stimmt ziemlich	stimmt völlig
Viele Dinge lerne ich einfach auswendig, obwohl ich sie nicht verstehe	4. - 8.	37,9	27,9	16,7	17,5
Im Unterricht kenne ich mich oft nicht aus	4. - 8.	30,1	48,2	12,5	9,3
	9. - 12.	27,1	49,1	15,2	8,7
Die meisten Dinge, die in der Schule angeboten werden, sind für mich interessant und nützlich	4. - 8.	12,6	30,6	31,2	25,6
	9. - 12.	14,5	42,9	31,4	11,3
Oft kann ich nur schwer unterscheiden, was wichtig und was unwichtig ist	4. - 8.	39,2	35,2	16,5	9,1
	9. - 12.	39,1	38,1	16,5	6,2
Bei manchen Fächern weiß ich nicht, wofür sie eigentlich gut sind	4. - 8.	27,8	23,8	15,2	33,2
	9. - 12.	17,5	28,6	18,7	35,2
Mit vielen Dingen, die ich in der Schule lernen muss, kann ich im praktischen Leben nichts anfangen	9. - 12.	14,6	31,4	24,1	29,9
Bei vielen Stoffgebieten kann ich mir nur schwer vorstellen, dass sie für mich später einmal wichtig sein könnten	9. - 12.	11,9	30,9	25,8	31,4
Vieles, was ich in der Schule lerne, ist für mich auch persönlich wichtig	9. - 12.	10,4	41,3	29,9	18,4

Überraschend hohe Prozentsätze ergeben sich hinsichtlich der – geringen – Bedeutsamkeit des Unterrichts. Jeweils um etwa 60% der Schüler/innen stimmen Statements „völlig" oder „ziemlich" zu, deren Aussagen „vielen" Schulfächern geringe Nützlichkeit, Brauchbarkeit und Gegenwartsbedeutung zuschreiben; nichtsdestoweniger halten etwas über 55% die meisten Dinge in der Schule für interessant und persönlich nützlich (vgl. Tabelle 23).

Knapp ein Drittel der Schüler/innen aus den unteren Schulstufen stimmen der Aussage zu, dass sie Vieles nur einfach auswendig lernen, ohne es zu verstehen; etwas weniger als 10% geben an, dass sie sich im Unterricht „oft" nicht auskennen oder nicht unterscheiden können, was wichtig oder unwichtig ist. In den oberen Schulstufen (9 – 12) sind die Quoten derer, die sich im Unterricht nicht auskennen, jedenfalls – wenn man die beiden zustimmenden Antwortkategorien zusammenfasst – nicht niedriger als in den unteren. In Tabelle 24 sind zur Illustration die zustimmenden Antworten zum Statement „Im Unterricht kenne ich mich oft nicht aus" zusammengestellt. Sowohl nach Schultypen als auch nach Schulstufen zeigt sich eine Zunahme innerhalb des Schulsystems; eine Ausnahme bildet lediglich die letzte Schulstufe.

Tabelle 24: Orientierung im Unterricht nach Schultyp und -stufe

Schultyp	VS	HS	AHS-U	AHS-O	BMS	BHS	BS	PTS
stimmt ziemlich, stimmt völlig	18,2	24,7	20,5	24,7	25,1	22,8	23,0	26,8
Schulstufe	4.	5.	6.	7.	8.	9.	10.	11.	12.
stimmt ziemlich, stimmt völlig	18,2	18,7	21,9	25,3	24,0	25,9	24,4	24,1	19,1

Anmerkungen: Zustimmung zur Aussage „Im Unterricht kenne ich mich oft nicht aus". Prozentangaben, N=7501.

Das Verstehen im Unterricht ist in der Volksschule am besten: Hier stimmen nur 18,2% der Schüler/innen der Aussage zu, dass sie sich im Unterricht oft nicht auskennen. In der Sekundarstufe I findet sich ein ansteigender Trend über die Schulstufen; zwischen Hauptschule und Unterstufe des Gymnasiums besteht zusätzlich ein bedeutsamer Unterschied zu Gunsten der AHS. Bei den Schultypen der Sekundarstufe II gibt es einen deutlichen Unterschied zwischen der Oberstufe des Gymnasiums und den Berufsschulen; Berufschüler/innen berichten signifikant seltener, sich im Unterricht nicht auszukennen, als dies Gymnasiast/innen in der Oberstufe tun. Insgesamt bestehen keine Geschlechtsunterschiede in praktisch bedeutsamer Größe.

3.2.4 Passung zur Schule

Die „Passung" zwischen Schüler/in und Schule bezieht sich auf die Entsprechung zwischen dem inhaltlichen Angebot der Schule und dem, was sich Schüler und Schülerinnen von der Schule erwarten bzw. weswegen die Schule gewählt wurde. Vor allem bei Schulen, die frei gewählt werden können, kann dieser Aspekt von großer Bedeutung für das Befinden sein.

Die inhaltliche Entsprechung zwischen Person und Schule wurde mit zwei Fragen erfasst:
- Ist die Schule, für die du dich entschieden hast, im Ganzen gesehen die richtige für dich? („Passung")
- Wenn du dich noch einmal für eine Schule entscheiden könntest, würdest du dann wieder diese Schule wählen? („Bereitschaft zur Wiederwahl")

Die Frage wurde nur Schüler/innen ab der 9. Schulstufe gestellt. Wie aus Abbildung 40 ersichtlich, gaben insgesamt je 84% der Burschen und Mädchen an, dass die Schule „wahrscheinlich" bzw. „ganz bestimmt" die richtige sei; bei der Bereitschaft zur Wiederwahl waren es 71% der Burschen und 74% der Mädchen, die ihre Schule „wahrscheinlich" bzw. „ganz bestimmt" wieder wählen würden.

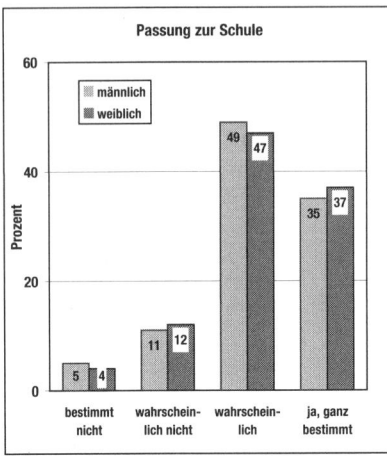
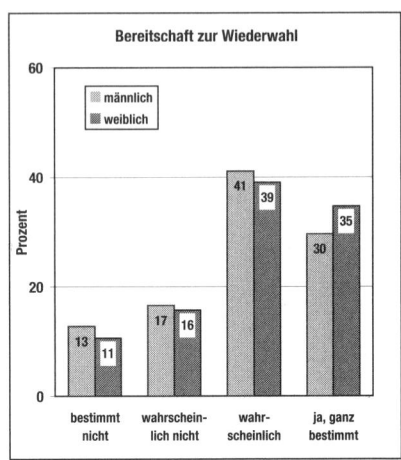

Abbildung 40: Passung zur Schule bzw. Bereitschaft zur Wiederwahl, 9. – 12. Schulstufe. N=1094 (männlich) bzw. 1020 (weiblich).

Von Bedeutung erscheint insbesondere, ob die Passung in den einzelnen Schultypen sehr unterschiedlich ist. Eine Differenzierung nach den Hauptformen zeigt, dass die Schüler/innen der Polytechnischen Schulen (PS) am seltensten glauben, dass die gewählte Schule die richtige sei (74% der Burschen und 73% der Mädchen geben dies an). Burschen und Mädchen unterscheiden sich bei der Passung zur Schule hingegen nicht.

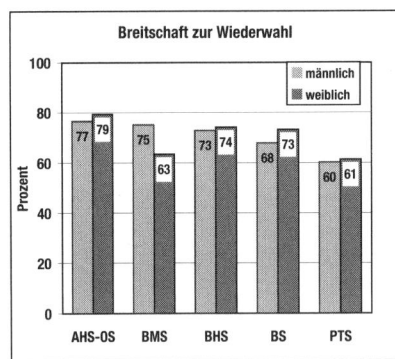
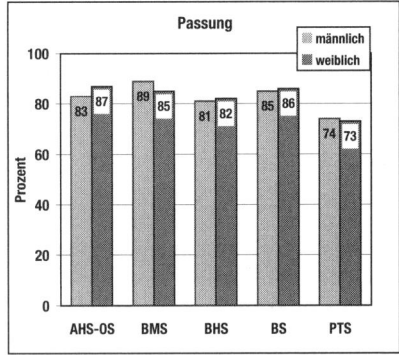

Abbildung 41: Passung und Bereitschaft zur Wiederwahl in den einzelnen Schultypen. Prozentangaben, N=1094 (männlich) bzw. 1020 (weiblich)

Anmerkungen: Eingetragen sind die Prozentsätze derjenigen Schüler/innen, die auf die jeweilige Frage „wahrscheinlich" und „ja, ganz bestimmt" geantwortet haben.

Bei der Bereitschaft zur Wiederwahl der Schule sind auch wieder die Schüler/innen der Polytechnischen Schulen am wenigsten dazu bereit, die gewählte Schule nochmals zu besuchen. Auffällig ist hier auch die geringe Bereitschaft zur Wiederwahl von (weiblichen) Schülerinnen der Berufsbildenden mittleren Schulen – nur 63% würden nochmals dieselbe Schule wählen (vgl. Abbildung 41).

Fehlzuordnungen in einem Schulsystem sind natürlich nicht vollständig zu vermeiden; insgesamt erscheinen jedoch die Prozentsätze fehlplazierter Schüler/innen vor allem in den Berufsbildenden mittleren Schulen (Mädchen), bei den (männlichen) Berufsschülern (BS) und bei den Schüler/innen der Polytechnischen Schulen außerordentlich hoch.

3.2.5 Veränderungen in der Bewältigung der Schule gegenüber 1994

Die Art und Weise, wie die schulischen Anforderungen von den Schüler/innen bewältigt werden, bzw. wie die Lehrpersonen die Leistungen der Schüler/innen bewerten und beurteilen, bildet den Kern der Identität von Schule. In einem Zeitraum von 11 Jahren, in dem keine expliziten legistischen Änderungen in diesem Bereich erfolgt sind, ist daher auch zu erwarten, dass kaum Veränderungen in der Praxis der Beurteilung auftreten.

Im Vergleich mit den Daten aus 1994 sollen insbesondere überprüft werden, ob in der Praxis der Notengebung, insbesondere den Notenverteilungen, Veränderungen aufgetreten sind, ob sich in der Sekundarstufe I die Zuordnung zu den Leistungsgruppen geändert hat, und ob sich im Bewältigungsverhalten der Schüler/innen, insbesondere auch in ihrer Wahl der weiterführenden Schulen unter dem Aspekt der Passung andere Verhaltensweisen abzeichnen.

3.2.5.1 Hat sich die Praxis der Notengebung verändert?

Die folgenden Darstellungen enthalten vier Vergleiche von Notenverteilungen aus 1994 und 2005. Sie belegen, dass die Praxis der Leistungsbeurteilung in der Volksschule und in der Sekundarstufe I einen deutlichen Veränderungsprozess unterworfen ist.

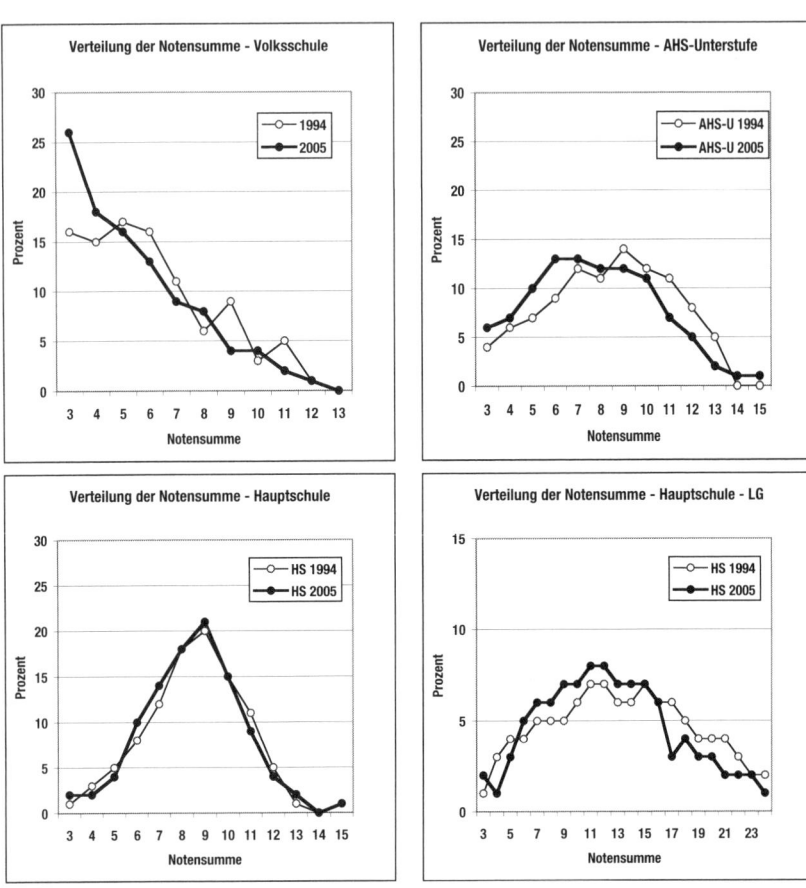

Abbildung 42: Vergleich der Notenverteilungen 1994 - 2004 im Pflichtschulbereich. Die linke Darstellung zur Hauptschule enthält die unbereinigten Notenverteilungen, die rechte Darstellung die für die Leistungsgruppen korrigierten Notensummen.

In den Volksschulen ist eine deutliche Zunahme der guten Noten beobachtbar; Schüler/innen mit der Notensumme 3 (durchgehend „sehr gut") und 4 (ein „gut") sind zusammen um 13% angestiegen. In der Unterstufe der AHS zeigt sich ebenfalls eine deutliche Verschiebung in den Bereich der guten Noten: Es gibt 2005 um 10% mehr Schüler/innen mit Notensummen von 3 bis 6. Vergleichsweise gering erscheinen demgegenüber die Veränderungen in der Hauptschule, die eher einen Zuwachs im mittleren Leistungsbereich aufweisen.

Die auftretenden Veränderungen sind vermutlich vor dem Hintergrund der heterogenen Situation der Sekundarstufe I zu sehen: Die Lehrer/innen der Volksschule ziehen sich aus der Entscheidung über die AHS-Reife zurück, indem sie zunehmend mehr gute Noten vergeben und damit diese Entscheidung den Eltern bzw. den aufnehmenden Schulen überantworten. Die AHS vergibt trotz steigender

Prozentanteile an den Schülern der Sekundarstufe I (1994: ca. 27,8%; 2005: ca. 30,2%) bessere Noten, um ihre Attraktivität weiterhin zu steigern und weitere Schüleranteile für sich zu gewinnen.

Die in Abbildung 43 dargestellten Notenverteilungen für die Höheren Schulen zeigen hingegen kaum systematische Veränderungen, zumindest nicht in einer praktisch bedeutsamen Größenordnung.

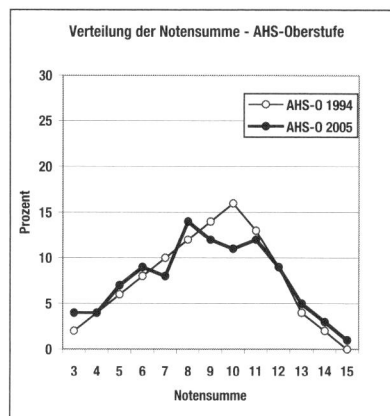 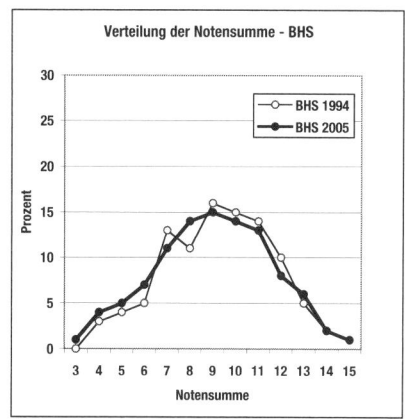

Abbildung 43: Vergleich der Notenverteilungen 1994 - 2004 für Höhere Schulen.

Da es sich in der AHS-Oberstufe um die gleichen Lehrpersonen handelt, die auch in der Unterstufe unterrichten, ist anzunehmen, dass es sich nicht um eine generelle Veränderung des Beurteilungsverhaltens handelt, sondern eher um eine Strategie, die lediglich in der Unterstufe der AHS praktiziert wird.

3.2.5.2 Gibt es Änderungen in der Zuordnung zu den Leistungsgruppen in der Hauptschule?

Die Zeit zwischen 1994 und 2005 kann auch als Erprobungszeitraum für das Leistungsgruppensystem der Hauptschule betrachtet werden, das 1994 bereits über eine mehr als 10jährige Erfahrung verfügte. Allfällige Veränderungen in diesem Zeitraum könnten als Hinweis gesehen werden, ob sich in einem quasi evolutionären Prozess innerhalb des Schulsystems bestimmte Entwicklungsrichtungen abzeichnen. Als ein relativ objektiver Indikator dafür können die Zuordnungen zu den Leistungsgruppen gelten.

Tabelle 25: Veränderungen in der Zuordnung zu den Leistungsgruppen

Leistungsgruppe	Deutsch			Englisch			Mathematik		
	1994	2005	Diff	1994	2005	Diff	1994	2005	Diff
I.	35,8	38,4	2,6	38,2	39,1	0,9	40,7	40,5	-0,2
II.	41,8	41,1	-0,7	39,8	39,7	-0,1	37,5	41,8	4,3
III.	22,4	20,6	-1,8	22,1	21,2	-0,9	21,8	17,7	-4,1

Anmerkungen: Eingetragen sind die Prozentanteile der zugeordneten Schülerinnen und Schüler.

Die in Tabelle 25 Quoten für die einzelnen Leistungsgruppen zeigen gewisse – wenn auch nicht sehr ausgeprägte – Trends: Die dritte Leistungsgruppe hat Schüler/innen verloren, vor allem in Mathematik zu Gunsten der 2. Leistungsgruppe. In Deutsch zeigt sich eine Vergrößerung der ersten Leistungsgruppe; in Englisch bleibt die Gruppenzuordnung relativ stabil.

3.2.5.3 Hat sich die „Passung" zwischen Schüler/innen und gewählter Schule verbessert?

In Tabelle 26 sind die Quoten der Schüler/innen mit negativer Passung bzw. fehlender Bereitschaft zur Wiederwahl der gewählten Schule im Vergleich zwischen 1994 und 2005 eingetragen.

Tabelle 26: Veränderungen in der Passung zur Schule

Fehlende Passung					
männlich			weiblich		
AHS-O	BMS	BHS	AHS-O	BMS	BHS
1994	10	20	12	15	24	20
2005	17	11	19	13	15	18
Diff	7	-9	7	-2	-9	-2

Fehlende Bereitschaft zur Wiederwahl					
männlich			weiblich		
1994	15	30	22	25	43	32
2005	23	25	27	21	37	26
Diff	8	-5	5	-4	-6	-6

Anmerkungen: Eingetragen sind die Prozentanteile der Schülerinnen und Schüler mit fehlender Passung bzw. fehlender Bereitschaft zur Wiederwahl (Antwortmöglichkeiten „wahrscheinlich nicht" + „bestimmt nicht").

Bei den Mädchen, so zeigt die Tabelle, ist es überall zu - wenn auch geringfügigen - Verbesserungen gekommen: Die Quote der Schüler/innen mit fehlender Passung geht zurück, ebenso die fehlende Bereitschaft zur Wiederwahl der Schule.

Bei den Burschen ist die Passung und Bereitschaft zur Wiederwahl in den zur Matura führenden Schulen gesunken: Die Quoten von Schülern mit fehlender Passung in diesen Schultypen sind angestiegen, ebenso die fehlende Bereitschaft zur Wiederwahl der Schule. Lediglich in den Berufsbildenden mittleren Schulen finden wir einen Rückgang der Fehlanpassungen.

3.3 Die zeitliche Beanspruchung durch die Schule

Der für die Schule erforderliche Zeitaufwand setzt sich aus verschiedenen Komponenten zusammen:

1. Die *Weg- und Wartezeiten* vor und nach dem Unterricht (Zeit für das Zurücklegen des Schulweges; Wartezeit zwischen Ankunft in der Schule und Beginn des Unterrichts; Wartezeit nach Ende des Unterrichts und Abfahrt des öffentlichen Verkehrsmittels u. ä.); vor allem bei schlechten Verkehrsanbindungen können diese Wartezeiten ein erhebliches Ausmaß annehmen.
2. Die *Unterrichtszeit* einschließlich der Pausen, wie sie durch Stundentafeln bzw. Stundenpläne geregelt ist.
3. Die *häusliche Lernzeit* (Zeit für schriftliche und andere Hausaufgaben, Lernzeiten).
4. Aus den *Rüstzeiten*, in denen Vorbereitungen oder Tätigkeiten für die Schule durchgeführt werden, die nicht im engen Sinne mit Lernen zu tun haben (z. B. Besorgen und Instandhalten von Schulsachen).

Die Summe aus diesen vier Komponenten ergibt die „Schul-Zeit" im Sinne der durch die Schule gebundenen Zeit; die Komponenten 2 und 3 ergeben die „Schul-Arbeitszeit" im engeren Sinn.

Im Zeitaufwand wird die Beanspruchung der Kinder und Jugendlichen durch die Schule in einer besonders deutlichen Weise sichtbar. Bei der Befragung der Schüler/innen wurde daher sehr darauf geachtet, dass die Zeitangaben sorgfältig und genau erfasst wurden. Dazu wurden zwei einander ergänzende Vorgangsweisen gewählt. Einmal wurden Schülerinnen und Schüler aller Schulstufen gebeten, die im Hinblick auf die Schule wichtigsten Fixpunkte ihres Tagesablaufes (Aufstehen in der Früh, Verlassen der Wohnung, Eintreffen in der Schule, Unterrichtsbeginn, Verlassen der Schule) für den letzten Schultag (= der Schultag vor der Befragung) anzugeben. Ebenso sollten sie für diesen Schultag mitteilen, wie viel Zeit sie für Hausaufgaben, Lernen und Rüstzeiten aufgewendet hatten. Weil die Befragungen an den Schulen an allen Wochentagen erfolgten, sollte es aufgrund dieser Angaben möglich sein, den allgemeinen Zeitaufwand für die Schule relativ genau zu bestimmen.

Da der durch den Befragungszeitpunkt bestimmte Wochentag für den einzelnen Schüler bzw. die einzelne Schülerin jedoch durchaus untypisch sein konnte, wurde zusätzlich erfragt, wie viel Zeit die einzelnen Schüler/innen an einem „normalen" Schultag bzw. an einem Wochenende im Durchschnitt für die Schule aufwenden. Aus diesen Angaben sollte – zusammen mit den Angaben über den Tagesablauf – der jeweils individuelle Zeitaufwand für die Schule ersichtlich werden.

3.3.1 Komponenten von Schul-Zeit

Nach der oben beschriebenen Vorgangsweise wurde die häusliche Lernzeit einmal aus den Angaben für den jeweils letzten Schultag und einmal aus den Schülerangaben über ihre durchschnittliche Lernzeit berechnet. Um Verzerrungen durch den Schuljahresschluss zu vermeiden, wurden für die erste Form der Erfassung nur jene Schülerinnen und Schüler herangezogen, die vor dem 21. Juni befragt wurden.

Tabelle 27: Vergleich der Mittelwerte zum täglichen häuslichen Lernaufwand aus zwei unterschiedlichen Erhebungsmethoden (Angaben in Stunden:Minuten) N=3438.

	VS	HS	AHS-U	AHS-O	BMS	BHS	BS	PS
Aus Zeitangaben zum letzten Schultag errechnete Werte	1:08	1:20	1:33	1:26	1:19	1:29	1:18	0:59
Durchschnittsangaben zur Lernzeit (N=3438)	1:30	1:38	1:44	1:17	1:15	1:51	1:30	0:59

Der Vergleich der beiden Erhebungsmethoden zeigt in den meisten Fällen gut übereinstimmende Ergebnisse – Ausnahmen bilden die Werte der BHS und der Volksschule, wo die Durchschnittsangaben um ca. 20 min über den Angaben des letzten Tages liegen. Im Durchschnitt ergeben sich Lernzeiten von täglich etwa 1 Stunde und 20 Minuten. Diese durchschnittlichen häuslichen Lernzeiten zwischen den Schultypen sind statistisch signifikant verschieden.

Zur Beschreibung des Arbeitsverhaltens am Wochenende wurde erfasst, ob ein Schüler bzw. eine Schülerin überhaupt am Wochenende arbeitet (Lernquote), und wenn ja, wie lange (Lernzeit). 72% der Schüler/innen gaben an, dass sie auch am Wochenende (nach dem Samstagunterricht) für die Schule arbeiten; ihre Lernzeit am Wochenende beträgt im Durchschnitt 2 Stunden und 20 Minuten. Allerdings gibt es hinsichtlich dieser Werte große Unterschiede zwischen den einzelnen Schüler/innen, den einzelnen Schultypen und den Schulstufen.

Die Entwicklung über die Schulstufen (vgl. Abbildung 44) zeigt einen deutlichen Anstieg der Lernzeit am Wochenende um ungefähr eine Stunde. Zwischen der 4. und der 8. Schulstufe steigt der Anteil der Schüler/innen, die am Wochenende lernen; ab der 9. Schulstufe ändert sich diese Quote bei den Mädchen praktisch nicht mehr, zeigt aber bei den Burschen einen davon abweichenden unregelmäßigen Verlauf.

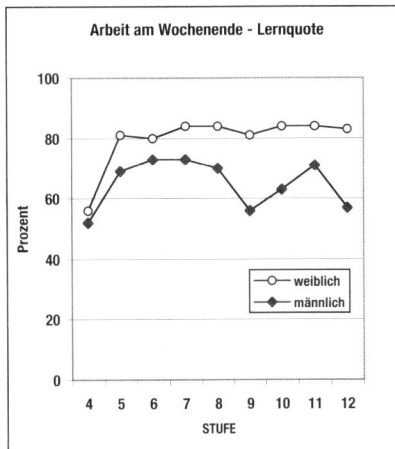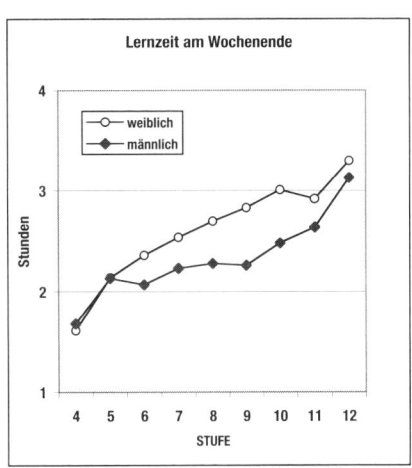

Abbildung 44: Lernquoten und Lernzeit am Wochenende, aufgegliedert nach Schulstufen.

Anmerkung: Lernquote = Prozentsatz der Schüler/innen, die am Wochenende lernen.

3.3.2 Die wöchentliche Gesamtbeanspruchung

Aus den erfassten Komponenten von Schulzeit lässt sich die wöchentliche Gesamtbeanspruchung der Kinder und Jugendlichen durch die Schule gut abschätzen:

- Der Zeitaufwand für den Schulweg wird berechnet aus der Zeit zwischen dem Verlassen der Wohnung und dem Unterrichtsbeginn; der gleiche Zeitanteil wird auch für den Heimweg angesetzt. Insgesamt handelt es sich dabei vermutlich eher um eine Unterschätzung, da die öffentlichen Verkehrsmittel im allgemeinen am Morgen besser auf den für alle Schüler/innen ziemlich einheitlichen Schulbeginn ausgerichtet sind als auf die individuellen Schlusszeiten der einzelnen Schüler/innen bzw. Klassen. Häufig werden Kinder auch am Morgen von Eltern oder Bekannten mit dem Auto in die Schule gebracht, müssen aber nach Unterrichtsschluss mit öffentlichen Verkehrsmitteln zurückfahren.
- Für die Unterrichtszeit werden die lehrplanmäßig vorgesehenen Stunden (ohne individuelle Abweichungen durch Wahlfächer usw.) eingesetzt.
- Zur Abschätzung der häuslichen Lernzeit wird die von den Befragten angegebene durchschnittliche Tageslernzeit um die Lernzeit am Wochenende ergänzt. Um Überschätzungen zu vermeiden wird angenommen, dass die Rüstzeiten (sie betragen im Durchschnitt 12 Minuten pro Tag) in dieser täglichen Lernzeit bereits mit enthalten sind.

Tabelle 28 enthält die Zusammenstellung der einzelnen Zeitkomponenten zu einem Gesamtwert der wöchentlichen zeitlichen Beanspruchung durch die Schule.

Tabelle 28: Wöchentliche Zeitbeanspruchung für die Schule.

	Unterrichts-stunden pro Woche (1)	Wegaufwand (2)	Häusliche Arbeits-zeit (2)	Wöchentlicher Zeitaufwand (3)
Volksschule (4. Klasse)	25:00	5:52	6:36	**37:28** 33:09 - 41:47
Hauptschule	30:00	6:56	8:07	**45:01** 40:00 - 50:02
AHS Unterstufe	30:00	8:11	10:21	**48:29** 42:36 - 54:22
AHS Oberstufe	34:00	7:55	9:51	**51:47** 45:22 - 56:12
BMS	35:00	8:12	7:35	**50:50** 43:45 - 57:57
BHS	36:00	8:58	10:11	**55:08** 48:19 - 61:54
Polytechnische Schulen	32:00	7:28	5:49	**45:17** 40:29 - 50:05

Anmerkungen:

(1) Die Anzahl der Unterrichtsstunden, die während eines Schuljahres besucht werden, kann von Schüler/in zu Schüler/in etwas verschieden sein (Wahlfächer, Abmeldung vom Religionsunterricht), innerhalb des gleichen Schultyps gelegentlich von Stufe zu Stufe variieren (Schulautonomie) oder auch in den verschiedenen Zweigen oder Typen einer Schulart unterschiedlich sein. Der fettgedruckte Wert drückt einen Durchschnittswert für den Schultyp aus; bei davon abweichenden Werten ist der rechts stehende Gesamtwert entsprechend zu verändern.

(2) Der fettgedruckte Wert gibt den Durchschnittswert pro Schultyp an (Stunden:Minuten).

(3) Der fettgedruckte Wert gibt den Durchschnittswert pro Schultyp auf Basis der durchschnittlichen Anzahl der Unterrichtsstunden an; der darunter liegende Streuungsbereich gibt den Bereich an, in dem etwa zwei Drittel der Schüler/innen liegen. Er stützt sich ebenfalls auf die durchschnittliche Anzahl der Unterrichtsstunden und auf die gemeinsame Streuung von Wegzeiten und häuslicher Lernzeit.

3.3.3 Geschlechts- und Schulstufenunterschiede

Abbildung 45 zeigt die Veränderung der zeitlichen Beanspruchung auf den einzelnen Stufen des Bildungssystems. Der deutliche Sprung in der zeitlichen Beanspruchung, der nach der Sekundarstufe I auftritt, ist vor allem auf die Zunahme des Lernens am Wochenende sowie die erhöhte Zahl der lehrplanmäßig vorgesehenen Stunden zurückzuführen.

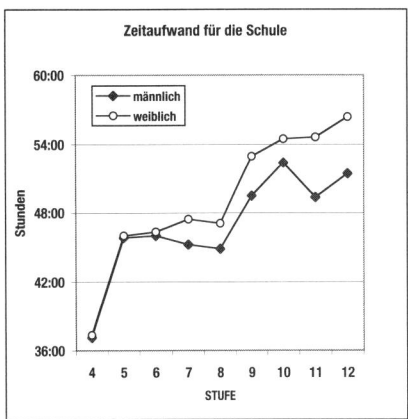 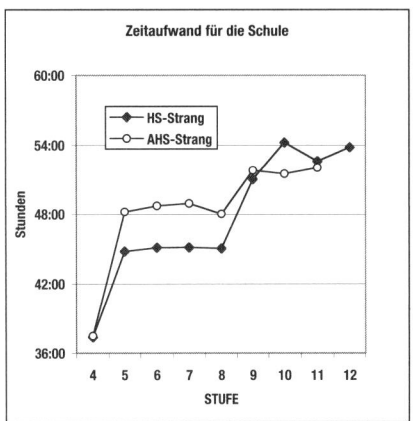

Abbildung 45: Zeitaufwand für die Schule, differenziert nach Stufe, Geschlecht und Schulstrang

Dass Mädchen die Schule ernster nehmen und mehr für sie arbeiten, zeigt sich in der nach Geschlecht differenzierten Darstellung: Der wöchentliche Arbeitsaufwand der Mädchen ist demnach im Durchschnitt um etwa zwei Stunden höher. Etwa ab der 7. Schulstufe zeigt sich ein zunehmender wöchentlicher Mehraufwand der Mädchen, der in den letzten Schuljahren ein erhebliches Ausmaß annimmt. Besonders ausgeprägt sind diese Unterschiede, wie Abbildung 46 für die häusliche Arbeitszeit zeigt, in der AHS und in den Berufsbildenden höheren Schulen.

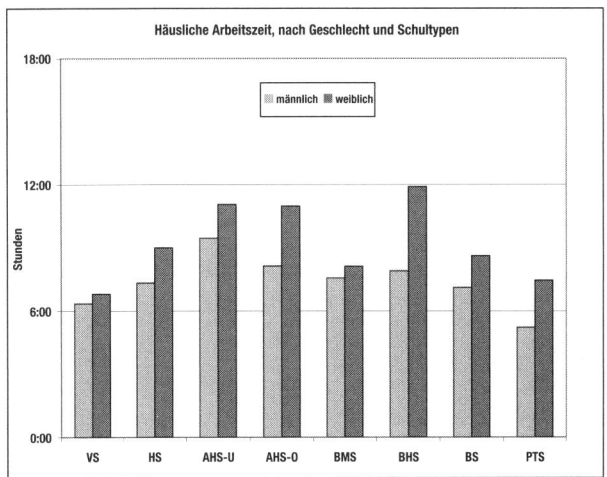

Abbildung 46: Geschlechtsunterschiede in der häuslichen Arbeitszeit, differenziert nach Schultypen und Geschlecht. N=4495.

3.3.4 Veränderungen gegenüber 1994

Gegenüber 1993/94 ist *der gesamte schulische Zeitaufwand* für die Volksschule gleich geblieben; in der Sekundarstufe I hat sich eine deutliche Entlastung im Bereich der Hauptschulen und eine geringere im Bereich der AHS ergeben. Sie hängt mit der Verringerung der Normstunden und dem Wegfall von Wahlunterricht zusammen, sodass die Schüler/innen insgesamt weniger Unterrichtsstunden haben. Die *häusliche* Arbeitszeit ist in der Hauptschule etwas zurückgegangen, in der AHS um etwa eine Stunde gestiegen. Als Folge davon verläuft auch der Übergang von der Volksschule in die Sekundarstufe I nicht mehr so abrupt wie früher: Der Anstieg des Zeitaufwandes beim Übergang beträgt nicht mehr ca. 13, sondern „nur" noch etwa 10 Stunden.

Auch in den weiterführenden Schulen ist es zu Rückgängen im Zeitaufwand gekommen, die im Wesentlichen direkt aus der Stundenreduktion resultieren.

3.4 Arbeitsplatz Schulklasse

Der Arbeitsplatz des einzelnen Schülers und der einzelnen Schülerin in der Schulklasse lässt sich durch objektive Charakteristika der Ausstattung (z. B. Größe der Sitzmöbel) und Erlebensmerkmale der einzelnen Schüler/innen beschreiben. In der Befragung der Schüler/innen wurden *ökologische Merkmale* (Passung des Arbeitsplatzes zur Körpergröße; Gesamteindruck der Klasse) und *Erlebensmerkmale* (Schmerzbelastung, Müdigkeit) erhoben.

3.4.1 Ökologische Merkmale des Arbeitsplatzes

Das wesentliche Merkmal bildet die *Größenentsprechung* zwischen Arbeitsplatz und Person. Hier ist unbestritten, dass sowohl die Höhe der Arbeitsplatte bzw. des Arbeitstisches als auch die Höhe der Sitzfläche der Größe der Person entsprechen muss. Gravierende und ergonomisch enorm belastende Verstöße liegen vor, wenn z. B. junge bzw. klein gewachsene Schüler/innen beim Sitzen mit ihren Füßen den Boden nicht oder nicht vollständig erreichen können, sodass der Bewegungsausgleich weitgehend mit der Oberschenkel-, Becken- und Rückenmuskulatur erfolgen muss, bzw. wenn bei relativ groß gewachsenen Jugendlichen der Platz unter dem Arbeitstisch entweder in der Höhe oder nach vorne so wenig Bewegungsraum zulässt, dass Schreibarbeiten auf der Arbeitsplatte nur bei schräger Sitzhaltung oder extremer Körperneigung durchgeführt werden können. Schulmöbel mit schrägen und der Höhe nach verstellbaren Arbeitsplatten bilden in vieler Hinsicht die derzeit beste Möglichkeit für einen auf die betreffende Person abgestimmten Arbeitsplatz in der Klasse.

Zur Erfassung der unmittelbaren Größenanpassung wurde erfragt, ob der Arbeitstisch bzw. der Sessel zu hoch oder zu niedrig ist. Für ca. 10% der Schüler/innen sind die Arbeitsmöbel, also der Arbeitstisch sowie der Sessel, zu klein („zu niedrig"), für 2 - 3% zu groß. Bei den Sitzmöbeln berichten 12% der Burschen und 8% der Mädchen, dass der Sessel zu klein für sie sei. In der Bewertung des Arbeitstisches gibt es keine geschlechtsspezifischen Unterschiede.

Insgesamt erleben ihren eigenen Angaben nach etwa 60% der Schüler/innen ihren Arbeitsplatz als „bequem" oder „sehr bequem"; ungefähr 30% berichten, dass ihr Arbeitsplatz „unbequem" sei und jede/r Zehnte erlebt ihren bzw. seinen Arbeitsplatz als „sehr unbequem"; die Bewertungen der Mädchen liegen dabei im Allgemeinen etwas günstiger.

Der *Gesamteindruck einer Klasse* bildet vermutlich einen wichtigen Faktor zur Erklärung des Wohlbefindens der einzelnen Schüler/innen. Auf die Frage „Wie empfindest Du Deine Klasse vom Aussehen und von der Ausstattung her?" ergab sich folgende Verteilung (vgl. Abbildung 47):

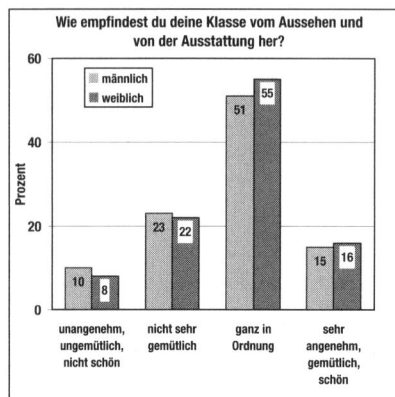
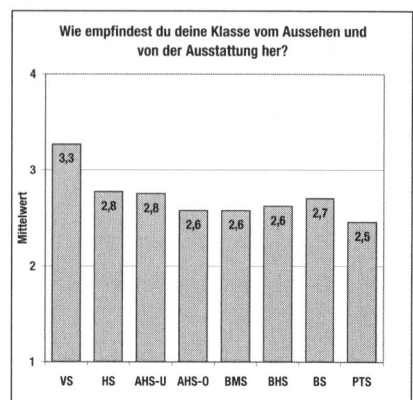

Abbildung 47: Gesamteindruck der Schulklasse. links: Prozentangaben, rechts: Mittelwert der Einstufungen, differenziert nach Schultypen. N=2358 (männlich) bzw. 2224 (weiblich).

Fast ein Drittel der Schüler/innen sind mit dem Aussehen und der Ausstattung ihrer Klasse offensichtlich nicht sehr zufrieden; Burschen empfinden insgesamt gesehen ihre Klasse als weniger in Ordnung als Mädchen.

Eine Differenzierung hinsichtlich der Schultypen ergab, dass die Klassen in den Volksschulen deutlich besser bewertet werden als in den übrigen Schultypen; generell zeigt sich die Tendenz, dass mit steigender Ebene des Schulsystems die durchschnittliche Einschätzung der Klassen ungünstiger wird.

3.4.2 Erlebnismerkmale des Arbeitsplatzes

Neben der als Einzelmerkmal bereits dargestellten unmittelbaren Sitzbequemlichkeit erscheint vor allem wichtig, inwieweit körperliche Belastungen auftreten, die möglicherweise mit den rein physikalischen Merkmalen des Arbeitsplatzes in Beziehung stehen. Als arbeitsplatzbedingte körperliche Belastungen sind vor allem Kopf-, Nacken-, Schulter- und Rückenschmerzen als Folgen einer schlechten Sitzhaltung bei gleichzeitiger langer Dauer des Sitzens, sowie Augenschmerzen als Folge schlechter Beleuchtung zu erwarten. Neben diesen unmittelbaren somatischen Auswirkungen sind darüber hinaus erhöhte Müdigkeit und verlängerte Regenerationszeiten zu vermuten.

Tabelle 29 zeigt die Fragen, die zur Feststellung solcher Auswirkungen vorgegeben wurden. Sie beziehen sich vor allem auf somatische Beschwerden und Müdigkeit.

Etwa 29% der Schüler/innen klagen über Rückenschmerzen („stimmt ziemlich" + „stimmt genau"), etwa 31% über Kopf-, Nacken- und Schulterschmerzen (vgl. Tabelle 29). Nicht wirklich überraschend, berichten etwa 63% der Schüler/innen, dass sie am Ende eines Unterrichtstages „oft müde und abgespannt" seien, bzw. die Pausen zu kurz wären, um sich zu erholen (60%).

Tabelle 29: Somatische Belastungen und Müdigkeit am Arbeitsplatz Schulklasse. N=2488; Indikatoren.

	stimmt gar nicht	stimmt etwas	stimmt ziemlich	stimmt genau	M	SD
Somatische Belastungen						
Wenn ich an meinem Platz in der Klasse arbeite, habe ich öfters Schmerzen im Rücken	39,6	31,9	14,8	13,8	2,03	1,05
Wenn ich an meinem Schultisch arbeite, spüre ich nach einiger Zeit Schmerzen in den Schultern, im Kopf oder im Nacken	37,7	31,6	16,2	14,5	2,07	1,06
Müdigkeit						
Für mich sind die Pausen viel zu kurz, um mich von der vorhergehenden Stunde zu erholen	15,8	23,8	20	40,4	2,85	1,12
Am Ende eines Unterrichtstages bin ich oft sehr müde	12,3	24,3	23,7	39,8	2,91	1,06

Indikatoren	N	Anzahl der Items	Reichweite	Skalen-mittelwert	Mittelwert M	Streuung SD	Cronbachs Alpha
Somatische Beschwerden	2500	2	1- 8	4	4,09	1,93	0,812
Müdigkeit	2496	2	1- 8	4	5,74	1,83	0,567

Anmerkung: Für die Bildung der Indikatoren wurden jeweils zwei Items zusammengefasst.

Der in Abbildung 48 dargestellte Zeitverlauf der beiden Indikatoren – Somatische Beschwerden und Müdigkeit – zeigt einen deutlichen Anstieg über die Schulstufen. Die Belastungen sind in der Sekundarstufe I im AHS-Strang etwas ausgeprägter, in der Sekundarstufe II wechseln die Positionen.

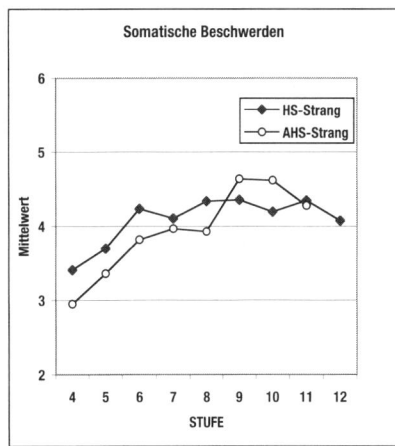
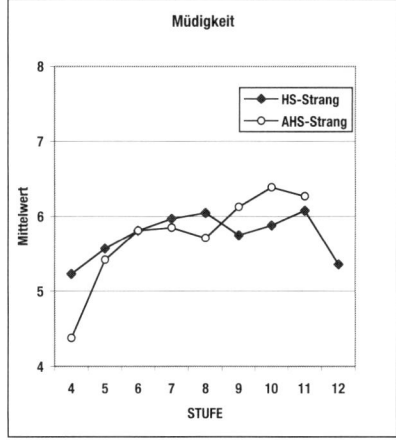

Abbildung 48: Somatische Beschwerden und Müdigkeit am Arbeitsplatz im Schulstufenverlauf. Durchschnittswerte, N=2406.

3.5   Einschätzungen des Zusammenlebens der Geschlechter

In einem eigenen Fragenblock wurden Themen des Zusammenlebens der Geschlechter angesprochen, wobei sowohl nach allgemeinen Einschätzungen als auch nach konkreten Erfahrungen gefragt wurde. Einige Fragen wurden zudem mit explizitem Bezug auf jeweils ein Geschlecht formuliert, sodass auch direkte Zuschreibungen an die Burschen bzw. die Mädchen erfasst werden konnten.

Im Folgenden werden geschlechterbezogene Fragen auf drei Ebenen dargestellt:

• Allgemeine Einschätzungen der Geschlechterverhältnisse für die gesamte Stichprobe,

• differenzierte Darstellungen der Geschlechterbeziehungen der Schülerinnen und Schüler untereinander, sowie

• geschlechterbezogene Erfahrungen mit Lehrpersonen.

3.5.1   Allgemeine Einschätzungen der Geschlechterverhältnisse an den Schulen

Allen Schüler/innen wurde die Frage gestellt, ob nach ihrem Eindruck eher die Burschen oder eher die Mädchen in der Klasse bevorzugt würden. Darüber hinaus wurde erhoben, wer sich mehr am Unterricht beteilige und ob eher zu den männlichen oder den weiblichen Lehrpersonen die besseren Beziehungen bestehen. Aus den Darstellungen in Abbildung 49 lassen sich einige Charakteristika erschließen:

(1) Unabhängig vom Geschlecht der Antwortenden lässt sich bereits sagen, dass eine deutlich größere Übereinstimmung darüber besteht, dass Burschen „nie" oder nur „selten" bevorzugt werden. 89% der Burschen und 88% der Mädchen sehen dies so. Hinsichtlich der Bevorzugung der Mädchen betragen diese Quoten lediglich 56% bei den Burschen und 76% bei den Mädchen. Offensichtlich besteht eine übereinstimmende Wahrnehmung, dass Mädchen eher bevorzugt werden; etwa 20% der Burschen konstatieren, dass die Mädchen „oft" bevorzugt werden.

(2) Etwa die Hälfte der Befragten sieht eine unterschiedliche Beteiligung der Geschlechter im Unterricht, wobei diese häufiger den Mädchen zugeschrieben wird als den Burschen; hier gibt es allerdings jeweils einen deutlichen Bonus für das eigene Geschlecht.

(3) Etwa die Hälfte der Befragten sieht keine Geschlechtsunterschiede im Verhältnis zu den Lehrpersonen; die übrigen sehen tendenziell eher bessere Beziehungen zu den Lehrerinnen als zu den Lehrern, wobei in dieser Frage jedoch ein deutlicher Geschlechterbonus besteht; d.h. Mädchen berichten relativ häufiger gute Beziehungen zu Lehrerinnen und Burschen solche zu Lehrern.

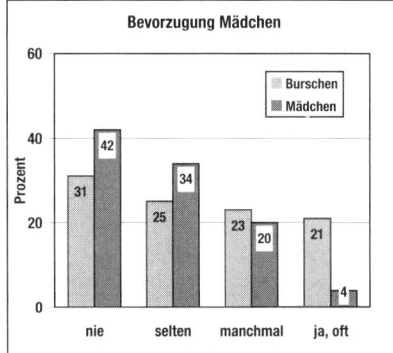
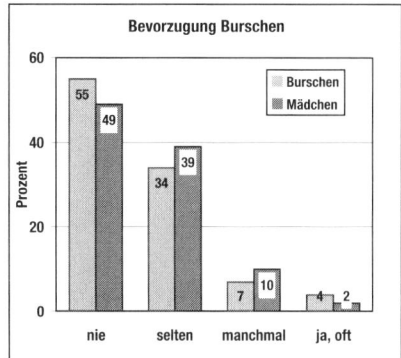
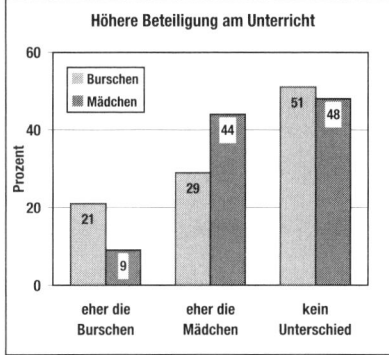
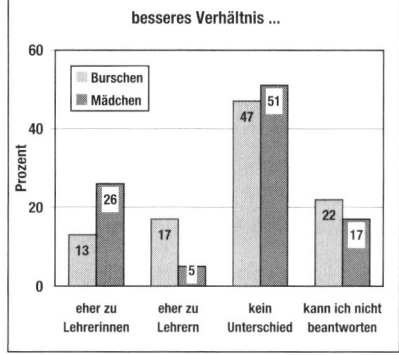

Abbildung 49: Einschätzung der allgemeinen Geschlechterverhältnisse an den Schulen.

Fragen: (1) Hast du den Eindruck, dass in deiner Klasse die Mädchen eher bevorzugt werden? (2) Hast du den Eindruck, dass in deiner Klasse eher die Burschen bevorzugt werden? (3) Wer beteiligt sich in deiner Klasse mehr am Unterricht? (4) Zu wem hast du ein besseres Verhältnis?

Um allfällige Schultypenunterschiede sichtbar zu machen, wird ein Merkmal herausgegriffen und differenziert dargestellt, nämlich die vermutete Bevorzugung der Mädchen. Wie Abbildung 50 zeigt, vermuten die Burschen in der Volksschule, in der Sekundarstufe I und in der Oberstufe der AHS zu mehr als drei Vierteln, dass die Mädchen bevorzugt werden, und sie werden dabei von den Mädchen insofern unterstützt, dass diese – jeweils 10 - 20% weniger – das Gleiche vermuten. In den Berufsbildenden höheren Schulen liegt die Quote bei zwei Dritteln, in der Berufs-schule unter 50%. In zwei Schultypen – die Berufsbildenden mittleren Schulen und in der Polytechnischen Schule – liegt die Einschätzung der Mädchen (dass sie selbst bevorzugt werden), sogar noch markant höher als jene der Burschen.

Insgesamt ist dabei natürlich zu berücksichtigen, dass die Verhältnisse in einer Klasse bzw. einer Schule sehr unterschiedlich sind und daher in verschiedenen Fächern durchaus Bevorzugungen des jeweils anderen Geschlechts vorkommen können.

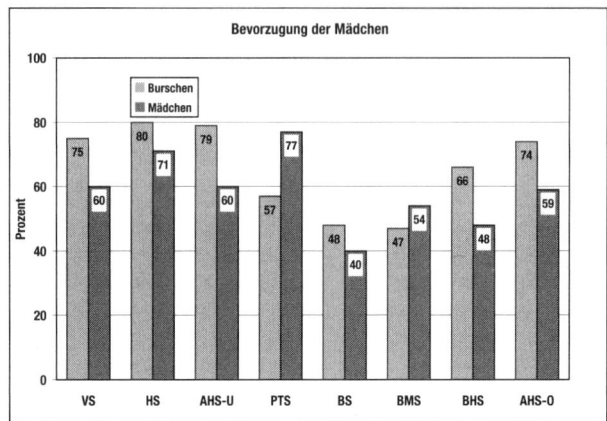

Abbildung 50: Vermutete Bevorzugung der Mädchen. Eingetragen ist der Prozentsatz der Burschen bzw. Mädchen, die vermuten, dass die Mädchen bevorzugt werden.

Insofern dürfen die Ergebnisse nicht überbewertet werden; es handelt sich lediglich um Hinweise auf bestehende Tendenzen, die klar in Richtung der Bevorzugung der Mädchen vor allem in der Sekundarstufe I gehen.

3.5.2   Die Geschlechterbeziehungen der Schülerinnen und Schüler untereinander

Ab der 5. Stufe liegen Angaben vor, wie die Schüler/innen ihre Beziehungen untereinander mit Fokus auf die Geschlechtersituation erleben. Die Befragten konnten angeben, wie sehr bestimmte Statements zutreffen bzw. nicht zutreffen.

Tabelle 30: Die Geschlechterbeziehungen der Schülerinnen und Schüler

	1 stimmt nicht	2	3	4	5 stimmt genau
Mädchen und Burschen gehen im Allgemeinen partnerschaftlich und gleichberechtigt miteinander um.	10	12	24	25	29
Einige Mitschülerinnen (Mädchen) versuchen immer wieder, gut dazustehen, indem sie die anderen schlecht machen	29	18	21	14	18
Einige Mitschüler (Burschen) versuchen immer wieder, gut dazustehen, indem sie die anderen schlecht machen	25	19	23	15	17
Es gibt bei uns häufig Streitereien zwischen den Mädchen	36	25	19	11	10
Es gibt bei uns häufig Streitereien zwischen den Burschen	29	24	22	14	11
Es gibt bei uns häufig Streitereien zwischen den Mädchen und den Burschen	41	24	18	8	9
Einige Schüler (Burschen) stören immer wieder den Unterricht, obwohl die anderen mitarbeiten möchten	12	15	21	21	32
Einige Schülerinnen (Mädchen) stören immer wieder den Unterricht, obwohl die anderen mitarbeiten möchten	29	27	20	14	12

Wie aus Tabelle 30 ablesbar, bestätigen die Schülerinnen und Schüler im Allgemeinen einen partnerschaftlichen Umgang (ca. 54% Zustimmung; Antwortstufe 4 + 5) untereinander; etwa ein Drittel der Befragten konstatiert, dass gleichermaßen Burschen wie Mädchen versuchen, auf Kosten der anderen gut dazustehen.

Streitereien *innerhalb* der Geschlechter werden von etwa 20-25% der Schüler/innen als „häufig" berichtet, Streitereien *zwischen* den Geschlechtern erscheinen seltener (17%). Fast die Hälfte der Befragten berichtet, dass Burschen immer wieder den Unterricht stören, obwohl die anderen arbeiten möchten; lediglich ca. 15% schreiben solche Störungen den Mädchen zu.

Auch hier erscheint von Interesse, wie gleich oder wie unterschiedlich die Geschlechter diese Verhaltensweisen wahrnehmen, und ob es Unterschiede zwischen den Schulstufen und den Schultypen gibt. Abbildung 51 zeigt die differenzierte Wahrnehmung der einzelnen Verhaltensweisen durch die Geschlechter.

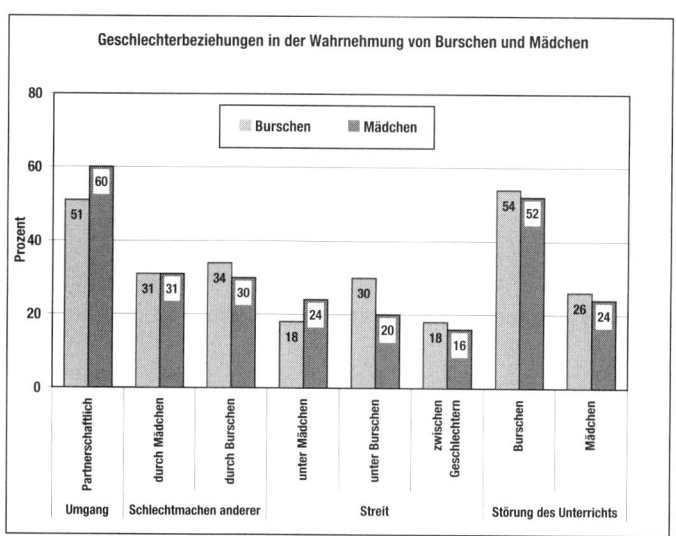

Abbildung 51: Geschlechterbeziehungen in der Wahrnehmung von Burschen und Mädchen. Für die Darstellung wurden die zustimmenden Ausprägungen (4 + 5) bei den einzelnen Merkmalen zusammengefasst und Prozentwerte berechnet.

Die Ergebnisse belegen, dass die meisten Merkmale von Burschen und Mädchen relativ einheitlich wahrgenommen werden. Deutliche Abweichungen von dieser Übereinstimmung gibt es lediglich hinsichtlich des partnerschaftlichen Umgangs – dieser wird von Mädchen in höherem Ausmaß konstatiert als von den Burschen – sowie bei der Lokalisierung von Streit: hier glauben beide Geschlechter, dass es bei den jeweils anderen *weniger* Streit gibt als in der eigenen Gruppe.

Anschließend wird an einem Merkmal – der Einschätzung des partnerschaftlichen Umgangs – die Entwicklung im Laufe der Schulstufen gezeigt.

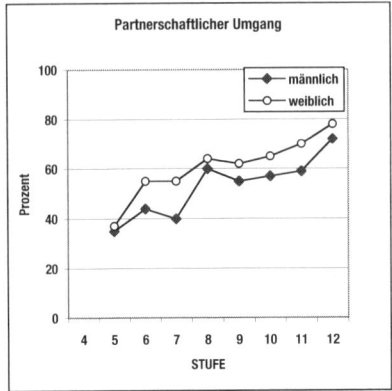 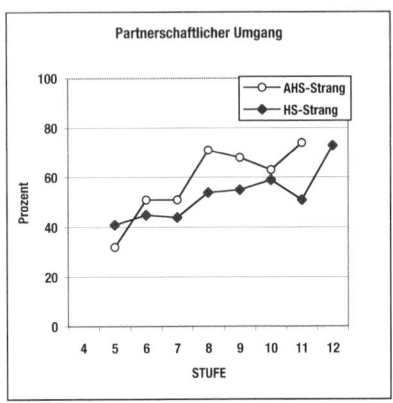

Abbildung 52: Partnerschaftlicher Umgang der Geschlechter nach Geschlecht, Schulstufe und Schulstrang.

Eingetragen ist der Prozentsatz der Schüler/innen mit zustimmenden Antworten (Antwortstufe 4 und 5).

Die Ergebnisse zeigen, dass es im Erleben von Partnerschaftlichkeit eine Zunahme im Laufe der Schulstufen gibt, wobei die Mädchen die Situation positiver einstufen als die Burschen. Fast durchgehend positivere Einschätzungen finden sich auch in der AHS.

3.5.3   Geschlechterbezogene Verhaltensweisen im Unterricht

Drei Statements, die im Fragebogen zur Beantwortung vorgegeben wurden, bezogen sich auf Verhaltensweisen von Lehrpersonen, die immer wieder als geschlechtsspezifisch angesprochen werden: das Aufrufen von Schüler/innen nach dem Aufzeigen, die unterschiedliche Bewertung von Diskussionsbeiträgen, je nachdem ob sie von Burschen oder von Mädchen kommen, sowie die „leichtere" Benotung von Mädchen. Zusätzlich wurde erfragt, inwieweit geschlechterbezogene Fragen in der Schule oder im Unterricht ein explizites Thema seien (vgl. Tabelle 31).

Die beiden Statements, die sich unmittelbar auf die Behandlung von Burschen und Mädchen im Unterricht beziehen, werden von Burschen eher zustimmend beantwortet als von Mädchen: Fast 30% der Burschen (Antwortstufen 4 und 5 zusammengefasst), aber nur 10% der Mädchen stimmen dem Statement zu, dass Mädchen beim Aufzeigen öfter drankommen; über 30% der Burschen (aber nur 12% der Mädchen) denken, dass Mädchen leichter gute Noten erhalten.

Tabelle 31: Geschlechtsbezogene Unterschiede im Unterrichtsverhalten

		1 stimmt nicht	2	3	4	5 stimmt genau
5. - 12. Schulstufe:						
Unsere Lehrpersonen nehmen eher die Mädchen als die Burschen beim Aufzeigen dran	m	37	14	20	12	17
	w	58	14	18	6	4
Mädchen bekommen in meiner Klasse leichter gute Noten als Burschen	m	38	15	16	13	18
	w	64	14	11	7	5
9. - 12. Schulstufe:						
Die Gleichberechtigung zwischen Mädchen/Frauen und Burschen/Männern ist an unserer Schule ein wichtiges Thema.	m	19	13	28	20	20
	w	13	11	28	23	24
Wenn bei Diskussionen die Burschen etwas sagen, zählt das bei den Lehrpersonen mehr als wenn ein Beitrag von einem Mädchen kommt	m	67	12	13	5	3
	m	67	12	13	5	3
Mädchen zählen an dieser Schule weniger als Burschen	m	64	8	12	7	9
	w	79	10	6	3	1

Drei Statements setzten für die Beantwortung eine Reflexion über die Gender-Situation an der Schule voraus; sie wurden daher erst ab der 9. Schulstufe vorgegeben. Etwa 40% der Burschen und 47% der Mädchen meinen, dass Fragen der Gleichberechtigung an ihrer Schule ein wichtiges Thema seien. 16% der Burschen (gegenüber 4% der Mädchen) denken, dass Mädchen an der Schule weniger zählen. Hinsichtlich der unterschiedlichen Bewertung von Diskussionsbeiträgen unterscheiden sich Burschen und Mädchen in ihren Antworten nur geringfügig.

Insgesamt ergibt sich aus den Antworten der Schülerinnen und Schüler ein eher positives Bild der Geschlechterbeziehungen: Das soziale Miteinander wird überwiegend – und mit höherer Schulstufe ansteigend – als partnerschaftlich bezeichnet; Streit gibt es häufiger innerhalb der Geschlechter als zwischen ihnen. In zwei Richtungen weist dieses Bild jedoch Verzerrungen auf: Übereinstimmend wird berichtet, dass Mädchen gegenüber den Burschen bevorzugt, häufiger aufgerufen werden und leichter gute Noten bekommen. Andrerseits entsteht auch das Bild, dass Mädchen nach wie vor weniger zählen und ihre Beiträge nicht im gleichen Ausmaß ernst genommen werden wie jene der Burschen.

Auch hier ist zu berücksichtigen, dass die Antworten der Schüler/innen zunächst nicht Berichte über Fakten, sondern über Wahrnehmungen sind. Dass die Schule insgesamt den Mädchen mehr entgegenkommt als den Burschen findet jedoch auch in einer Reihe anderer Ergebnisse (bessere Noten in den Hauptgegenständen; höhere Zufriedenheit mit der Schule) eine Entsprechung.

4 Die Qualität der schulischen Umwelt

In diesem Abschnitt wird versucht, das schulische Umfeld, in dem die Schülerinnen und Schüler leben, umfassend zu beschreiben. Die zentralen Konzepte dafür sind das *Klima* sowie *Partizipation und Individualisierung*, an Hand deren der Lebensraum Schule und Klasse umfassend in seiner Qualität als *Lernraum* dargestellt werden soll.

4.1 Das Klima in Schule und Klasse

Die Erfassung und Beschreibung des schulischen Lebensbereichs der Schülerinnen und Schüler ist in zweierlei Hinsicht von Bedeutung: Wir können daraus einen Eindruck von der allgemeinen Qualität der Umwelten gewinnen, in denen sie leben, und wir können auf empirischem Wege prüfen, in welchem Ausmaß sich Merkmale dieser Umwelten auf das Befinden und Verhalten der Schüler/innen auswirken. Dabei kommt allerdings weniger der *objektiven*, als vielmehr der *subjektiv erlebten* Umwelt die größte Bedeutung zu. Nicht was „wirklich" ist, sondern wie es von den Betroffenen erlebt wird, hat entscheidenden Einfluss auf das Verhalten.

Zum Beispiel sind die an einer Schule herrschenden Leistungsanforderungen, wie sie aus den Lehrplanvorgaben und aus der jeweiligen Unterrichtstradition resultieren, zwar objektiv gegeben; ob sie jedoch ein Schüler als „Leistungsdruck" empfindet und darunter leidet, oder ob er sie als Herausforderung erlebt, die er gezielt zu bewältigen versucht, hängt einerseits stark von der Art und Weise ab, wie diese Leistungsanforderungen innerschulisch vermittelt werden, und andererseits davon, über welche personalen Ressourcen jemand zu ihrer Bewältigung verfügt. Ob eine Schülerin angesichts einer solchen Situation ihre Anstrengung steigert oder verringert, Schulangst oder Leistungsstolz entwickelt, hängt weniger vom objektiven Niveau der Anforderungen, sondern viel stärker vom individuellen Erleben und von der subjektiven Interpretation der Leistungssituation ab.

Mit der Analyse und Beschreibung schulischer Umwelten in ihrer Gesamtheit hat sich in den letzten Jahren vor allem die *Klima*forschung befasst (von Saldern, 1987; Eder, 1994). Im derzeit dominierenden Verständnis als subjektiv wahrgenommene Lernumwelt bezeichnet Klima ein molares Konstrukt, für das zwei Bestimmungsstücke als konstitutiv angesehen werden: Gegenstand sind die *Wahrnehmungen* bzw. die daraus resultierenden Überzeugungen eines Individuums über bedeutsame Merkmale der Organisation, wobei diese Wahrnehmungen über *Selbstberichte* erfasst werden.

In schulischen Organisationen bezieht sich das Klima daher auf Merkmale der schulischen Umwelt, wie sie von den Betroffenen (Lehrer/innen, Schüler/innen) wahrgenommen werden (Eder, 1998). Klima lässt sich damit umschreiben als *die von den Betroffenen wahrgenommene Konfiguration bedeutsamer Merkmale innerhalb der jeweiligen schulischen Umwelt.*

In theoretischer Hinsicht erscheint es sinnvoll, drei Typen von Klimata zu unterscheiden:

(a) Das *Individualklima* repräsentiert die individuelle Klimawahrnehmung einer einzelnen Person. Es gibt primär darüber Aufschluss, wie eine Person ihre Umwelt wahrnimmt. Es ist allerdings anzunehmen, dass die individuellen Klimakognitionen immer auch Anteile einer kollektiv geteilten Klimawahrnehmung enthalten.

(b) Das *aggregierte Klima* repräsentiert die durchschnittliche Klimawahrnehmung einer Gruppe von Personen derselben organisatorischen oder institutionellen Einheit; es handelt sich dabei im Allgemeinen um das Resultat einer statistischen Mittelwertsbildung.

(c) Das *kollektive Klima* (vgl. Rousseau, 1988) bezieht sich darauf, dass es in Organisationen in der Regel Gruppen von Personen gibt, die aufgrund von Kommunikation und Interaktion ihre Umwelt ähnlich wahrnehmen. Innerhalb einer Organisation können in diesem Verständnis verschiedene kollektive Klimata vorgefunden werden.

In pragmatischer Hinsicht erscheint es zusätzlich sinnvoll, zumindest zwischen einer Aggregierungsebene und einer Bezugsebene des Klimas zu unterscheiden. Auf der *Aggregierungsebene* kann differenziert werden, ob eine Aussage über die schulische Umwelt von einer einzelnen Person stammt (Individualklima, psychologisches Klima) oder ob es sich um Angaben handelt, die aufgrund der Zusammenfassung von Daten einer größeren Anzahl von Personen zustande gekommen sind (aggregiertes Klima). Auf der *Bezugsebene* wird differenziert, auf welchen Teil einer Organisation sich die Klima-Angaben beziehen (z. B. die eigene Klasse oder die ganze Schule).

In der Befindensuntersuchung wurden zur Erfassung des Klimas zwei unterschiedliche Verfahren verwendet, die jedoch auf dem gleichen theoretischen Konzept basieren: Der „Linzer Fragebogen zum Schul- und Klassenklima" für die Schulstufen 4 - 8 (Eder & Mayr, 2000) sowie der „Linzer Fragebogen zum Schul- und Klassenklima" für die 8. - 13. Klassenstufe (Eder, 1998).

4.1.1 Das Klima auf den Schulstufen 4 - 8

4.1.1.1 Das Erhebungsverfahren

Das Klima wurde mit dem Linzer Fragebogen zum Schul- und Klassenklima für die 4. - 8. Schulstufe (Eder & Mayr, 2000) erfasst. Das Verfahren besteht aus zwei Teilen, die sich auf unterschiedliche Ebenen der Organisation Schule – nämlich die einzelne Schulklasse und die Schule als Ganzes – beziehen.

Der erste Teil umfasst 42 Items und bezieht sich auf das Klima in der Schulklasse. In diesem Teil werden 14 Aspekte des Klimas erfasst; sie sind in Tabelle 32 dargestellt und beschrieben. Jeder Teilaspekt wird im Fragebogen durch 3 Items erfasst.

Tabelle 32: LFSK 4 - 8; Überblick und Beschreibung der erfassten Komponenten.

Klima-Aspekte auf Klassenebene:			
Schüler/in-Lehrer/in-Verhältnis	Schüler/in-Schüler/in-Verhältnis	Lernhaltungen der Schüler/innen	Unterrichtsqualität
1. Pädagogisches Engagement	6. Gemeinschaft	8. Lernbereitschaft	10. Leistungsdruck
2. Restriktivität	7. Rivalität	9. Störneigung	11. Unterrichtsdruck
3. Mitsprache			12. Vermittlungsqualität
4. Gerechtigkeit			13. Schülerbeteiligung
5. Komparation			14. Kontrolle der Schülerarbeit

Beschreibung der Klima-Aspekte	
Pädagogisches Engagement:	Ausmaß und Häufigkeit persönlich-förderlichen, zuwendenden, sorgenden, bemühten und nicht lenkenden Lehrerverhaltens.
Restriktivität:	Ausmaß stark lenkenden, kontrollierenden, herabsetzenden und autoritären Verhaltens von Lehrern und Lehrerinnen.
Mitsprache:	Ausmaß, in dem sich Schüler und Schülerinnen an Entscheidungen beteiligen können.
Gerechtigkeit:	Ausmaß, in dem sich Schüler und Schülerinnen sachlich und im Vergleich zu ihren Mitschüler/innen gerecht und fair behandelt fühlen.
Komparation:	Ausmaß, in dem Schüler und Schülerinnen einer Klasse untereinander verglichen werden, insbesondere bei der Feststellung und Bewertung von Leistungen.
Gemeinschaft:	Ausmaß des Zusammenhalts und der wechselseitigen Sympathie zwischen den Schüler/innen einer Klasse.
Rivalität:	Ausmaß, in dem in einer Klasse individueller Erfolg und individuelles Leistungsstreben zu Lasten der Mitschüler und Mitschülerinnen dominiert.
Lernbereitschaft:	Ausmaß, in dem sich die Schüler und Schülerinnen einer Klasse selbst bzw. insgesamt als lernwillig und lerninteressiert beschreiben.
Störneigung:	Ausmaß, in dem die Schüler und Schülerinnen einer Klasse nach ihren eigenen Angaben wenig Disziplin halten bzw. absichtlich stören.
Leistungsdruck:	Ausmaß der Belastung und persönlichen Überforderung der Schüler und Schülerinnen durch die schulischen Anforderungen.
Unterrichtsdruck:	Ausmaß, in dem der Unterricht durch hohes Tempo und fehlende Erklärungsqualität geprägt ist.
Vermittlungsqualität:	Ausmaß, in dem sich Lehrkräfte bemühen, den Unterricht interessant, anschaulich und einprägsam zu gestalten.
Schülerbeteiligung im Unterricht:	Ausmaß, in dem die Schüler und Schülerinnen aktiv und eigenständig im Unterricht mitarbeiten können.
Kontrolle der Schülerarbeit:	Ausmaß, in dem die Lehrpersonen darauf achten, dass die Schüler und Schülerinnen im Unterricht mitarbeiten und geforderte Leistungen erbringen.

Die 14 Aspekte des Klimas lassen sich zu **vier Dimensionen** zusammenfassen (vgl. Abbildung 53), die nachstehend beschrieben sind. Zusätzlich ist auch die Bildung eines Klima-Gesamtwerts möglich

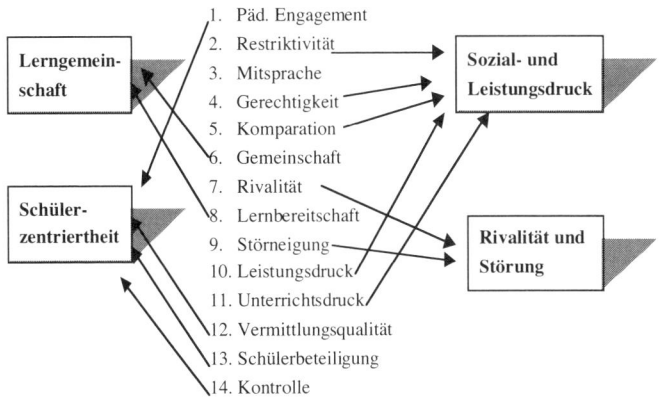

Abbildung 53: Einzelaspekte und Dimensionen des Klimas

Sozial- und Leistungsdruck	Zusammenfassung der Komponenten (fehlende) Gerechtigkeit, Restriktivität, Komparation, Leistungsdruck, Unterrichtsdruck. Die Dimension erfasst das Ausmaß, in dem sich Schülerinnen und Schüler in der Schule als eingeschränkt und unter Druck und Leistungsstress erleben.
Schülerzentriertheit	Zusammenfassung der Komponenten Pädagogisches Engagement, Mitsprache, Vermittlungsqualität, Schülerbeteiligung und Kontrolle der Schülerarbeit. Die Dimension erfasst das Ausmaß, in dem sich die Schülerinnen und Schüler in der Schule akzeptiert, unterstützt und aktiv einbezogen erleben.
Lerngemeinschaft	Zusammenfassung der Komponenten Gemeinschaft und Lernbereitschaft. Die Dimension erfasst das Ausmaß, in dem sich die Schülerinnen und Schüler als eine gute und lernorientierte Gemeinschaft in der Klasse erleben.
Rivalität und Störung	Zusammenfassung der Komponenten Rivalität und Störneigung. Die Dimension erfasst das Ausmaß, in dem sich die Schülerinnen und Schüler als eine rivalisierende und zu lernfremden Tätigkeiten neigende Gruppe erleben.
Klima-Gesamtwert	Zusammenfassung aller Klimakomponenten. Der Gesamtwert erfasst das Ausmaß, in dem das Klima in der Klasse insgesamt betrachtet als positiv, unterstützend und förderlich vs. einschränkend, belastend und negativ erlebt wird.

Der zweite Teil des Fragebogens besteht aus 17 Items, die sich auf die Schule als Ganzes und auf das Befinden der Schüler/innen beziehen. Hier erfasst das Verfahren zwei Dimensionen:

Wärme	Ausmaß, in dem die ganze Schule von den Schülerinnen und Schülern als unterstützend, fürsorglich und persönlich erlebt wird; insbesondere spielt hier die Einschätzung der Lehrkräfte als Gesamtheit eine Rolle.
Strenge - Kontrolle	Ausmaß, in dem das Verhalten der Schülerinnen und Schüler durch Vorschriften klar geregelt ist, sowie das Ausmaß, in dem die Einhaltung von Regeln überprüft wird bzw. Übertretungen sanktioniert werden.

4.1.1.2 Die Ausprägung des Klimas in den Schulstufen 4 - 8

4.1.1.2.1 Das Gesamtbild auf Basis der Klima-Einzelskalen

Die einzelnen Klima-Skalen wurden zunächst auf Basis des Antwortformats (1 = stimmt nicht; 5 = stimmt genau) zu Rohwertskalen zusammengefasst. Abbildung 54 zeigt die Ausprägung dieser Skalen im Überblick. Um die möglicherweise unterschiedliche Wahrnehmung des Klimas durch Burschen und Mädchen sichtbar zu machen, erfolgt diese Darstellung nach Geschlechtern getrennt.

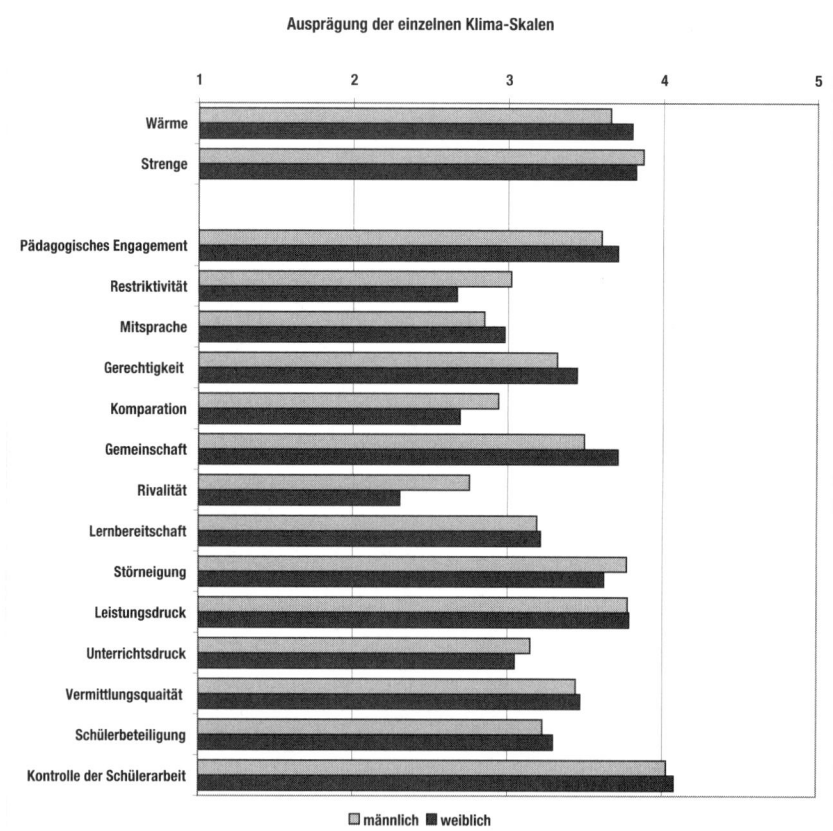

Abbildung 54: Rohwert-Ausprägung der einzelnen Klimaskalen, getrennt nach Geschlechtern.

Die auf die ganze Schule bezogenen Bereiche – *Wärme, Strenge* – liegen deutlich über dem theoretischen Mittelwert der Skala (= 3); das bedeutet insbesondere, dass die Schüler/innen ihre Schulen in hohem Ausmaß als zugleich freundlich, aber auch streng beschreiben.

Pädagogisches Engagement und *Gerechtigkeit* liegen klar im positiven Bereich der Skala, *Mitsprache, Restriktivität* und *Komparation* sind überwiegend im Bereich des Skalenmittelwerts positioniert, haben also eine mittlere Ausprägung. Die auf den Unterricht bezogenen Skalen *Leistungsdruck* und *Kontrolle* der Schülerarbeit werden als relativ hoch, *Unterrichtsdruck, Vermittlungsqualität* und *Schüler-beteiligung* liegen teils knapp, teils deutlich über dem Mittelwert.

Deutliche Abweichungen vom Mittelwert zeigen die auf die Schülerinnen und Schüler selbst bezogenen Skalen: Die *Gemeinschaft* in der Klasse wird relativ hoch, die *Rivalität* eher niedrig eingeschätzt. Die Schüler/innen beschreiben die *Lern-bereitschaft* in der Klasse als relativ hoch, allerdings auch die *Störneigung*, die rein numerisch sogar noch etwas höher eingeschätzt wird als die Lernbereitschaft.

Mädchen erleben das Klima fast durchgehend positiver, auch wenn die Unter-schiede in den meisten Fällen nur gering sind. Im Bereich der Skalen Restriktivität, Komparation und Rivalität sind jedoch die Unterschiede ganz erheblich.

4.1.1.2.2 Vergleichende Darstellung auf Basis der Klima-Dimensionen

Die differenzierten Einzelskalen lassen sich, wie oben dargestellt, zu vier Klima-Dimensionen zusammenfassen: Sozial- und Leistungsdruck, Schülerzentriertheit, Lerngemeinschaft sowie Rivalität und Störung. Durch eine solche Zusammen-fassung wird die wesentliche Information gebündelt und lässt sich zugleich über-schaubarer darstellen.

(a) Schultypenunterschiede

Inwieweit wird das Klima in der Volksschule, der Hauptschule und der AHS-Unterstufe von den Schüler/innen unterschiedlich wahrgenommen? Abbildung 55 bringt eine entsprechende Gegenüberstellung.

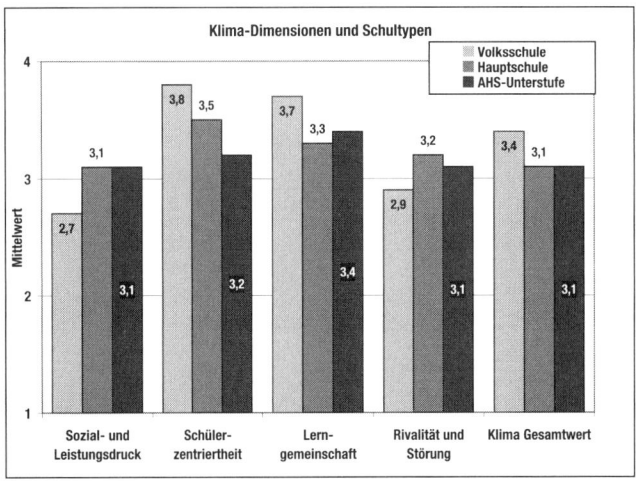

Abbildung 55: Klima-Dimensionen, differenziert nach Schultypen.

Die Ergebnisse sind in einem Punkt relativ eindeutig: Das Klima in der 4. Klasse der Volksschule wird deutlich besser beschrieben als in anschließenden Schulen der Sekundarstufe I: Die Schülerzentriertheit ist höher, die erlebte Restriktivität von Seiten der Lehrpersonen deutlich niedriger, die Rivalität in den Klassen geringer. Im Vergleich von AHS und Hauptschule zeigt sich bei letzterer eine etwas höhere Schülerzentriertheit des Unterrichts, während in der Dimension „Sozial- und Leistungsdruck" kein Unterschied besteht. In den Klimadimensionen, die sich auf die Schüler und Schülerinnen beziehen, zeigt die AHS eine bessere Lerngemein-schaft in den Klassen, zugleich aber auch mehr Rivalität und Störung. Die Effekte in den verschiedenen Dimensionen überlagern sich, sodass letztlich im Klima-Gesamtwert keine Unterschiede bestehen.

Die genauere Analyse der Differenzen zwischen AHS und Hauptschule (vgl. Abbildung 56) ergibt folgendes Bild:

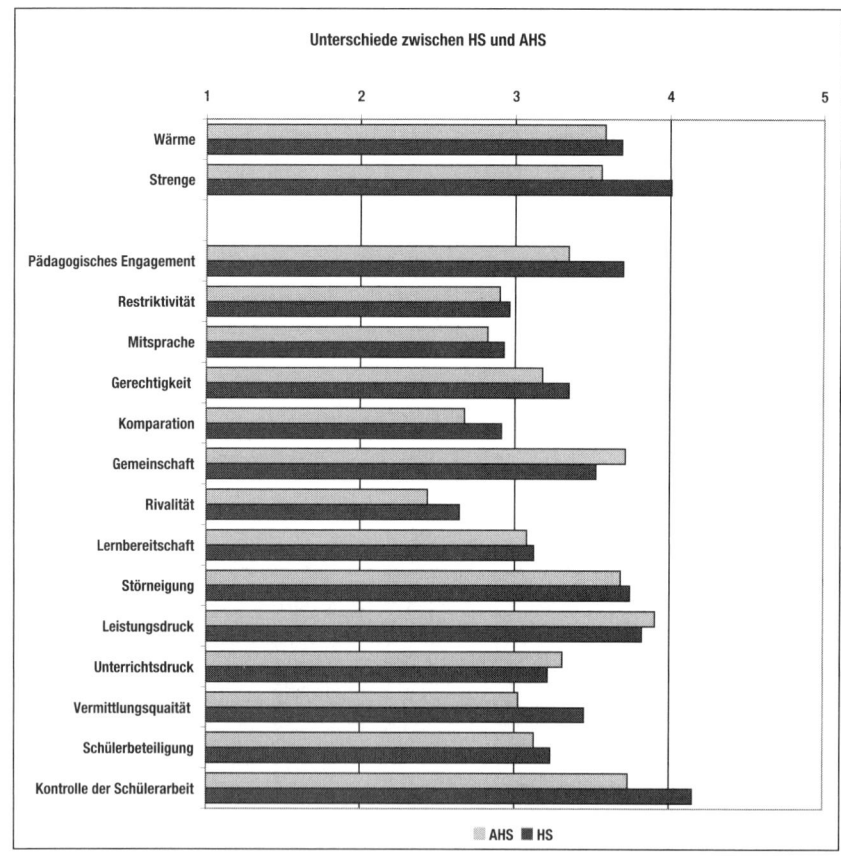

Abbildung 56: Unterschiede in den Klima-Skalen zwischen HS und AHS.

Die Hauptschulen werden von ihren Schüler/innen als deutlich strenger beschrieben. Das pädagogische Engagement der Lehrpersonen ist höher, die Vermittlungsqualität im Unterricht und die Kontrolle der Schülerarbeiten intensiver. In allen übrigen Klimabereichen sind die Unterschiede letzten Endes geringfügig.

(b) Unterschiede zwischen einzelnen Schulen und Klassen

Die oben dargestellten Ergebnisse zeigen, dass die Klima-Unterschiede zwischen den Schultypen nicht sehr groß sind. Entsprechend den Ergebnissen der Schulforschung wäre allerdings zu erwarten, dass deutlich größere Unterschiede auf der Ebene von Schulen und Klassen bestehen.

In der Befindensstichprobe sind Schulen in der Regel mit drei zufällig ausgewählten Klassen vertreten, sodass die zusammengefassten Klimawerte aus diesen drei Klassen vermutlich ein zuverlässiges Bild ergeben. In Abbildung 57 ist die Streuung für die beiden lehrpersonabhängigen Klimadimensionen – Schülerzentriertheit und Sozial- und Leistungsdruck – auf Schulebene dargestellt.

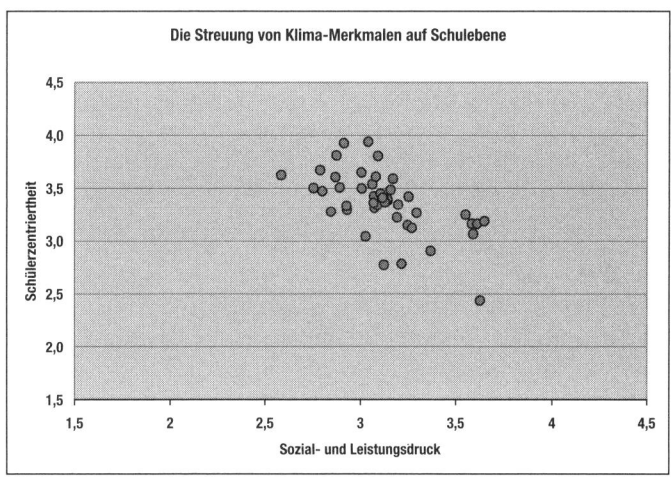

Abbildung 57: Die Streuung von Klima-Merkmalen auf Schulebene (Hauptschulen und AHS-Unterstufe). Jeder Kreis bedeutet die Lage einer Schule in einem Koordinatennetz aus Schülerzentriertheit und Sozial- und Leistungsdruck. Maximale Skalenwerte: 1 - 5.

Die durchschnittlichen Werte für *Schülerzentriertheit* streuen auf Schulebene zwischen 2,4 und 3,9, jene für *Sozial- und Leistungsdruck* zwischen 2,6 und 3,6. Was bedeutet das für das Antwortverhalten von Schüler/innen? In der „besten" Schule – z.B. jene mit einem Mittelwert von 3,9 für Schülerzentriertheit – muss die überwiegende Zahl der Schüler/innen durchgehend Antwortmöglichkeiten gewählt haben, die im positiven Bereich der Skala liegen. Ein so hoher Wert ist nur möglich, wenn praktisch alle Befragten in die gleiche Richtung tendieren. Umgekehrt müssen bei einem Wert von 3,6 für Sozial- und Leistungsdruck auch sehr viele Schüler/innen einer Schule – unabhängig von der Klasse, in der sie sich gerade befinden – hohe Zustimmung zu Feststellungen ausgedrückt haben, die von einem hohen sozialen Druck an der Schule ausgehen.

Die gleichen Überlegungen gelten auch für die Ebene der einzelnen Klassen (vgl. Abbildung 58). Hier streuen die durchschnittlichen Werte für Schülerzentriertheit zwischen 2,6 und 4,5; jene für Sozial- und Leistungsdruck zwischen 2,2 und 3,8. Innerhalb des Schulsystems bestehen also extreme Unterschiede in den von den Schüler/innen wahrgenommenen Klimaverhältnissen.

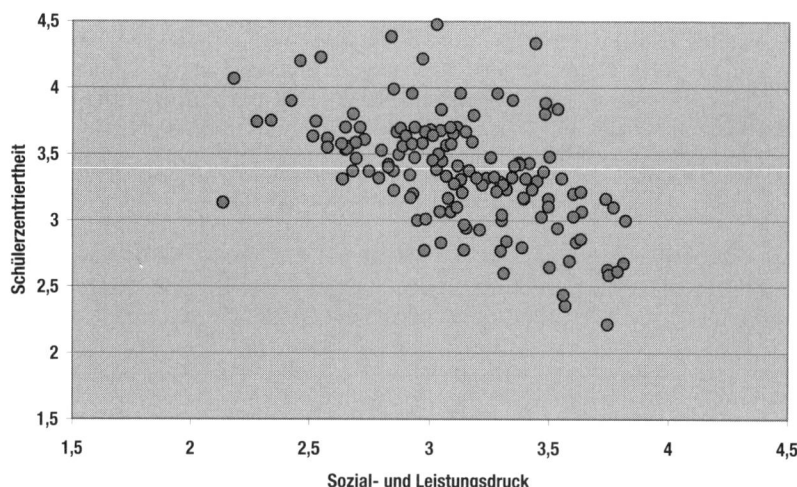

Die Streuung von Klima-Merkmalen auf Klassenebene

Abbildung 58: Die Streuung von Klima-Merkmalen auf Klassenebene (Hauptschulen und AHS-Unterstufe). Jeder Kreis bedeutet die Lage einer Klasse in einem Koordinatennetz aus Schülerzentriertheit und Sozial- und Leistungsdruck. Maximale Skalenwerte: 1 - 5.

(c) Unterschiede nach Schulstufe und Geschlecht

Im Folgenden wird dargestellt, wie die Wahrnehmung des Klimas mit der Schulstufe und dem Geschlecht der Schüler/innen zusammenhängt. Theoretisch sind hier keine großen Unterschiede zu erwarten, weil sich in den fünf Vergleichsjahren die Zusammensetzung der Klasse nur wenig verändert, und von den Schulen auch Stabilität bei den Lehrpersonen angestrebt wird. Unterschiede zwischen den Schulstufen könnten in den unterschiedlichen Aufgaben und Erwartungen, die mit einzelnen Schulstufen verbunden werden, begründet sein (z. B. unterschiedliche Schwierigkeit der schulischen Anforderungen); zugleich spielt auch eine Rolle, dass die Schüler Schüler/innen während der Sekundarstufe I in die Pubertät eintreten und sich dadurch persönlich verändern und weiterentwickeln. Hinsichtlich des Geschlechts besteht kein systematischer Grund, Unterschiede zu erwarten, da die Aufgaben der Schulen nicht geschlechterspezifisch differenziert sind. (Davon unberührt bleibt, dass faktisch durchaus unterschiedliche Erwartungen gegeben sein können – unterschiedliche Rollenerwartungen, Zuschreibung bestimmter Fähigkeiten an einzelne Geschlechter usw.: solche würden jedoch eher unreflektierte Traditionen des Umgangs mit den Geschlechtern widerspiegeln.)

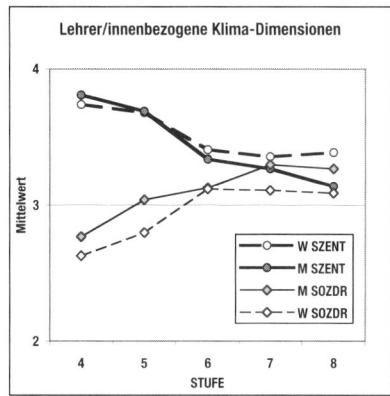 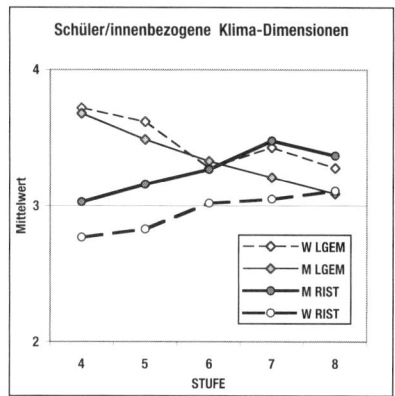

Abbildung 59: Veränderungen der Klima-Dimensionen auf den Schulstufen 4 – 8, differenziert nach dem Geschlecht. SOZDR Sozial- und Leistungsdruck SZENT Schülerzentriertheit LGEM Lerngemeinschaft RIST Rivalität und Störung. M männlich W weiblich.

Die Ergebnisse (vgl.Abbildung 59) zeigen deutliche Veränderungen über die Schulstufen. In den lehrerbezogenen Dimensionen des Klimas kommt es in den ersten drei Jahren der Sekundarstufe I zu einer kontinuierlichen Verschlechterung, die in der 7. und 8. Schulstufe allmählich zum Stillstand kommt. Die Schülerzentriertheit geht zurück, Sozial- und Leistungsdruck steigen deutlich an. Die Veränderungen liegen in der Größenordnung einer Standardabweichung. Geschlechtsunterschiede werden lediglich in der Dimension „Sozial- und Leistungsdruck" sichtbar, wo die Mädchen etwas niedrigere Werte aufweisen.

In den schülerbezogenen Bereichen des Klimas kommt es zu einem Rückgang der Qualität der Lerngemeinschaft und zu einer Zunahme an Rivalität und Störung. In der letztgenannten Dimension bestehen deutliche Geschlechtsunterschiede – die Mädchen berichten weniger Rivalität und Störung – der ansteigende Verlauf gilt aber für beide Geschlechter.

Zusätzlich wird dargestellt, inwieweit diese Veränderungen die beiden Schulstränge – Hauptschulstrang und AHS-Strang – in gleicher Weise betreffen. Wie aus Abbildung 60 abzulesen ist, laufen die Entwicklungen in den beiden Schulsträngen teilweise parallel, wenn auch meist auf unterschiedlichem Niveau. Der Rückgang in der Schülerzentriertheit verläuft im AHS-Strang deutlich schneller als im Hauptschulstrang, ebenso wird der Anstieg im Sozial- und Leistungsdruck in der AHS deutlich stärker sichtbar. Die Veränderungen über den Zeitraum von 5 Jahren betragen hier fast zwei Standardabweichungen, was als drastische Veränderungen interpretiert werden muss. Im Bereich der schülerbezogenen Klima-Dimensionen verlaufen die Veränderungen weitgehend parallel.

Der Übergang von der Volksschule auf die Sekundarstufe I erweist sich damit als ein Zeitraum relativ starker klimatischer Veränderungen in den Schulen.

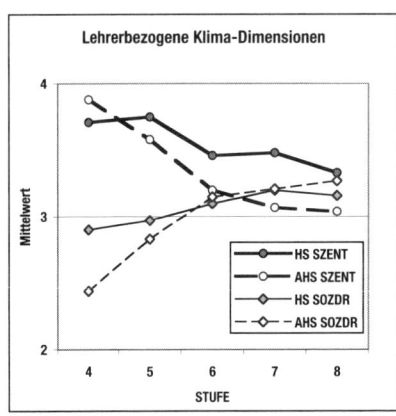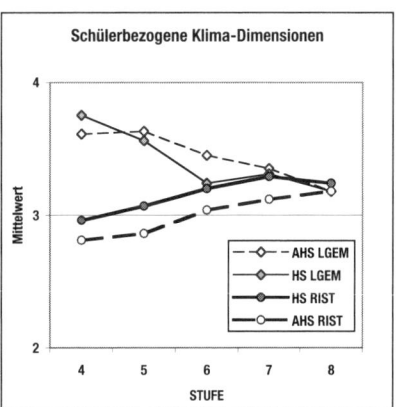

Abbildung 60: Veränderungen der Klima-Dimensionen auf den Schulstufen 4 - 8, differenziert nach Schulsträngen.

SOZDR Sozial- und Leistungsdruck, SZENT Schüler/-innenzentriertheit, LGEM Lerngemeinschaft, RIST Rivalität und Störung. M männlich, W weiblich.

4.1.1.3   Veränderungen gegenüber 1994

Für die Darstellung von Unterschieden werden die auf Basis der Befindensuntersuchung 1994 entwickelten Normen des Klimafragebogens verwendet. Auf Basis dieser Normen werden die Rohwerte aus dem Fragebogen in *Standardwerte* umgerechnet.

Standardwerte drücken aus, um wie viel die Werte einer Skala über oder unter dem Durchschnittswert einer Vergleichsstichprobe („Normstichprobe") liegen. Sie sind zusätzlich in den Zahlenraum von 70 - 130 transferiert. Ein Standardwert von 100 bedeutet, dass der für eine bestimmte Einheit errechnete Wert gleich hoch ist wie der Durchschnittswert in der Eichstichprobe. Werte darunter bedeuten eine Abweichung nach unten, Werte darüber eine Abweichung nach oben.

Für den angestrebten Vergleich werden die Gesamtnormen des Verfahrens für die Sekundarstufe I verwendet (Eder & Mayr, 2000). Diese repräsentieren den Stand des Klimas in den österreichischen Schulen von der 4. bis zur 8. Schulstufe auf Basis der Stichprobe 1994. Ergibt die Berechnung für die jetzige Stichprobe also einen Wert von 100, dann bedeutet dies, dass das Klima in einem bestimmten Bereich genau jenem von 1994 entspricht. Abweichungen vom Mittelwert, gleich in welche Richtung, zeigen dann unmittelbar an, wo es gegenüber 1994 zu Veränderungen gekommen ist.

Abbildung 61 zeigt die Ergebnisse dieses Epochenvergleichs. Die verwendete Standardskala weist eine Streuung von SD = 10 auf. Eine Veränderung von 1 Standardpunkt bedeutet daher eine Veränderung von 0,1 Standardeinheiten. Von praktischer Relevanz wird in der Regel erst gesprochen, wenn ein Effekt 0,2 Standardeinheiten oder mehr beträgt.

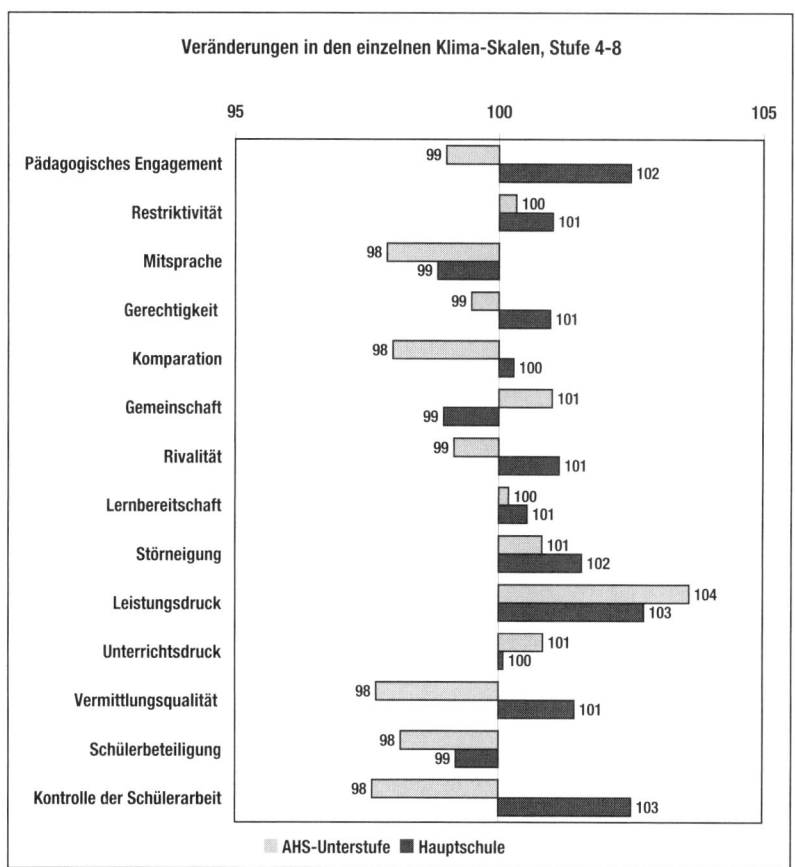

Abbildung 61: Veränderungen in den einzelnen Klima-Skalen gegenüber 1994, Hauptschule und AHS.

Die Ergebnisse zeigen, dass Hauptschule und AHS nur wenige Entwicklungstrends gemeinsam haben: In beiden Schultypen gibt es eine deutliche Zunahme an Leistungsdruck, eine Zunahme bei der Störneigung der Schüler/innen, sowie einen Rückgang an Mitsprachemöglichkeiten und Schülerbeteiligung. Vor allem die Zunahme an Leistungsdruck liegt auch in einer praktisch sehr bedeutsamen Größenordnung.

In den übrigen Skalen des Klimas zeigen sich eher gegenläufige Entwicklungen. In der Hauptschule weisen einige Veränderungstrends in die positive Richtung; es zeigt sich z.b. ein höheres pädagogisches Engagement der Lehrpersonen, eine etwas höhere Vermittlungsqualität und mehr Kontrolle der Schülerarbeit. Die AHS zeigt in den genannten Bereichen eher Rückgänge gegenüber der Situation 1994.

Insgesamt erscheint das Veränderungsmuster, das sich hier abzeichnet, nicht sehr positiv. Vor allem der erhöhte Leistungsdruck bei gleichzeitigem Rückgang der Schüler/-innenbeteiligung lässt vermuten, dass das „Durchbringen" von Stoff wieder stärker in den Vordergrund tritt.

4.1.2   Das Klima auf den Schulstufen 9 - 12

Das Klima in der 9. - 12. Schulstufe wurde mit dem „Linzer Fragebogen zum Schul- und Klassenklima für die 8. - 13. Klasse" (LFSK 8-13) erfasst. Es handelt sich dabei um ein Verfahren zur Erfassung des Klimas von Schulen und Schulklassen aus der Sicht der Schülerinnen und Schüler. Sein Anwendungsbereich erstreckt sich von der 8. bis zur 13. Schulstufe; mit entsprechender Unterstützung bei der Vorgabe kann es auch in niedrigeren Schulstufen verwendet werden. Eine ausführliche Beschreibung der psychometrischen Qualität des Erhebungsinstrumentes finden sich in Eder (1998).

4.1.2.1   Das Erhebungsinstrument

Das Verfahren besteht aus zwei Teilen. Der erste besteht aus 27 Items und erfasst vier Dimensionen, die sich auf die *Schule als Ganzes* beziehen. Der zweite Teil (80 Items) bezieht sich auf die einzelne *Schulklasse* als Einheit. Hier werden 14 Aspekte („Elemente", „Komponenten") des Klimas erfasst. Die folgende Tabelle gibt einen Überblick über den Aufbau des Verfahrens.

Tabelle 33: Übersicht über den Aufbau des LFSK 8-13

I. Klima auf Schulebene			
1. Strenge und Kontrolle	2. Anregung und Vielfalt	3. Wärme	4. Betonung von Leistung und Formen
II. Klima auf Klassenebene			
Schüler-Lehrer-Beziehungen	Schüler-Schüler-Beziehungen	Werteklima der Klasse	Unterrichtsklima
1. Pädagogisches Engagement	6. Gemeinschaft	8. Lernbereitschaft	10. Leistungsdruck
2. Restriktivität	7. Rivalität	9. Störneigung	11. Unterrichtsdruck
3. Mitsprachemöglichkeiten			12. Vermittlungsqualität
4. Gerechtigkeit			13. Schülerbeteiligung
5. Komparation			14. Kontrolle der Schülerarbeit
Beschreibung der einzelnen Komponenten			
Wärme:	erfasst das Ausmaß, in dem eine Schule von den Schülerinnen und Schülern als unterstützend, fürsorglich und persönlich erlebt wird; insbesondere spielt hier das Verhalten der Lehrkräfte allgemein eine Rolle.		
Strenge und Kontrolle:	erfasst das Ausmaß, in dem das Verhalten der Schülerinnen und Schüler durch Vorschriften klar geregelt ist, sowie das Ausmaß, in dem die Einhaltung von Regeln überprüft wird bzw. Verstöße sanktioniert werden.		
Anregung und Vielfalt:	erfasst das Ausmaß, in dem an einer Schule ein über den bloßen Unterricht hinausgehendes kulturelles Leben herrscht, das auch Außenstehende, vor allem die Eltern, miteinbezieht.		
Betonung von Leistung und Formen:	erfasst das Ausmaß, in dem eine Schule den Schülerinnen und Schülern vermittelt, dass sie Leistung (in jeder Form) hochschätzt, von den Schülerinnen und Schülern erwartet und sie ihnen auch zutraut.		

Beschreibung der einzelnen Komponenten (Fortsetzung)	
Pädagogisches Engagement:	Ausmaß und Häufigkeit persönlich-förderlichen, zuwendenden, sorgenden, bemühten und nicht lenkenden Lehrerverhaltens.
Restriktivität:	Ausmaß stark lenkenden, kontrollierenden, herabsetzenden und autoritären Verhaltens von Lehrpersonen.
Mitsprache:	Ausmaß, in dem sich Schülerinnen und Schüler an Entscheidungen beteiligen können.
Gerechtigkeit:	Ausmaß, in dem sich Schülerinnen und Schüler in Hinblick auf die Leistungsbeurteilung sachlich und im Vergleich zu ihren Mitschüler/innen gerecht und fair behandelt fühlen.
Komparation:	Ausmaß, in dem Schülerinnen und Schüler einer Klasse untereinander verglichen werden, insbesondere bei der Feststellung und Bewertung von Leistungen.
Gemeinschaft:	Ausmaß des Zusammenhalts und der wechselseitigen Sympathie unter den Schülerinnen und Schülern einer Klasse.
Rivalität:	Ausmaß, in dem in einer Klasse individueller Erfolg und individuelles Leistungsstreben zu Lasten der Mitschüler/innen dominiert.
Lernbereitschaft:	Ausmaß, in dem sich die Schülerinnen und Schüler einer Klasse selbst bzw. insgesamt als lernwillig und lerninteressiert beschreiben.
Störneigung:	Ausmaß, in dem die Schülerinnen und Schüler einer Klasse nach ihren eigenen Angaben Disziplin halten bzw. (absichtlich) Störungen organisieren.
Leistungsdruck:	Ausmaß der Belastung der Schülerinnen und Schüler und persönlichen Überforderung durch die schulischen Anforderungen.
Unterrichtsdruck:	Hohes Tempo und fehlende Erklärungsqualität im Unterricht.
Vermittlungsqualität:	Ausmaß, in dem sich Lehrkräfte bemühen, den Unterricht interessant, anschaulich und einprägsam zu gestalten.
Schülerbeteiligung im Unterricht:	Ausmaß, in dem die Schülerinnen und Schüler aktiv und eigenständig im Unterricht mitarbeiten können.
Kontrolle der Schülerarbeit:	Ausmaß, in dem die Lehrpersonen darauf achten, dass die Schülerinnen und Schüler im Unterricht mitarbeiten und geforderte Leistungen (z.B. Hausübungen) tatsächlich erbringen.

Die Klima-Elemente auf Klassenebene lassen sich zu vier grundlegenden Dimensionen zusammenfassen; zusätzlich ist die Errechnung eines **Klima-Gesamtwertes** möglich.

Sozial- und Leistungsdruck	Zusammenfassung der Komponenten (fehlende) Gerechtigkeit, Restriktivität, Komparation, Leistungsdruck, Unterrichtsdruck. Die Dimension erfasst das Ausmaß, in dem sich Schülerinnen und Schüler in der Schule als eingeschränkt und unter Druck und Leistungsstress erleben.
Schülerzentriertheit	Zusammenfassung der Komponenten Pädagogisches Engagement, Mitsprache, Vermittlungsqualität, Schülerbeteiligung und Kontrolle der Schülerarbeit. Die Dimension erfasst das Ausmaß, in dem sich Schülerinnen und Schüler in der Schule akzeptiert, unterstützt und aktiv einbezogen erleben.
Kohäsion	Zusammenfassung der Komponenten Gemeinschaft und Rivalität. Die Dimension erfasst das Ausmaß, in dem sich die Schülerinnen und Schüler als eine gute und lernorientierte Gemeinschaft in der Klasse erleben.
Disziplin	Zusammenfassung der Komponenten Lernbereitschaft und Störneigung. Die Dimension erfasst das Ausmaß, in dem sich die Schülerinnen und Schüler als eine rivalisierende und zu lernfremden Tätigkeiten neigende Gruppe erleben.
Klima-Gesamtwert	Zusammenfassung aller Klimakomponenten. Der Gesamtwert erfasst das Ausmaß, in dem das Klima in der Klasse insgesamt betrachtet als positiv, unterstützend und förderlich vs. einschränkend, belastend und negativ erlebt wird.

Der LFSK 8-13 ist auf Basis der Daten aus der Befindensuntersuchung 1994 sowie anderer vorliegender Daten so standardisiert, dass der Mittelwert (MW = 100) und die Streuung (SD = 10) dem damaligen österreichischen Durchschnitt entspricht. Für die vorliegende Untersuchung wurde das Originalinstrument unter möglichster Schonung der ursprünglichen Item-Texte geschlechterspezifisch umformuliert. Zusätzlich wurden einige Items hinzugefügt, um mögliche Weiterentwicklungen im Bereich der Qualität des Unterrichts abzubilden.

4.1.2.2   Die Ausprägung des Klimas auf den Schulstufen 9 - 12

4.1.2.2.1   Das Gesamtbild auf Basis der Klima-Einzelskalen

Die einzelnen Klima-Skalen wurden zunächst auf Basis des Antwortformats (1 = stimmt nicht; 5 = stimmt genau) zu Rohwertskalen zusammengefasst. Abbildung 62 zeigt die Ausprägung dieser Skalen im Überblick. Um die möglicherweise unterschiedliche Wahrnehmung des Klimas durch Burschen und Mädchen sichtbar zu machen, erfolgt diese Darstellung nach Geschlechtern getrennt.

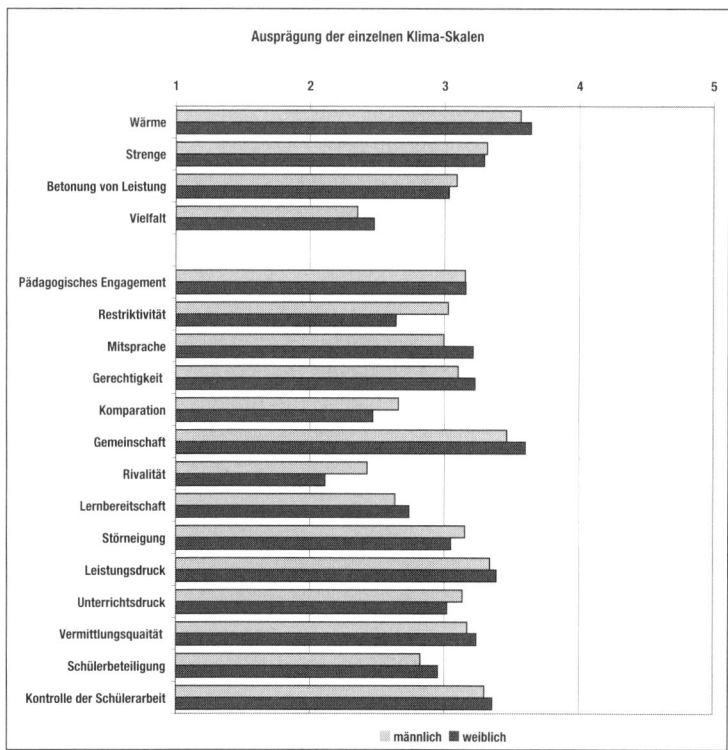

Abbildung 62: Rohwert-Ausprägung der einzelnen Klimaskalen, getrennt nach Geschlechtern.

Die auf die ganze Schule bezogenen Bereiche – *Wärme, Strenge - Kontrolle, Betonung von Leistung und Formen, Anregung und Vielfalt* – liegen knapp über dem theoretischen Mittelwert der Skala (= 3); lediglich die Einschätzung der Vielfalt des über den Unterricht hinausgehenden Angebots liegt deutlich darunter. Die auf die jeweilige Klasse bezogenen Skalen liegen in den Bereichen, die sich auf die direkte Schüler/in-Lehrer/in-Interaktion beziehen – *Pädagogisches Engagement, Restriktivität, Mitsprachemöglichkeiten, Gerechtigkeit, Komparation* – überwiegend im Bereich des Skalenmittelwerts, und zwar sowohl für die positiven als auch für die negativen Bereiche. Eine Ausnahme bildet hier die relativ niedrig ausgeprägte Skala „Komparation". Die auf den Unterricht bezogenen Skalen – *Leistungsdruck, Unterrichtsdruck, Vermittlungsqualität, Schülerbeteiligung, Kontrolle der Schülerarbeit* – liegen knapp über oder unter dem Mittelwert. Deutliche Abweichungen vom Mittelwert zeigen die auf die Schülerinnen und Schüler selbst bezogenen Skalen: Die *Gemeinschaft* in der Klasse wird sehr hoch, die *Rivalität* niedrig eingeschätzt. Allerdings beschreiben die Schüler/innen auch ihre *Lernbereitschaft* als relativ niedrig, während die *Störneigung* wieder im mittleren Bereich liegt.

Mädchen erleben das Klima fast durchgehend positiver. Im Bereich der Skalen Restriktivität, Rivalität und Mitsprache sind die Unterschiede ganz erheblich.

4.1.2.2.2   *Vergleichende Darstellungen auf Basis der Klima-Dimensionen*

Wie oben dargestellt, lassen sich die differenzierten Einzelskalen zu vier Klima-Dimensionen zusammenfassen: Sozial- und Leistungsdruck, Schülerzentriertheit, Kohäsion und Disziplin. Für die folgenden Vergleiche werden diese Dimensionswerte verwendet. So lässt sich wesentliche Information bündeln und zugleich überschaubarer darstellen.

(a) Schultypenunterschiede

Grundsätzlich ist zu erwarten, dass Unterschiede zwischen den Schultypen nicht groß sind. Aus der bisherigen Schulforschung ist bekannt, dass im Regelfall die Unterschiede in den innerschulischen Prozessen zwischen den einzelnen Schulen bzw. auch zwischen den Klassen einer Schule um ein Vielfaches größer sind als die Unterschiede zwischen den *Schultypen* oder anderen Ebenen des Schulsystems. Dies hängt vor allem damit zusammen, dass gewisse Grundprinzipien des Schule-Haltens durch die Ausbildung der Lehrpersonen, durch zentrale gesetzliche Regelungen und auch durch die Tradition sehr einheitlich verstanden werden.

Abbildung 63 bringt eine durchgehende Bestätigung dieser Annahmen. Von den vier Klimadimensionen zeigen jene, die primär von Aktivitäten der Lehrpersonen abhängen (*Sozial- und Leistungsdruck, Schülerzentriertheit*) praktisch keine Variation nach Schultypen.

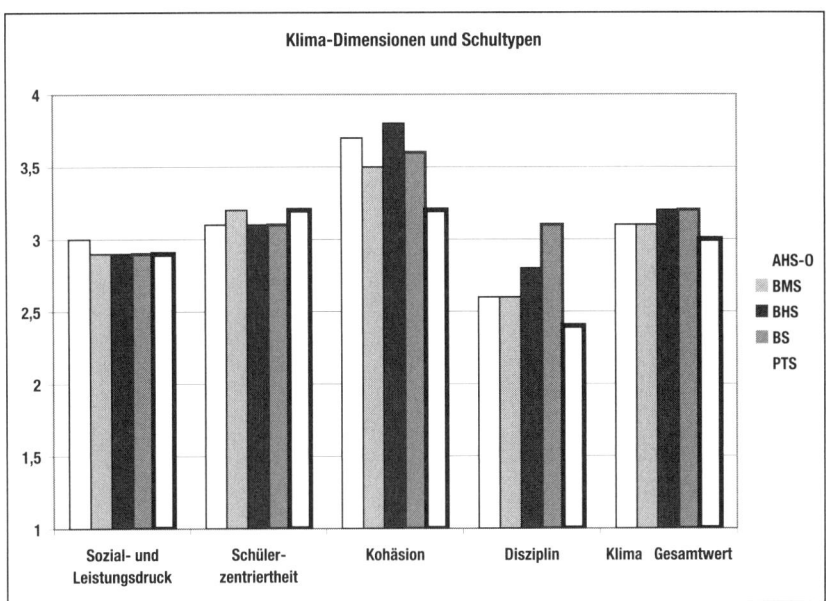

Abbildung 63: Klima-Dimensionen, differenziert nach Schultypen.

Das heißt, dass die Lehrpersonen von den Schülerinnen und Schülern *im Durchschnitt* überall ungefähr gleich erlebt und beschrieben werden. Trotzdem auftretende Unterschiede hängen stark mit individuellen Merkmalen der Schüler-/innen zusammen (z. B. mit dem Geschlecht, der Leistungsfähigkeit und ähnlichen Merkmalen). Deutlichere Unterschiede gibt es in den schülergenerierten Dimensionen: Hier zeigen sich bei den zur Matura führenden Schulen deutlich höhere Werte in der *Kohäsion* der Klassen als zum Beispiel in der Polytechnischen Schule (PTS) oder in den Berufsbildenden Mittleren Schulen. Ebenso zeigen sich größere Unterschiede in der (Lern-)*Disziplin*: hier beschreiben die Berufs-schüler/innen die Situation in ihren Klassen erheblich lernorientierter als die Schüler/innen in den PTS.

(b) Unterschiede zwischen einzelnen Schulen und Klassen

Wie bereits angesprochen, bestehen Klima-Unterschiede nicht auf der Ebene der Schultypen, sondern auf der Ebene der einzelnen Schulen. In der Befindens-stichprobe sind Schulen in der Regel mit drei zufällig ausgewählten Klassen vertreten, sodass die zusammengefassten Klimawerte aus diesen drei Klassen vermutlich ein zuverlässiges Bild der Situation an der Schule ergeben.

In Abbildung 64 ist die Streuung für die beiden lehrerabhängigen Klima-dimensionen (*Schülerzentriertheit, Sozial- und Leistungsdruck*) auf Schulebene dargestellt.

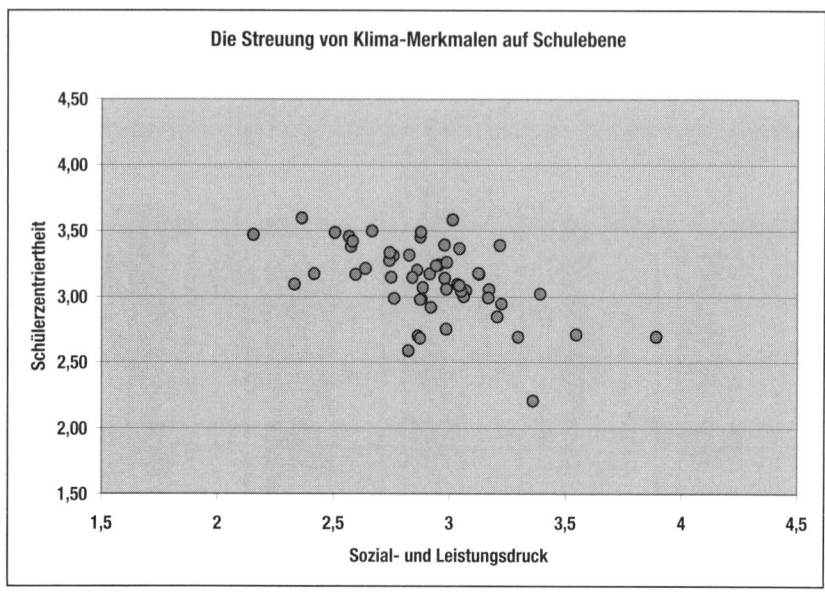

Abbildung 64: Die Streuung von Klima-Merkmalen auf Schulebene. Jeder kreis bedeutet die Lage einer Schule in einem Koordinatennetz aus Schülerzentriertheit und Sozial- und Leistungsdruck. Maximale Skalenwerte: 1 - 5.

Die durchschnittlichen Werte für *Schülerzentriertheit* streuen auf Schulebene zwischen 2,2 und 3,6, jene für *Sozial- und Leistungsdruck* zwischen 2,2 und 3,9. Zwischen den Schulen bestehen also enorme Unterschiede, die vermutlich auch für das Verhalten der Schüler/innen von Bedeutung sind.

Die gleichen Überlegungen gelten auch für die Ebene der einzelnen Klassen (vgl. Abbildung 65). Hier streuen die durchschnittlichen Werte für Schüler/-innen-zentriertheit zwischen 2,2 und 3,8; jene für Sozial- und Leistungsdruck zwischen 2,0 und 4,1. Dies sind letzten Endes Hinweise, dass innerhalb des Schulsystems extreme Unterschiede in den von den Schüler/innen wahrgenommenen Lernbedingungen in den Klassen bestehen.

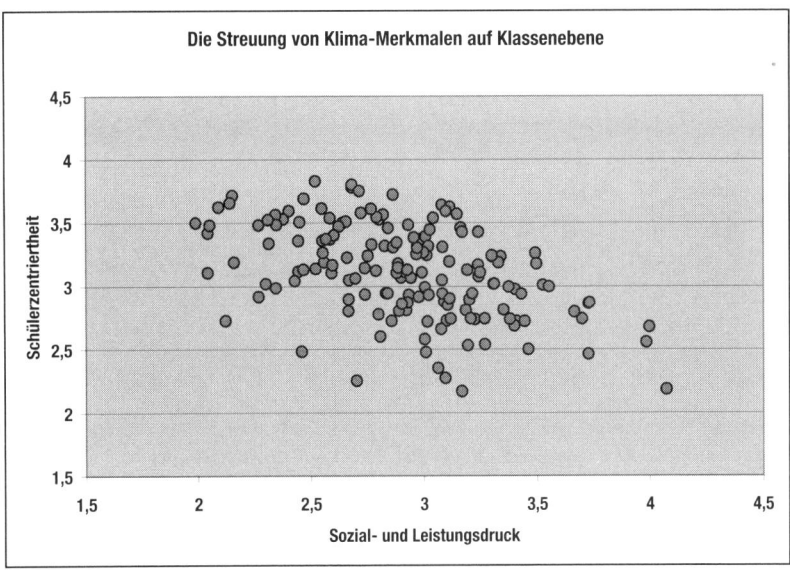

Abbildung 65: Die Streuung von Klima-Merkmalen auf Klassenebene. Jeder Punkt bedeutet die Lage einer Klasse in einem Koordinatennetz aus Schülerzentriertheit und Sozial- und Leistungsdruck. Maximale Skalenwerte: 1 - 5.

(c) Unterschiede nach Schulstufen und Geschlecht

Wie oben bereits dargestellt, sind theoretisch keine großen Unterschiede zu erwarten, weil sich in den vier Vergleichsjahren die Zusammensetzung der Klasse nur wenig verändert, und von den Schulen auch Stabilität bei den Lehrpersonen angestrebt wird. Unterschiede könnten in den unterschiedlichen Aufgaben und Erwartungen, die mit einzelnen Schulstufen verbunden werden, begründet sein (z. B. unterschiedliche Schwierigkeit der schulischen Anforderungen. Hinsichtlich des Geschlechts besteht kein systematischer Grund, Unterschiede zu erwarten.

Die Ergebnisse (vgl. Abbildung 66) zeigen konsistente, wenn auch nicht große, Geschlechtsunterschiede jeweils zu Gunsten der Mädchen, die im Wesentlichen auch über die Schulstufen hinweg erhalten bleiben. Systematische Veränderungen in Abhängigkeit von den Schulstufen lassen sich hingegen kaum feststellen: Am ehesten gilt, dass die Burschen mit zunehmender Schulstufe immer weniger Schülerzentriertheit berichten.

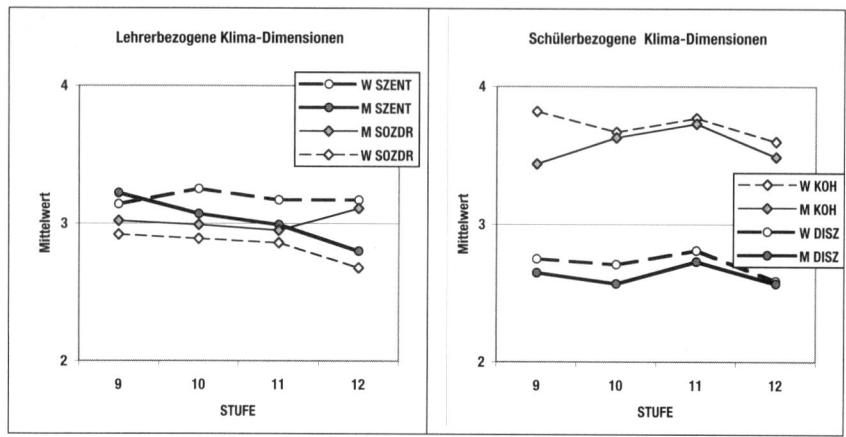

Abbildung 66: Veränderungen der Klima-Dimensionen auf den Schulstufen 9 - 12. SOZDR Sozial- und Leistungsdruck SZENT Schülerzentriertheit KOH Kohäsion DISZ Disziplin. M männlich W weiblich.

4.1.2.3 Veränderungen gegenüber 1994

Für die Darstellung von Unterschieden werden auch hier die auf Basis der Befindensuntersuchung 1994 entwickelten Normen des Klimafragebogens verwendet. Überall dort, wo die jetzigen Daten bedeutsame Abweichungen vom damals gefundenen Durchschnittswert (MW = 100) zeigen, lässt sich mit Recht argumentieren, dass es zu Veränderungen gekommen ist. Abbildung 67 zeigt die Ergebnisse dieses Epochenvergleichs, der sich auf jene Schultypen beschränkt, die auch 1994 in der Untersuchungsstichprobe vertreten waren (AHS-Oberstufe, BMS, BHS).

Generell zeigt sich bei jenen Klima-Aspekten, die sich auf die *Schulebene* beziehen, dass alle Merkmale – ausgenommen Strenge – eine etwas höhere Ausprägung haben als vor 11 Jahren. Der Zuwachs an wahrgenommener „Vielfalt" und „Wärme" erscheint auch von der Größenordnung her bedeutsam.

Auf *Klassenebene* finden wird eine spürbare Zunahme an Gerechtigkeit, eine geringe Zunahme an Pädagogischem Engagement der Lehrpersonen sowie einen merklichen Rückgang im Bereich der Kontrolle der Schülerarbeiten. Restriktivität und Komparation werden deutlich niedriger eingeschätzt als vor 11 Jahren, Mitsprache und Schüler/-innen beteiligung etwas höher.

Qualitätszuwächse im Bereich des Klimas betreffen damit vor allem das Klima auf Schulebene; wo bei Klima-Komponenten auf Klassenebene größere Veränderungen auftreten, sind sie nicht nur positiv zu bewerten (z.B. Rückgang der Kontrolle der Schüler/-innenarbeiten).

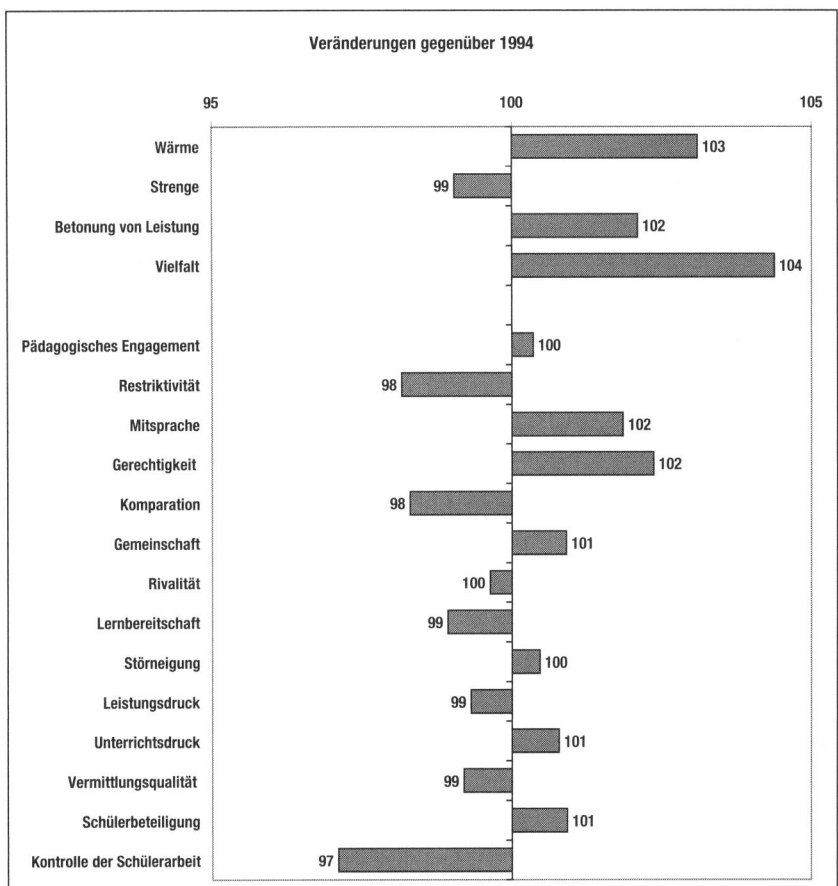

Abbildung 67: Veränderungen in den einzelnen Klima-Skalen gegenüber 1994. Stichprobe: AHS, BMS und BHS, gewichtete Werte.

Die in Abbildung 68 auf Basis der Klima-Dimensionen dargestellten Veränderungen gehen der Frage nach, ob es spezielle Entwicklungen in einzelnen Schultypen gibt. Unter der Annahme, dass bei der ersten Befindensuntersuchung keine substantiellen Schultypen-Unterschiede im Klima bestanden haben (vgl. Eder, 1995, S. 111) erscheint ein vorsichtige Interpretation der typenspezifischen Ausprägungen zulässig.

Als „Gewinner" gegenüber 1994 erweisen sich primär die Berufsbildenden Höheren Schulen (BHS). Hier zeigen sich ein Rückgang an Restriktivität und ein Zuwachs in den sozialen Beziehungen der Schüler/innen untereinander, die sich insgesamt in einer Erhöhung des Klima-Gesamtwerts um ca. 2 Punkte ausdrückt.

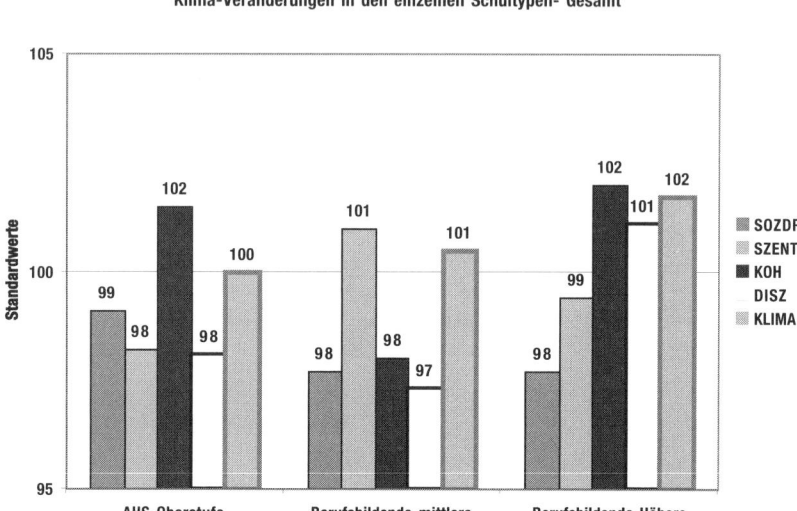

Abbildung 68: Dimensionale Klima-Veränderungen zwischen 1994 und 2005, differenziert nach Schultypen. SOZDR Sozial- und Leistungsdruck SZENT Schülerzentriertheit KOH Kohäsion DISZ Disziplin KLIMA Klima Gesamtwert.

Die Berufsbildenden Mittleren Schulen (BMS) profitieren von einem Zuwachs an Schülerzentriertheit und einem Rückgang an Sozial- und Leistungsdruck, in den Allgemeinbildenden Höheren Schulen (AHS) heben sich die Entwicklungen in den Einzeldimensionen wechselseitig auf.

4.2 Partizipation und Individualisierung im Unterricht

Zusätzlich zu den Qualitätsmerkmalen im Unterricht, die bereits im Zusammenhang mit der Erfassung des Klimas beschrieben wurden (Vermittlungsqualität, Schüler/-innenbeteiligung, Kontrolle der Schüler/-innenarbeit) wurden zwei Bereiche neu in die Untersuchung aufgenommen, die für die Weiterentwicklung von Schule und Unterricht von besonderer Bedeutung erscheinen: *Partizipation und Selbstorganisation*, sowie *Individualisierung und Ergebnisorientierung.* Partizipation und Selbstorganisation erscheinen wichtig im Hinblick auf die immer stärker betonte Notwendigkeit selbst organisierten Lernens als Basis einer über die Schule hinausgehenden Bereitschaft zum lebenslangen Lernen.

Individualisierung und Ergebnisorientierung stehen im Kontext der verstärkten Notwendigkeit zur Sicherung der Nachhaltigkeit des Lernens, die vor allem im Zusammenhang mit der Erreichung von Standards angesprochen wird. Tabelle 34 zeigt die Verteilung der Antworten, die zu diesen Bereichen gegeben wurden. Aus ihnen geht hervor, dass Mitsprache bei Entscheidungen, die sich auf Angelegenheiten der ganzen Klasse beziehen, sowie Mitwirkung bei Diskussionen gefördert und geschätzt wird; etwas niedriger ist die Zustimmung zu Fragen, bei denen es um Mitwirkung im Unterricht oder um selbst bestimmtes Lernen geht.

Tabelle 34: Partizipation und Individualisierung. Antwortverteilungen.

Partizipation und Selbstorganisation	1 stimmt nicht	2	3	4	5 stimmt genau	MW	SD
IND1 Bei uns holen die Lehrpersonen oft die Meinung der Schülerinnen und Schüler zu ihrem Unterricht ein	17	19	35	17	12	2,9	1,2
IND2 Wenn wir Vorschläge für den Unterricht machen, werden sie von den Lehrer/innen meistens berücksichtigt	13	22	31	22	11	3,0	1,2
IND3 In unserer Klasse setzen wir uns regelmäßig zusammen und sprechen über Angelegenheiten, die uns alle betreffen	37	23	17	11	11	2,4	1,4
IND4 Bei Diskussionen freuen sich unsere Lehrer/innen, wenn möglichst viele unterschiedliche Meinungen geäußert werden	15	12	26	23	23	3,3	1,3
IND5 Wenn in unserer Klasse eine Veranstaltung (Ausflug...) geplant wird, wird alles mit den Schüler/innen gemeinsam entschieden	20	14	20	19	27	3,2	1,5
IND6 Bei uns wird oft gesagt, dass man als Schüler/in noch zu jung oder zu unreif ist, um überall mitzureden (-)	45	21	18	9	7	2,1	1,3
IND7 Unsere Lehrer/innen halten es für wichtig, dass sich alle Schüler/innen an Entscheidungen in der Klasse beteiligen	9	14	29	23	24	3,4	1,3
IND8 Bei uns kommt es im Unterricht oft vor, dass Schüler/innen gemeinsam an etwas arbeiten	6	14	27	29	24	3,5	1,2
IND9 Oft können wir selbst bestimmen, was und wie wir lernen	33	25	22	12	8	2,4	1,3
IND10 Wenn man sich nicht auskennt, kann man auch während des Unterrichts zu einem Mitschüler/zu einer Mitschülerin gehen, um sich helfen zu lassen	38	21	17	12	12	2,4	1,4

(Fortsetzung Tabelle 34)	1 stimmt nicht	2	3	4	5 stimmt genau	MW	SD
Individualisierung und Ergebnisorientierung							
IND11 Schüler/innen, die schneller sind, bekommen zusätzliche Aufgaben	33	15	16	17	19	2,6	1,5
IND12 Bei uns bekommen bessere und schlechtere Schüler/innen oft verschiedene Aufgaben	63	14	10	6	7	1,7	1,2
IND13 Auch wenn jemand die Antwort nicht gleich weiß, lassen ihm/ihr die Lehrer/innen genügend Zeit zum Antworten	13	16	24	23	24	3,2	1,3
IND14 Unsere Lehrer/innen wissen genau über die Stärken und Schwächen jedes einzelnen Schülers/jeder einzelnen Schülerin Bescheid	9	13	27	27	25	3,4	1,3
IND15 Unsere Lehrer/innen kümmern sich besonders um die schwächeren Schüler/innen	16	21	30	19	14	2,9	1,3
IND16 Unsere Lehrer/innen überzeugen sich oft, ob wir den Stoff auch wirklich verstanden haben und können	9	14	26	27	25	3,4	1,3

Anmerkung: (-) Für Indikatorbildung nicht verwendet

In Hinblick auf Individualisierung gibt es die relativ höchste Zustimmung hinsichtlich der Kompetenz der Lehrpersonen, die Stärken und Schwächen der Schüler/innen richtig zu erkennen; mehr als die Hälfte der Befragten berichtet auch, dass sich die Lehrpersonen regelmäßig davon überzeugen, ob die Schüler/innen den Stoff verstanden haben. Dass hingegen Differenzierungsmaßnahmen gesetzt werden, wird nur selten berichtet.

Die Statements zu den beiden Bereichen wurden zu zwei Indikatoren zusammengefasst, deren Kennwerte in Tabelle 20 dargestellt sind. Sie weisen eine zufrieden stellende psychometrische Messqualität auf

Tabelle 35: Indikatoren für Partizipation und Individualisierung

	Stufe	N	Anzahl Items	Reichweite	MW	SD	Cronbachs Alpha
Partizipation und Selbstorganisation	4 - 12	2095	9	1 - 5	2,92	.74	.75
Individualisierung und Ergebnisorientierung	4 - 12	2147	6	1 - 5	2,85	.81	.70

Für beide Indikatoren liegen die Mittelwerte unter dem theoretisch zu erwartenden Wert von 3; dies bedeutet, dass mehr Schüler/innen ablehnende als zustimmende Antworten gegeben haben. Die folgenden Darstellungen zeigen, inwieweit in der Ausprägung dieser Merkmale Unterschiede nach Geschlecht, Schulstufen und Schultypen bestehen.

Wie Abbildung 69 zeigt, ist Partizipation und Selbstorganisation ein Merkmal, das sich während der Schulstufen nur geringfügig verändert – wir haben es hier tendenziell mit einer wannenförmigen Entwicklung zu tun –, und geringe Unterschiede zugunsten der Mädchen aufweist. Partizipation scheint auch im Hauptschulstrang etwas stärker verankert zu sein als im AHS-Strang.

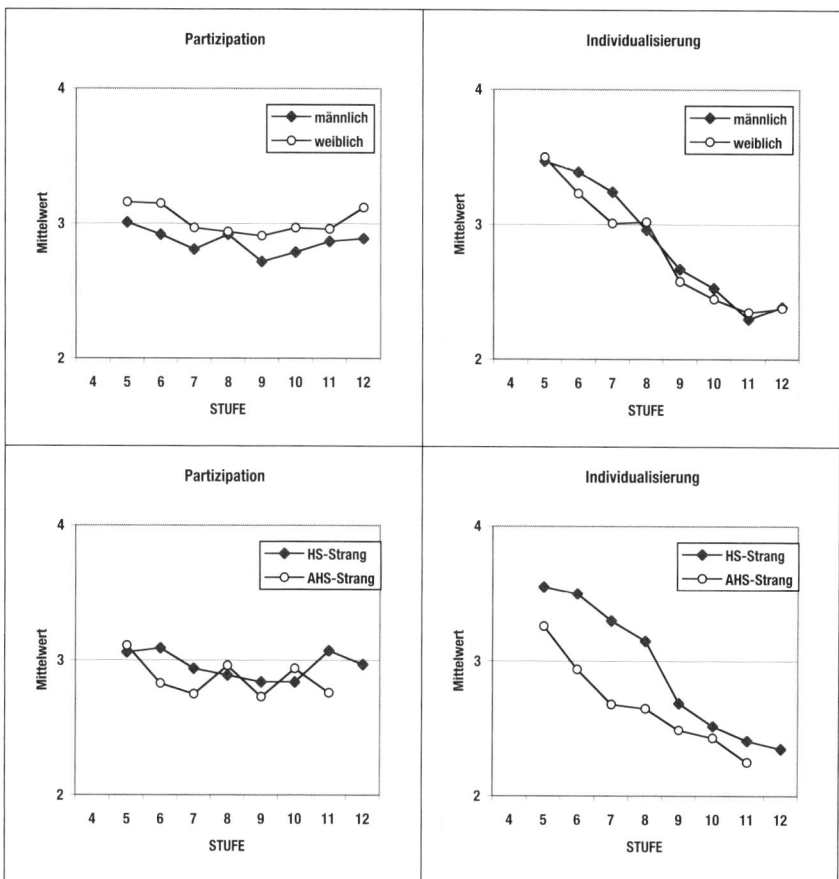

Abbildung 69: Partizipation und Individualisierung in Abhängigkeit von Geschlecht, Stufe und Schulstrang

Im Hinblick auf Individualisierung entsteht ein ganz anderes Bild: Hier handelt es sich offenbar um ein Merkmal, das in beiden Schulsträngen mit zunehmender Schullaufbahn massiv zurückgeht. Der Rückgang von der 4. bis zur 12. Stufe beträgt mehr als eine Standardabweichung, weist keine bedeutsamen Geschlechtsunterschiede auf, ist aber im Hauptschulstrang deutlich stärker ausgeprägt. Während der Schullaufbahn findet offenbar eine Entwicklung statt, in der der Unterricht zunehmend weniger auf die individuellen Voraussetzungen der Schüler/-innen abgestimmt wird und in der immer weniger Wert auf nachhaltige Ergebnisse gelegt wird. Individualisierung und Ergebnisorientierung als Prinzipien der Unterrichtsführung gehen also während der Sekundarstufe I und der Sekundarstufe II zunehmend verloren und bilden nach den vorliegenden Ergebnissen mit Sicherheit keine spezielle Qualität der mittleren und höheren Schulen.

Auf andere Weise zeigt dies auch die Aufgliederung nach Schultypen (vgl. Abbildung 70):

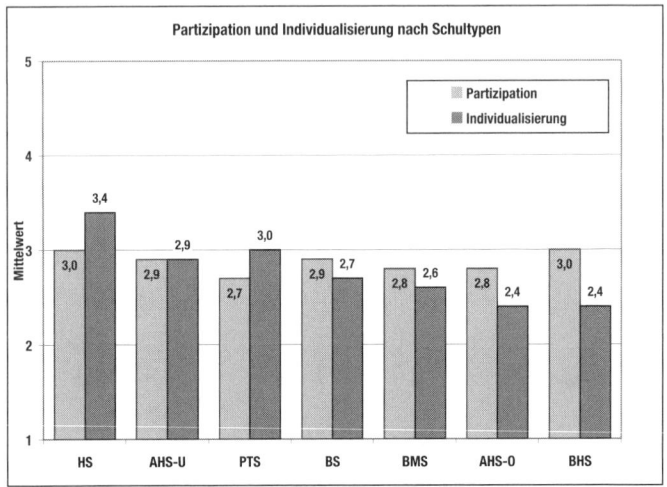

Abbildung 70: Partizipation und Individualisierung, aufgegliedert nach Schultypen.

Auffallend ist die vergleichsweise hohe Ausprägung von Partizipation in BHS, Hauptschule und Berufsschule, sowie das sehr niedrige Niveau an Individualisierung an den weiterführenden höheren Schulen.

5 Lebensbereich Familie

Für die meisten Kinder und Jugendlichen ist vermutlich die Familie der wichtigste Lebensbereich; vor allem für die jüngeren von ihnen bildet sie im Regelfall eine sichere soziale und emotionale Basis, von der aus sie die anderen Lebensbereiche zunehmend ausführlicher erkunden, zu der sie aber immer wieder auch zurückkehren können.

Die Bedeutung der Familie für die Schule liegt vor allem darin, dass sie das schulische Lernen unterstützt und fördert, sowohl durch Schaffung und Bereitstellung entsprechender äußerer Lernbedingungen, wie auch durch direkte Lernhilfe (Unterstützung bei Hausaufgaben und Lernen; Nachhilfe).

Zu den *äußeren Lernvoraussetzungen* zählt insbesondere die Beschaffung und Beistellung von Unterrichtsmaterial und die Vorsorge für den regelmäßigen Schulbesuch (der ohne die Unterstützung der Eltern in vielen Fällen nicht zustande kommen würde). Die *inneren Lernvoraussetzungen* beziehen sich vor allem auf die Aufrechterhaltung der Lernmotivation und die Bewältigung von Krisensituationen. Eltern müssen Kinder immer wieder davon überzeugen, dass Schule und Lernen wichtig sind und Vorrang vor anderen Aktivitäten haben müssen, sie versuchen sie mit Lob, Tadel und Strafen beim Lernen zu halten, verstärken bei Erfolg, trösten oder ermahnen bei Misserfolg, und bewältigen gemeinsam mit den Kindern Schulstress und Angst vor Schule und Lehrer/innen. Ihr indirekter Beitrag liegt in der Schaffung und Aufrechterhaltung der motivationalen Voraussetzungen für das Lernen in der Schule durch Verstärkung, Vermittlung von Arbeitshaltungen, Formulierung von Erwartungen, emotionale Unterstützung bei der Bewältigung von Frustrationen, usw.

Die Auffassungen zum Interaktionsverhältnis von Schule und Familie sind je nach Perspektive sehr unterschiedlich. Aus der Sicht von Schule und Lehrer/innen wird der Beitrag der Familie häufig defizitär gesehen: Mangelnde Lernunterstützung und Erziehungsschwäche des Elternhauses werden als Ursachen für geringe Lernerfolge des Kindes in der Schule vermutet, und häufig komme es zu einem Ausagieren häuslicher Probleme in der Schule, sei es, dass Kinder aus „Problemfamilien" übermäßige emotionale Zuwendung beanspruchen, oder dass familiäre Probleme in Form schulischer Disziplinstörungen ausagiert werden. Aus der Sicht der Eltern verlagert die Schule häufig die Verantwortung für den Lernerfolg der Kinder zurück in die Familien, sodass dort die Bewältigung der Schule zu einem zentralen, alle anderen Themen überlagernden und für alle belastenden Problem wird.

Im Folgenden wird die familiäre Umwelt als Lebensraum von Schülerinnen und Schülern beschrieben. Dazu werden sowohl strukturelle Merkmale als auch Merkmale der innerfamiliären Interaktionen (Prozessmerkmale) herangezogen, soweit sie in unmittelbarem oder mittelbarem Bezug zur Schule stehen.

Im Zusammenhang mit dem schulischen Befinden von Schülerinnen und Schülern erscheint vor allem interessant, in welchem Ausmaß Kinder und Jugendliche in der Familie Rückhalt finden, und wie Merkmale der familiären Umwelt Einfluss auf das schulische Verhalten und Befinden haben.

5.1 Strukturelle Merkmale der Familien

5.1.1 Gesamtcharakteristik

Die Familie als Institution befindet sich in einem *tiefgreifenden Wandel*. Während früher der Verlauf einer Paarbeziehung idealtypisch in drei Stufen erfolgte (Kennen lernen – längere Freundschaft – Heirat), ist für die jetzige Generation eher ein Vierschritt charakteristisch (Kennen lernen – längere Freundschaft – Partnerschaft – Heirat), wobei der letzte Schritt – wenn überhaupt – erst dann erfolgt, wenn ausdrücklich ein Kind gewünscht wird. Der Status einer Familie ist also nicht mehr unmittelbar an die Ehe gebunden, sondern wird auch durch andere Formen des Zusammenlebens de facto realisiert. Vor diesem Hintergrund erscheint es auch nicht mehr sinnvoll, „Familie" über die Ehe zu definieren; man sollte heute eher dann von Familie sprechen, wenn Menschen über eine Generation hinweg dauerhafte Verantwortung für andere übernehmen.

Insgesamt werden die Familien *tendenziell kleiner*, und zwar durch Abnahme der durchschnittlichen Kinderanzahl, Wegfall eines Elternteils und Entfall der dritten Generation. Den Extremfall bildet die „Bohnenstangenfamilie" (Rosenmayr), in der jede Generation mit nur einem Mitglied vertreten ist (z. B. alleinerziehende Mutter, die bei ihrer Mutter lebt). Trennung der Eltern bzw. Unterbleiben einer Heirat führen zusätzlich dazu, dass immer mehr Kinder in anderen Familienformen aufwachsen als in der traditionellen Kernfamilie mit Mutter, Vater und Kindern.

Als strukturelle Merkmale der Familie werden hier Form, Generationenzusammensetzung und Nationalität der Familien im Zusammenhang mit den Schultypen dargestellt.

Tabelle 36 enthält eine Übersicht, aus welchem familiären Formen die Schülerinnen und Schüler derzeit kommen.

Tabelle 36: Familienform, Generationenzusammensetzung und Nationalität

Familienform	%	Generationen-zusammensetzung	%	Nationalität	%
Einkindkernfamilie	7	Zwei Generationen	76	beide Eltern in Österreich geboren	80
Mehrkindkernfamilie	68	Drei Generationen	24	ein Elternteil in Österreich geboren	8
Stieffamilie	5			beide Eltern nicht in Österreich geboren	12
Einelternfamilie	17				
Sonstige	3				
Total	7364		7386		7148

Anmerkung: Gewichtete Prozentwerte.

Ziemlich genau zwei Drittel der befragten Schüler/innen leben in Kernfamilien mit mehr als einem Kind, ca. 8% in Einkindkernfamilien. Etwa 17% leben mit nur einem Elternteil zusammen. 22 % geben an, dass ein Großelternteil ebenfalls in der Familie wohnt.

Bildungs- und familienpolitisch ist hier vor allem die Frage von Interesse, ob es im Zusammenhang mit der Wahl von Schullaufbahnen bzw. Schultypen zu Selektionsprozessen kommt, die mit den strukturellen Merkmalen der Familie zusammenhängen. Tabelle 37 zeigt die Unterschiede hinsichtlich der Familienformen.

Tabelle 37: Familienform und Schultypen

SCHULTYP	Volksschule	Hauptschule	AHS-Unterstufe	Polytech-nische Schule	Berufs-schule	BMS	AHS-Oberstufe	BHS
Einkindkernfamilie	13	7	10	8	6	6	10	7
Mehrkindkern-familie	61	71	64	59	63	72	64	73
Stieffamilie	4	5	5	10	6	4	4	4
Einelternfamilie	21	16	19	22	16	15	20	13
Sonstige	1	2	2	0	10	3	1	2
Total	700	2141	962	176	1018	614	665	1087

Anmerkung: Eingetragen sind Spaltenprozente. Gewichtete Prozentwerte.

Interpretierbare Unterschiede zeigen sich auf der Sekundarstufe I: Einkindkernfamilien finden sich tendenziell eher in der AHS, ebenso Einelternfamilien, dafür sind Kinder aus Mehrkindfamilien stärker in der Hauptschule vertreten. Bei den höheren Schulen gibt es eine Fortsetzung dieses Trends: Kinder aus Mehrkindfamilien sind eher in den Berufsbildenden höheren Schulen, Einzelkinder und jene aus Einelternfamilien eher in der AHS-Oberstufe. Am häufigsten finden sich Kinder aus „vollständigen" Familien (Ein- und Mehrkindkernfamilien) in den BHS (80%), am wenigsten in den PTS (67%).

Ungleichverteilungen im Bildungssystem ergeben sich auch hinsichtlich der Nationalität der Familien. Aus Tabelle 38 geht der Verlauf des Anpassungsprozesses ausländischer Familien deutlich hervor.

Kinder, deren Eltern *beide* im Ausland geboren sind, sind in der Hauptschule und in der PTS überproportional vertreten, Kinder mit *einem* ausländischen Elternteil in der Unterstufe und auch in der Oberstufe der AHS. Vermutlich spiegelt sich in diesem Verhalten nicht nur die höhere Attraktivität des Gymnasiums, sondern auch die schulische Tüchtigkeit dieser Kinder, die in vielen Fällen der Schulbildung einen höheren Wert zuschreiben als Inländerkinder, und daher auch mehr Arbeit und Anstrengung investieren. Die höchsten Anteile an Schüler/innen, deren Eltern beide in Österreich geboren sind, finden sich in den BHS und den BMS.

Tabelle 38: Nationale Herkunft und Schultyp

Nationalität	Volks-schule	Haupt-schule	AHS-Unterstufe	Polytech-nische Schule	Berufs-schule	BMS	AHS-Oberstufe	BHS
beide Eltern in Österreich geboren	70	78	77	78	84	88	79	86
ein Elternteil in	12	6	14	6	6	4	11	5

Österreich geboren beide Eltern nicht in Österreich geboren	18	16	9	16	11	8	10	9
N=	659	2055	947	174	996	597	656	1064

Anmerkung: Gewichtete Prozentwerte.

Für die Erfassung des *Bildungsstatus* der Eltern wurden die Schüler/innen gebeten, das Schulbildungsniveau von Vater und Mutter anzugeben. Tabelle 39 enthält eine Darstellung dieser Angaben für die gesamte Stichprobe, getrennt nach Elternteilen.

Tabelle 39: Bildungsniveau der Eltern

	alle Angaben		ohne „weiß nicht" und ausländische Eltern		AHS	BHS
	Mutter	Vater	Mutter	Vater	Vater	Vater
Pflichtschule	9	6	14	10	3	6
Berufsschule oder BMS	36	37	54	57	33	55
Matura	12	10	17	15	14	15
Studium an Universität	10	12	15	18	39	12
nicht in Österreich in die Schule gegangen	6	5			5	3
ich weiß es nicht	27	30			7	8
Total		7629	5116	4959	671	1102

Anmerkung: Gewichtete Daten

Wegen der großen Anzahl fehlender Daten – in der Volksschule wissen etwa zwei Drittel der Kinder nicht über die Schulbildung ihrer Eltern Bescheid, in der Hauptschule ca. 40% – sind diese Angaben mit extrem großen Vorbehalten zu betrachten. Ledlglich in den höheren Schulen – mit etwa 7% fehlenden Angaben – besteht vermutlich eine akzeptable Genauigkeit der Einschätzung. Zur Illustration hinsichtlich der Unterschiede im Bildungshintergrund der Schüler/innen sind daher die Angaben zur Schulbildung der Väter in den Höheren Schulen zusätzlich in die Tabelle aufgenommen. Die beiden Schultypen unterscheiden sich in ihrem Bildungshintergrund extrem: Während an der AHS-Oberstufe Väter mit Studium mit einem Anteil von etwa 40% bereits die größte Gruppe sind, beträgt dieser Anteil in den BHS lediglich 12%.

Auch hinsichtlich der Berufstätigkeit der Mutter bestehen systematische Zusammenhänge mit der in der Sekundarstufe I besuchten Schule (vgl. Tabelle 40), allerdings fehlt eine schlüssige theoretische Erklärung.

Tabelle 40: Berufstätigkeit der Mutter, nach Schultypen

	Gesamt	Volks-schule	Haupt-schule	AHS-Unter-stufe	PTS	Berufs-schule	BMS	AHS-Ober-stufe	BHS
geht nicht arbeiten	19	17	22	13	21	22	19	16	18
einige Stunden in der Woche	8	8	9	10	7	7	5	8	9
einige Stunden am Tag	11	22	12	15	9	6	7	8	6

den halben Tag	33	32	30	42	40	27	31	38	32
den ganzen Tag	29	21	25	20	24	38	37	29	34
N=	6835	605	1946	907	171	944	583	636	1043

Mütter von Gymnasiast/innen sind im Schnitt häufiger berufstätig als die Mütter von Hauptschüler/innen; sie tendieren dabei stärker zu stundenweiser und halbtägiger Beschäftigung. Mütter von Gynasiast/innen sind in der Gruppe der ganztägig berufstätigen Frauen unterrepräsentiert; vielleicht ein Hinweis, dass nicht immer primär die Erwerbstätigkeit bzw. der ökonomische Druck für die Tätigkeit ausschlaggebend ist, sondern dass Aspekte wie die Sicherung der finanziellen Selbstständigkeit, die Aufrechterhaltung der Kontakte in der Berufswelt, die Fortführung der eigenen Berufslaufbahn und -entwicklung ebenso eine Rolle spielen könnten.

Mütter von Hauptschüler/innen weisen im Vergleich zu Müttern von AHS-Schüler/innen der Unterstufe im Bereich der Vollbeschäftigung eine höhere Quote auf; zugleich gehen 22% der Mütter von Hauptschüler/innen keiner Erwerbsarbeit nach. Der Übertritt eines Kindes in die Berufsschule, in eine berufsbildende mittlere Schule oder in eine Höhere Schule bedeutet offenbar eine Chance für den (Wieder-) eintritt in eine halb- oder ganztägige Berufstätigkeit: Hier steigt die Anzahl der Mütter, die ganz- oder halbtägig berufstätig sind auf etwa zwei Drittel an.

5.2 Innerfamiliäre Prozesse

Hinsichtlich der innerfamiliären Prozesse wurde versucht, die Qualität der erzieherischen Interaktionen, vor allem mit Blickpunkt auf die Schule, zu erfassen, sowie darüber hinaus Anhaltspunkte für den Umgang der Eltern mit der Schule bzw. deren Stellenwert in der Familie zu gewinnen.

5.2.1 Der Stellenwert der Schule

Als Hinweis für den Stellenwert der Schule wurde die Häufigkeit von schulbezogenen Gesprächen und Aktivitäten in der Familie und die Anzahl der Kontakte mit der Schule herangezogen. In Abbildung 71 sind die Antworten zu einigen innerfamiliären Aktivitäten graphisch dargestellt.

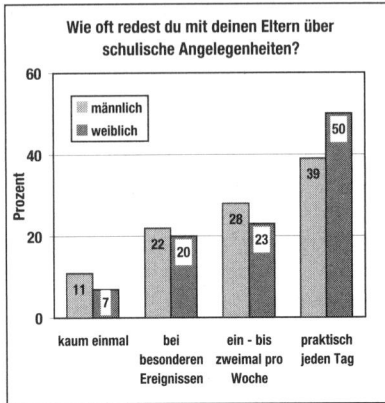 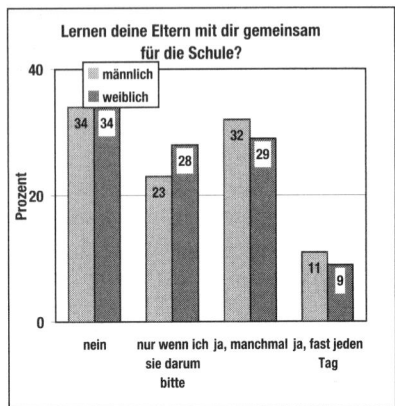

Abbildung 71: Schulbezogenen Aktivitäten in der Familie, getrennt nach Geschlechtern.

Bei annähernd 50% der Mädchen und etwa 40% der Burschen ist die Schule praktisch tägliches Gesprächsthema in der Familie; bei einem Drittel der Burschen und etwa 27% der Mädchen wird nur bei besonderen Ereignissen oder praktisch überhaupt nicht über die Schule gesprochen. Mit ca. 10% der Kinder lernen die Eltern „fast jeden Tag", weitere 30% lernen „manchmal" mit ihren Eltern, jedoch dürfte sich dies mit dem Alter der Kinder sehr verändern.

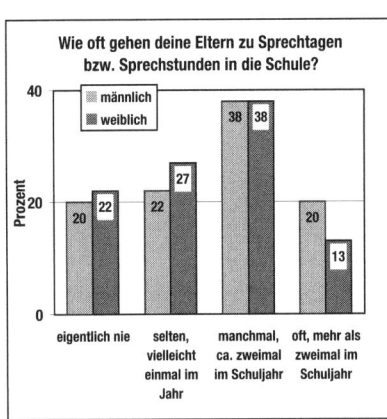 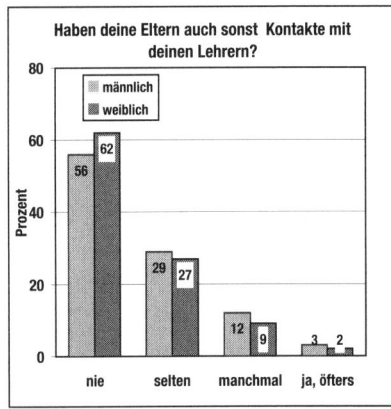

Abbildung 72: Elternkontakte mit der Schule, getrennt nach Geschlechtern.

Etwas mehr als ein Fünftel der Eltern geht eigentlich nie zu Sprechtagen und Sprechstunden; gleichzeitig nützen 20% der Eltern von Burschen und 13% von Mädchen diese Kontaktmöglichkeiten mehr als zweimal im Jahr. Regelmäßige sonstige Kontakte mit Lehrer/innen haben nur ganz wenige.

Es ist anzunehmen, dass die hier erfragten schulbezogenen Aktivitäten der Eltern stark von den Schulleistungen und der Schulbewältigungskompetenz ihres

Kindes bestimmt sind, und ein niedriges Niveau von Schulkontakten nicht unbedingt ein Ausdruck von Desinteresse an der Schule sein muss. Ebenso spielt das Alter des Kindes eine wichtige Rolle. Grundsätzlich spiegelt sich in diesen Aktivitäten jedoch so etwas wie die Anteilnahme und Verbundenheit der Eltern mit dem schulischen Leben ihres Kindes.

Wie in Abbildung 73 dargestellt, gibt es bei allen Merkmalen einen markanten Rückgang mit ansteigender Schulstufe. Am wenigsten davon betroffen ist das Reden über die Schule. Hier fällt vor allem auf, dass bei den Schüler/innen im AHS-Strang öfter über die Schule geredet wird, diese also offensichtlich einen höheren Stellenwert hat.

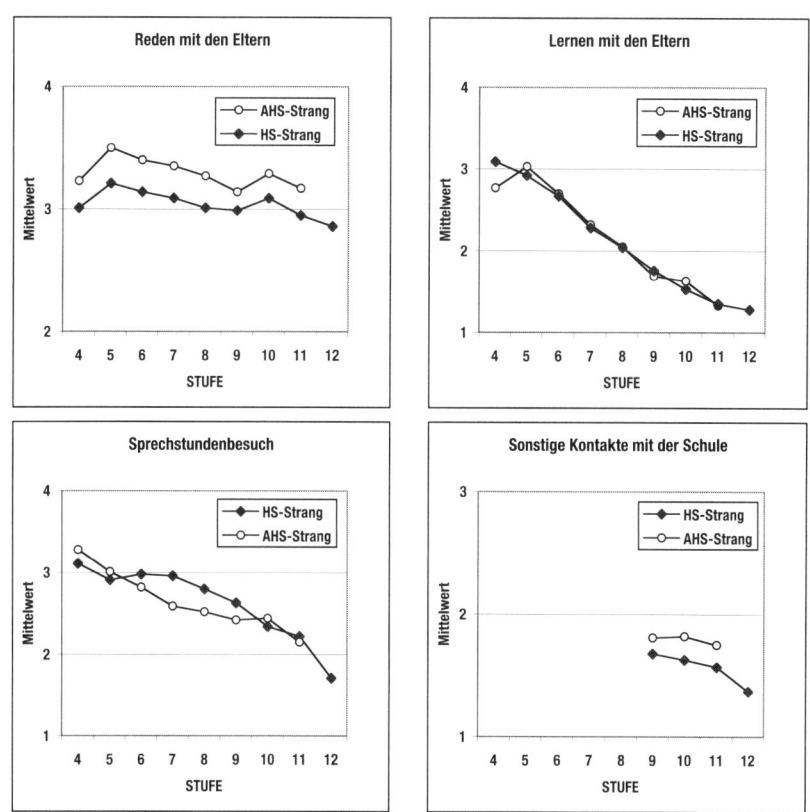

Abbildung 73: Schulbezogene Aktivitäten Eltern nach Schulsträngen.

Anmerkungen: Für die Berechnung wurden den Antwortalternativen die Ausprägungen 1 (niedrig) und 4 (hoch) zugeordnet und dann die Durchschnittswerte berechnet.

Das Lernen mit den Eltern geht drastisch zurück, was wohl auch darin seinen Grund hat, dass die Eltern von Schüler/innen höherer Schulstufen vielleicht nicht mehr in der Lage sind, den Schulstoff angemessen zu repräsentieren. Auch die Kontakte mit der Schule im Rahmen von Sprechtagen und Sprechstunden werden kontinuierlich weniger, wobei es hier den Anschein hat, dass diese im Hauptschulstrang von der 6. bis zur 9. Schulstufe häufiger wahrgenommen werden als im AHS-Strang. Ebenfalls ein Rückgang zeigt sich bei dem nur in der Oberstufe erhobenen Merkmal sonstiger Kontakte mit der Schule.

5.2.2 Erziehungsstil

5.2.2.1 Die Erfassung des Erziehungsstils

Zur Erfassung des *Erziehungsstils* wurde die Skala zum Elterlichen Erziehungsverhalten von Stangl (1981), in der eine Zuwendungs- und eine Kontrolldimension erfasst wird, um Aspekte des „Monitoring" (aus Kracke, Noack, Hofer & Klein-Allermann, 1993) und eine Skala „Forderung von Leistung" erweitert. „Monitoring" beschreibt eine Qualität des erzieherischen Verhaltens, in der es weniger darum geht, ein Kind oder einen Jugendlichen unter restriktiver Kontrolle zu halten, sondern über Aktivitäten des Kindes ständig auf dem Laufenden zu bleiben, um daran Anteil zu haben und notfalls auch lenkend oder fördernd eingreifen zu können.

Auf diese Weise entstand ein Verfahren zur Erfassung des schulbezogenen Erziehungsverhaltens, das aus 18 Items besteht. Diese wurden den Schüler/innen der oberen Schulstufen vollständig vorgegeben, für die unteren Schulstufen um 6 Items gekürzt. Tabelle 41 gibt einen Überblick über die verwendeten Items.

Zuwendung erfasst das Ausmaß, in dem sich ein Kind von den Eltern (vorbehaltlos) unterstützt fühlt. Das bedeutet vor allem, dass die Eltern Zeit haben, im Konfliktfall auf Seite des Kindes stehen, es ernst nehmen und auch emotional an seinem Leben Anteil nehmen.

Auffallend ist zunächst, dass alle Items außerordentlich hohe Zustimmung im positiven Sinne finden. Das heißt, dass sich der Großteil der Schülerinnen und Schüler von den Eltern angenommen fühlt. Am wenigsten sicher sind die Schüler-/innen, bei Konflikten mit Lehrer/innen Unterstützung bei den Eltern zu finden (22% haben daran ihre Zweifel) und von den Eltern ernst genommen zu werden (19%).

Schulbezogenes Monitoring äußert sich in regelmäßigen Versuchen, sich über die schulischen Aktivitäten des Kindes auf dem Laufenden zu halten, an seinen Schulerfahrungen auch inhaltlich Anteil zu nehmen und sich über die außerschulischen Aktivitäten zu informieren. Die Antwortverteilungen dokumentieren das große Interesse, das die Eltern dem schulischen Leben entgegenbringen; über drei Viertel der Befragten schreiben ihren Eltern dieses Interesse zu. Deutlich niedriger ist die Zustimmung allerdings, wenn es nicht um Interesse, sondern um tatsächliche Informiertheit der Eltern über die Tätigkeiten der Kinder oder um Kontrolle der Arbeiten für die Schule geht.

Tabelle 41: Erziehungsstil der Eltern. Antwortverteilungen

	1 stimmt gar nicht	2 stimmt etwas	3 stimmt ziemlich	4 stimmt genau	MW	SD
Zuwendung						
Es ist oft schwierig, mit meinen Eltern ein persönliches Gespräch zu führen (-)	54	24	13	9	1,76	0,98
Meine Eltern haben meist nur wenig Zeit für mich (-)	63	24	8	5	1,55	0,84
Meine Eltern bemühen sich, mir Mut zu machen, wenn mir etwas schwer fällt	6	15	27	52	3,25	0,92
Wenn ich mit Lehrer/innen Schwierigkeiten habe, halten meine Eltern auf jeden Fall zu mir (O)	4	18	36	41	3,14	0,86
Meine Eltern freuen sich mit mir, wenn ich eine gute Schularbeit nach Hause bringe	2	5	12	81	3,73	0,63
Meine Eltern nehmen ernst, was ich sage (O)	4	15	35	46	3,24	0,84
Monitoring						
Meine Eltern kontrollieren genau, was ich für die Schule tue	31	31	22	16	2,23	1,06
Meine Eltern interessieren sich immer dafür, wo ich bin und was ich tue	5	17	34	45	3,18	0,88
Ich unterhalte mich mit meinen Eltern öfters über das, was ich in der Schule gehört oder gelernt habe	15	31	29	24	2,62	1,02
Meine Eltern erkundigen sich oft, was wir in der Schule gerade machen	21	30	26	24	2,52	1,07
Meine Eltern wissen genau, was ich nachmittags nach der Schule mache	21	28	24	27	2,57	1,10
Meine Eltern kennen meine Freunde	5	14	26	56	3,31	0,90
Leistungsforderung						
Meine Eltern interessiert es sehr, wie es mir in der Schule geht (O)	5	19	33	43	3,14	0,89
Meine Eltern drängen mich oft, mehr für die Schule zu arbeiten (O)	30	31	23	17	2,27	1,06
Wenn ich eine Schularbeit verpatzt habe, brauche ich vor meinen Eltern keine Angst zu haben (O) (-)	7	12	21	60	3,34	0,94
Meinen Eltern ist es sehr wichtig, dass ich viel für die Schule arbeite und gute Noten bekomme	5	19	36	39	3,10	0,88
Solange ich keine Klasse wiederholen muss, ist es meinen Eltern eigentlich egal, wie viel ich lerne (-)	49	23	15	14	1,93	1,09
Meine Eltern möchten, dass ich zu den Besten in der Klasse gehöre (O)	41	31	17	10	1,98	1,00

Anmerkungen: Eingetragen sind Prozentwerte sowie Mittelwerte und Streuungen. O nur in der Oberstufe (ab 9. Stufe); (-) Für Indikatorbildung umgepolt.

Leistungsforderung erfasst eine von den betroffenen Kindern wahrgenommene hohe Bewertung schulischer Leistungen durch die Eltern sowie deren geäußerte Erwartung nach guten Leistungen der Kinder. An der Spitze der Häufigkeiten liegt, dass es den Eltern sehr wichtig ist, dass die Kinder gute Leistungen bringen, und sie daher die Kinder oft drängen, mehr für die Schule zu tun, um zu den Besten in der Klasse zu gehören. Umgekehrt stimmen aber auch ca. ein Drittel der Befragten der Aussage zu, dass den Eltern ihre Leistungen eigentlich egal sind, solange sie nicht repetieren müssen.

Aus den Angaben zum Erziehungsverhalten der Eltern wurden drei Indikatoren gebildet, deren Messqualität – abgesehen vom schulbezogenen Monitoring – allerdings relativ niedrig ist. Ein Grund dafür dürfte darin zu suchen sein, dass es ein *einheitliches Elternverhalten* wohl nur in den wenigsten Fällen gibt. Häufiger dürfte es sein, dass sich die beiden Elternteile in der Erziehung und im Umgang mit den Kindern unterschiedlich verhalten, was beim Ausfüllen eines Fragebogens, in dem auf beide Elternteile Bezug genommen wird, zu einer Senkung der Messgenauigkeit führen muss.

Tabelle 42: Indikatoren für elterlichen Erziehungsstil

	Stufe	N=	Anzahl items	Reichwe ite	MW	SD	Cronbach s Alpha
Zuwendung	4 - 12	4279	5	1 - 4	3.42	.52	.66
Monitoring	4 - 12	4461	6	1 - 4	2.73	.65	.72
Leistungsforderung	4 - 12	2258	6	1 - 4	2.47	.52	.53

Wie aus den Mittelwerten in Tabelle 20 ablesbar, weisen Monitoring und Leistungsforderung eine mittlere Ausprägung auf, während der Indikator für Zuwendung mit einem Mittelwert von 3.42 darauf verweist, dass sich der Großteil der Schüler/innen von ihren Eltern in einem hohen Ausmaß akzeptiert fühlt.

5.2.2.2 Erziehungsstil in Abhängigkeit von Geschlecht und Schulstrang

Das Erziehungsverhalten der Eltern ändert sich vermutlich in Abhängigkeit von den Erfahrungen, die sie mit ihren Kindern machen. Dazu zählt insbesondere, dass die Kinder älter werden, mit den schulischen Anforderungen unterschiedlich zurechtkommen, und auch, dass es Prozesse des Aushandelns zwischen Eltern und Kindern gibt, nach denen sich dann die Eltern ausrichten. Aufgrund der Altersentwicklung wäre jedenfalls zu erwarten, dass sich das Ausmaß der täglichen Kontrolle mit ansteigenden Schulstufen verringert. Auch die Erwartung, dass die Kinder zunehmend selbständiger werden, sollte sich in einem verringerten „Monitoring" von Seiten der Eltern ausdrücken. Kein alters- oder schulbedingter Rückgang sollte sich hingegen in der Dimension „Zuwendung" und letzten Endes auch bei der „Leistungsforderung" zeigen – vor allem die elterliche Zuwendung sollte eigentlich ganz unabhängig von den jeweiligen Situationsbedingungen sein. In Abbildung 74 ist der Verlauf der Dimension „Monitoring" in Abhängigkeit von Schulstrang und Schulstufe dargestellt.

Wie erwartet, zeigt sich ein weitgehend kontinuierlicher Rückgang, der bei den Burschen fast eineinhalb Standardeinheiten beträgt, bei den Mädchen etwas weniger. Insgesamt erfahren die Mädchen etwas mehr Aufsicht und Kontrolle von Seiten der Eltern, jedoch sind die Unterschiede nicht sehr ausgeprägt. Zwischen den verschiedenen Schulsträngen bestehen praktisch keine Unterschiede.

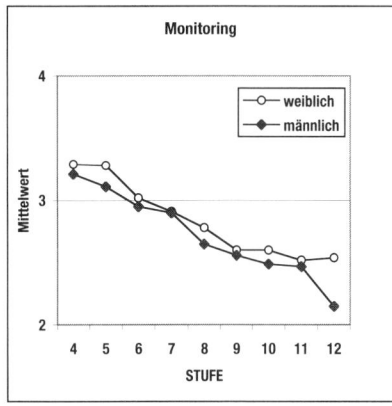
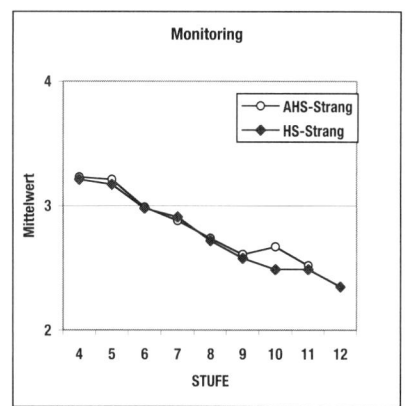

Abbildung 74: „Monitoring" im Schulstufenverlauf

Anmerkungen: Eingetragen ist der Mittelwert des Indikators „Monitoring" (Reichweite 1 - 4).

In analoger Weise zeigt Abbildung 75 die Ausprägung der Dimension „Zuwendung" in Abhängigkeit von Geschlecht und Schulstufe. Hier zeigt sich erwartungsgemäß, dass die Stufenveränderungen sehr gering sind. Es gibt zwar einen leichten Rückgang, der vor allem in der Sekundarstufe I erfolgt, im Anschluss daran zeigt sich jedoch eine Stabilisierung der Eltern-Kind-Beziehung. Schüler/innen im AHS-Strang berichten in der Sekundarstufe I etwas mehr Zuwendung von Seiten ihrer Eltern als die Schüler/innen im HS-Strang.

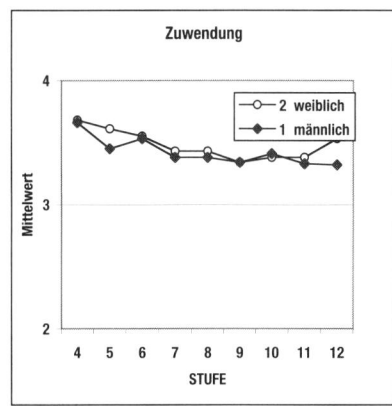
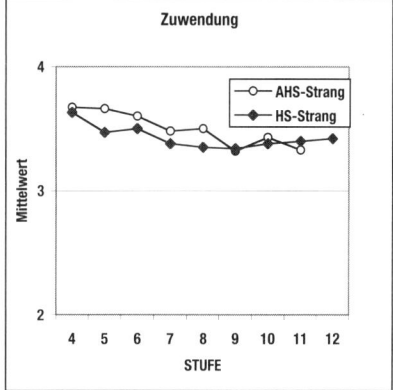

Abbildung 75: „Zuwendung" im Schulstufenverlauf

Das Ausmaß an Leistungsforderung (vgl. Abbildung 76) variiert hingegen deutlich in Abhängigkeit von der Schulstufe (9 - 12): Die ohnehin nicht hoch ausgeprägten

Leistungserwartungen der Eltern verringern sich noch zusätzlich im Laufe der Schuljahre.

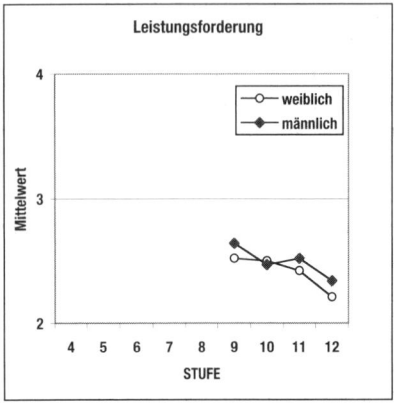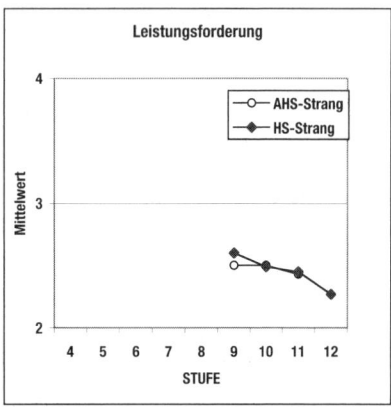

Abbildung 76: „Leistungsforderung" im Schulstufenverlauf

5.2.2.3 Erziehungsstilmerkmale, differenziert nach Schultypen

Gibt es systematische Unterschiede hinsichtlich des erlebten Erziehungsstils zwischen den Schüler/innen verschiedener Schultypen? Unabhängig von der Schulstufe wäre jedenfalls zu erwarten, dass sich aufgrund der festgestellten Geschlechtsunterschiede und Stufentendenzen zumindest vereinzelt Unterschiede zwischen den Schultypen zeigen. Die Ergebnisse sind in Abbildung 77 dargestellt.

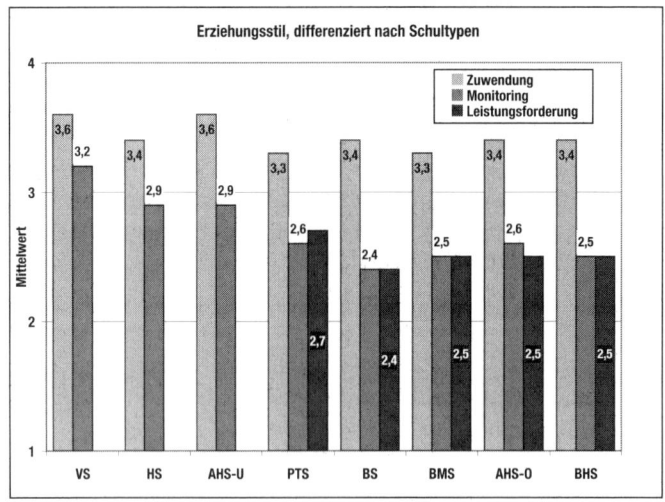

Abbildung 77: Erziehungsstilmerkmale, differenziert nach Schultypen

Insgesamt zeigen sich keine sehr großen Unterschiede; es fällt jedoch auf, dass die höherwertigen Schultypen (AHS, BHS) offenbar im Durchschnitt Schüler/innen haben, die von ihren Eltern etwas mehr Zuwendung erfahren als jene in den anderen Schultypen. Aufschlussreich ist hier einerseits die Gegenüberstellung von AHS-Unterstufe und Hauptschule, sowie die absolut niedrigste Ausprägung von „Zuwendung" in den Polytechnischen Schulen bzw. den Berufsbildenden mittleren Schulen. Die Schülerströme im Bildungssystem hängen offenbar auch davon ab, wie viel Zuwendung die Kinder von ihren Eltern erfahren.

5.3 Veränderungen gegenüber 1994

In den strukturellen Merkmalen der Familien lassen sich einige systematische Veränderungen feststellen: Die Anzahl der Ein-Eltern-Familien hat zugenommen, ebenso die Anzahl der Schüler/innen, deren Eltern nicht (beide) in Österreich geboren sind. Die genauen Prozentzahlen sind jedoch wegen der relativ großen Anzahl der Schüler/innen, die keine Angaben gemacht haben, mit Vorbehalt zu sehen.

Hinsichtlich der Aufteilung nach Schultypen gibt es ausgleichende Entwicklungen: Die frühere Ungleichverteilung, nach der Kinder aus Ein-Eltern-Familien sowie Stiefkinder überwiegend in der Hauptschule anzutreffen waren, ist nicht mehr feststellbar. Schüler/innen mit Migrationshintergrund bei nur einem Elternteil finden sich deutlich stärker in der AHS (und weniger in der Hauptschule bzw. den Berufsbildenden mittleren oder höheren Schulen); Kinder mit Migrationshintergrund bei beiden Elternteilen sind bevorzugt in der Hauptschule.

Die wohl größte Veränderung findet sich bei der Berufstätigkeit der Eltern: Der Anteil der Mtter, die halb- oder ganztägig berufstätig sind, hat von 29% auf 62% zugenommen (wobei hier allerdings auch die 1994 nicht erfassten Berufsschulen mitgerechnet sind).

Hinsichtlich der innerfamiliären Prozesse lässt sich vor allem feststellen, dass im Vergleich zu 1994 vor allem das Ausmaß der Lernunterstützung zugenommen hat (vgl. Eder, 1995, S119). Der Anteil der Eltern, die „nie" mit ihren Kindern lernen, ist deutlich gesunken, der Anteil jener, die „fast jeden Tag" mit den Kindern lernen, ist deutlich gestiegen. Ebenfalls zugenommen hat die Nutzung der Elternsprechtage bzw. Sprechstunden. Tendenziell verkleinert hat sich der früher ausgeprägte Unterschied in der elterlichen Zuwendung zwischen Schüler/innen im Hauptschulstrang und in AHS-Strang.

6 Freizeit und Peergruppe

In diesem Abschnitt werden in kurzer Form Freizeitaktivitäten und Peergruppen-beziehungen der Schüler/innen dargestellt. Die Darstellung dient dazu, einen Überblick über die Art und das Ausmaß der Freizeitaktivitäten der Kinder und Jugendlichen zu geben; diese sind ja in vieler Hinsicht komplementär zu den schulischen Tätigkeiten.

„Freizeit" wird häufig in einer Art Subtraktionsverfahren als jene Zeit definiert, die übrig bleibt, wenn die verpflichtende „Arbeit" getan und die körperlichen Notwendigkeiten (Schlafen, Essen, Pflege) befriedigt sind. Aber bereits für Schulkinder wird ein solches Verständnis der Komplexität der Verhältnisse nicht mehr gerecht. Es scheint daher sinnvoll, die oben definierte Restzeit noch in drei Kategorien zu unterteilen: organisierte, gebundene und gestaltbare Zeit.

Organisierte (Frei-)Zeit ist geprägt durch vordefinierte und vorstrukturierte Aktivitäten, die durch Regelmäßigkeit und Verbindlichkeit ihren Spontancharakter verloren haben, daher oft als Verpflichtung und Aufgabe erlebt und von „Arbeit" nur schwer abgegrenzt werden können (z. B. sportliche Aktivitäten in Vereinen; Erlernen eines Musikinstrumentes, Besuch von Kursen u. ä.);

In der *gebundenen Zeit* finden Aktivitäten mit Freizeit- oder Spielcharakter statt, die überwiegend von Bezugspersonen der Kinder und Jugendlichen festgelegt werden (z. B. etwas gemeinsam mit den Eltern unternehmen).

In der *gestaltbaren Zeit* können die Tätigkeiten von den Betroffenen jeweils spontan selbst bestimmt werden.

Die gesamte Vielfalt möglicher Zeitgestaltung kann in einer Befragung nur schwer erfasst werden; in der vorliegenden Untersuchung wurde eher versucht, zu einigen zentralen Bereichen Informationen zu sammeln.

6.1 Bevorzugte Tätigkeiten

In jeweils etwas unterschiedlicher Form wurde in den Fragebögen für die verschiedenen Altersstufen erhoben, mit welchen Aktivitäten die Jugendlichen *hauptsächlich* ihre Freizeit verbringen. Tabelle 43 gibt einen Überblick über die Ergebnisse. Für alle in der Tabelle ausgewiesenen Gruppen ist das Zusammensein mit Freundinnen und Freunden die am häufigsten genannte Aktivität, am seltensten beschäftigen sich Schüler/innen mit einem Musikinstrument in ihrer Freizeit. Die Beschäftigung mit Fernsehen/PC/Video/Internet sowie das Zusammensein mit Freund/innen werden in den oberen Schulstufen häufiger; alle anderen Aktivitäten nehmen im Laufe der Zeit ein wenig ab. Die größten Geschlechtsunterschiede finden sich in der Präferenz für den Sport sowie für Lesen/Musik hören.

Tabelle 43: Bevorzugte Freizeitaktivitäten. Prozentangaben, N=4564.

Stufe:	Burschen		Mädchen	
	4. - 8.	9. - 12.	4. - 8.	9. - 12.
Musikinstrument	25,4	20,4	34,9	27,0
Sport/Verein/Gruppe	53,5	49,4	33,8	27,1
Fernsehen/Video/PC/Internet	59,8	64,4	51,3	52,5
Lesen/Musik hören	43,3	41,7	67,8	61,4
Freundinnen/Freunde	64,2	77,0	74,1	86,1
Unternehmungen mit der Familie	34,1	n.e.	40,6	n.e.

Anmerkungen; n.e. = nicht erhoben. Eingetragen sind die Prozentsätze der Schüler/innen, welche die jeweilige Tätigkeit genannt haben. Mehrfachangaben waren möglich.

6.2 Zeitaufwand für außerschulische Tätigkeiten

Der genaue Zeitaufwand für einige außerschulische Tätigkeiten wurden mit zwei Methoden erhoben: Die Schüler/innen mussten für den vorausgehenden Schultag konkret angeben, wie viel Zeit sie für diese Tätigkeiten verwendet hatten; es ist anzunehmen, dass diese Angaben wegen des klaren Bezuges und der kurzen Erinnerungszeit besonders präzise sind. Zusätzlich wurden aber auch noch allgemeine Einschätzungen erhoben, wie viel Zeit sie an einem durchschnittlichen Tag und am Wochenende für bestimmte Tätigkeiten aufwenden. Tabelle 44 enthält die Quote der Schülerinnen und Schüler, die an einem konkreten Schultag mit der jeweiligen Tätigkeit befasst waren, und gibt zusätzlich die durchschnittliche Zeit der Befassung an. (Diese Angaben beziehen sich nur auf jene Personen, die die betreffende Aktivität auch tatsächlich ausgeübt haben; als kritischer Wert galt, wenn wenigstens 10 Minuten Zeitaufwand dafür genannt wurden.)

Tabelle 44: Zeitaufwand für außerschulische Tätigkeiten an einem normalen Schultag. N=3442.

	Stufe	Burschen		Mädchen	
		4. - 8.	9. - 12.	4. - 8.	9. - 12.
Mithilfe im Haushalt	Quote *	62.5	44.0	67.7	63.6
	Durchschnittliche Zeit **	1:17	1:20	1:02	1:12
Fernsehen und Videos	Quote *	83.0	73.6	81.0	75.9
	Durchschnittliche Zeit **	1:44	1:54	1:34	1:38
Computerspiele	Quote *	52.0	37.6	23.5	8.8
	Durchschnittliche Zeit **	1:26	1:54	0:54	1:11
Surfen im Internet	Quote *	31.3	42.6	26.8	34.5
	Durchschnittliche Zeit **	1:06	1:21	1:07	1:06

Anmerkungen. * Prozentangaben; ** Stunden:Minuten.

Rund 60% der Schüler/innen haben am vorgegebenen Tag zu Hause mitgeholfen; die durchschnittliche Zeit liegt bei etwa 1 1/4 Stunden. Vor allem den Burschen in den oberen Schulstufen gelingt es, sich der Hausarbeit zu entziehen. Ungefähr 80% haben ferngesehen, im Schnitt sind es 1 3/4 Stunden, wobei die älteren Burschen den höchsten Wert erreichen.

Bedeutsame geschlechtsspezifische Unterschiede gibt es bei der Häufigkeit der Benutzung von Computerspielen – es spielen mehr Burschen als Mädchen am PC; wenn gespielt wird, liegt die Spielzeit jedoch relativ hoch (über 1 1/2 Stunden bei den Burschen und etwas über 1 Stunde bei den Mädchen).

In den oberen Schulstufen wird häufiger im Internet gesurft, dies gilt gleichermaßen für Mädchen wie für Burschen. Das zeitliche Ausmaß beläuft sich hier auf etwas mehr als 1 Stunde; nur die Burschen der oberen Schulstufen verwenden im Schnitt mehr als 1 1/4 Stunden für das Internet.

Um die Zufälligkeit des jeweiligen Tages auszugleichen und auch das Wochenende mitzuerfassen, wurde zusätzlich nach der *durchschnittlichen* Fernsehzeit pro Tag und nach der Fernsehzeit am Wochenende gefragt; in analoger Weise auch für die Computerspiele sowie für Surfen im Internet. Damit wird insgesamt ein gutes Bild gewonnen, wie viel wöchentliche Gesamtzeit auf die einzelnen Tätigkeiten entfällt (vgl. Tabelle 45).

Tabelle 45: Wöchentliche Beteiligung an Freizeitaktivitäten; Zeitaufwand.

		Burschen		Mädchen	
	Stufe	4. - 8.	9. - 12.	4. - 8.	9. - 12.
Fernsehen und Videos	Quote *	98,3	97,9	98,6	98,3
	Durchschnittliche Zeit **	10:08	10:15	9:23	9:32
Computer-spiele	Quote *	84,2	73,3	59,2	28,9
	Durchschnittliche Zeit **	7:07	7:11	4:06	3:38
Surfen im Internet	Quote *	52,1	72,5	51,2	69,3
	Durchschnittliche Zeit **	5:27	6:19	5:20	5:34

Anmerkungen. * Prozentangaben; ** Stunden:Minuten.

Die durchschnittliche wöchentliche Fernsehzeit liegt etwas unter 10 Stunden und geht bei den älteren Schüler/innen wieder zurück. Computerspiele sind vor allem eine Sache der Burschen: Die Beteiligungsquote ist erheblich größer und sie spielen im Durchschnitt erheblich länger. In den höheren Schulstufen benutzen nur noch weniger als 30% der Mädchen Computerspiele (gegenüber 73% der Burschen!). Die Geschlechterquote zur Internetnutzung ist ungefähr gleich hoch; in den oberen Schulstufen nutzen Mädchen wie Burschen das Internet wesentlich länger als Schüler/innen der unteren Schulstufen.

6.3   Integration in die Peergruppe

Mit der zunehmenden Loslösung aus dem Elternhaus, die mit Eintritt in die – meist auch räumlich weiter entfernten – Schulen der Sekundarstufe I ihren Anfang nimmt, wird die Gruppe der Gleichaltrigen außerhalb der Schule (Peer-Gruppe) zu einer immer wichtigeren Bezugsgruppe, deren Urteil vor allem in Fragen der Kleidung und Lebensführung gesucht wird. Anerkennung und Akzeptanz bei den Gleichaltrigen wird damit zu einer wichtigen Voraussetzung psychischen Wohlbefindens und psychischer Stabilität.

Tabelle 46 enthält, nach Geschlechtern getrennt, Angaben zur Häufigkeit der Kontakte mit Gleichaltrigen und zur Akzeptanz in der Gruppe und zeigt die allgemeine Zufriedenheit mit der Beziehung zu den Freunden.

Tabelle 46: Kontakte mit Gleichaltrigen und Akzeptanz in der Gruppe. Angaben in Prozent; N=2105 (männlich) bzw. 2054 (weiblich).

Wie oft bist du außerhalb der Schule mit Freunden/Freundinnen zusammen?			Hast du das Gefühl, dass deine Freunde/Freun-dinnen dich so akzeptieren, wie du bist?		
	männlich	weiblich		männlich	weiblich
ich habe keine Freunde/Freundinnen	1,7	0,5	fast nie	2,3	2,1
fast jeden Tag	49,3	39,4	selten	4,1	2,8
ein paar Mal in der Woche	36,0	42,5	meistens	34,6	34,7
seltener	13,0	17,5	immer	59,0	60,4

Fast die Hälfte der Burschen, etwas weniger Mädchen, trifft „fast jeden Tag" außerhalb der Schule mit Freund/innen zusammen, und etwa 60% in beiden Gruppen haben das Gefühl, dass sie von ihren Freund/innen „immer" so akzeptiert werden, wie sie sind.

Im Gegensatz zur Schule, die gleichsam institutionell mit den Jugendlichen – so wie sie sind – unzufrieden ist und sie durch Erziehung verändern will, dürfte die Gruppe der Gleichaltrigen damit auch eine wichtige emotional stabilisierende Funktion haben. Die große Zufriedenheit mit den Freunden, die in Abbildung 78 sichtbar wird, dürfte auch in dieser bestätigenden Funktion eine ihrer Ursachen haben.

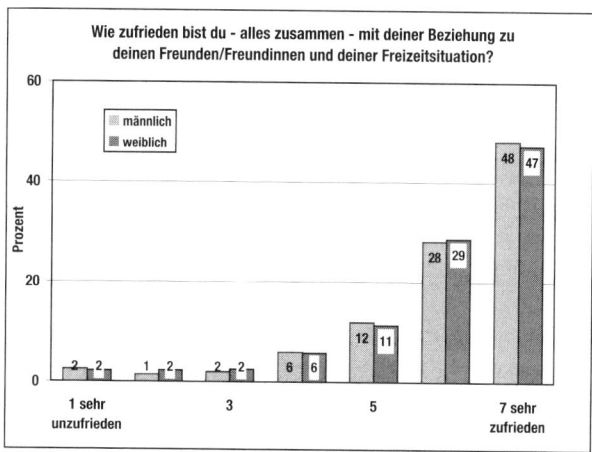

Abbildung 78: Zufriedenheit mit den Freunden, getrennt nach Geschlechtern. Prozentangaben, N=2623 (männlich) bzw. 2529 (weiblich).

6.4 Freizeitbezogenes Verhalten im Schulstufenverlauf

Um die allgemeinen Veränderungstendenzen auf übersichtliche Weise darstellen zu können, werden drei Indikatoren gebildet und getrennt nach Schulsträngen und Schulstufen dargestellt:

- *Interessenvielfalt* umfasst die Anzahl der bevorzugten aktiven Freizeittätigkeiten aus den Bereichen Musizieren, Lesen und Musikhören, organisierter Sport und Zusammensein mit Freund/innen (vgl. Tabelle 43).
- *IKT-Nutzung* umfasst die wöchentliche Gesamtzeit, die für Fernsehen, Video, Computerspiele und Internet aufgewendet wird (vgl. Tabelle 45).
- *Integration in die Peergruppe* setzt sich aus dem Summenscore der in Abschnitt 6.3 beschriebenen Variablen zusammen.

Abbildung 79 zeigt den Verlauf des Indikators Interessenvielfalt. Die Schüler/innen der beiden Schulstränge unterscheiden sich deutlich in der Anzahl bevorzugter Freizeitaktivitäten; Schüler/innen im AHS-Strang zeigen durchgehend eine größere Vielfalt. In beiden Schulsträngen lässt sich ein kontinuierlicher Anstieg aktiver Interessen feststellen. Mädchen zeichnen sich vor allem während der Pflichtschulzeit durch ausgeprägtere Interessen aus; in den letzten Schulstufen gleichen sich diese Unterschiede weitgehend an.

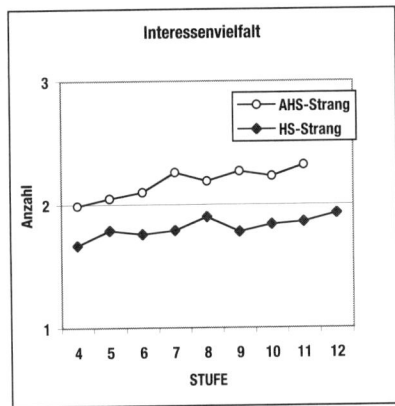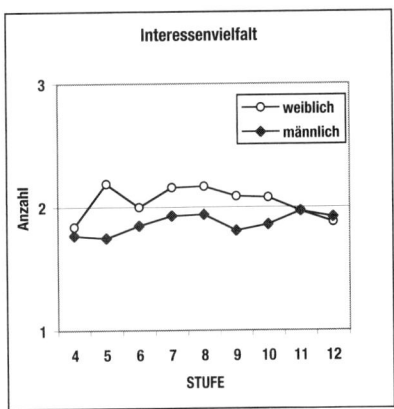

Abbildung 79: Interessenvielfalt

Die Zeit für IKT-Nutzung steigt bis zum Ende der Sekundarstufe stark an und geht dann wieder deutlich zurück (vgl. Abbildung 80).

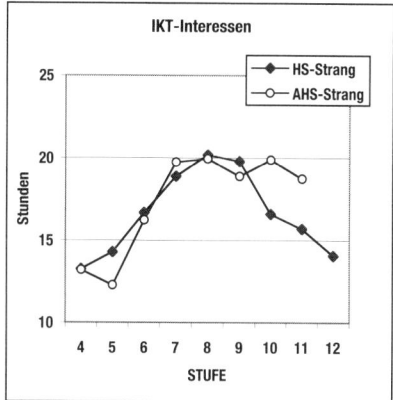
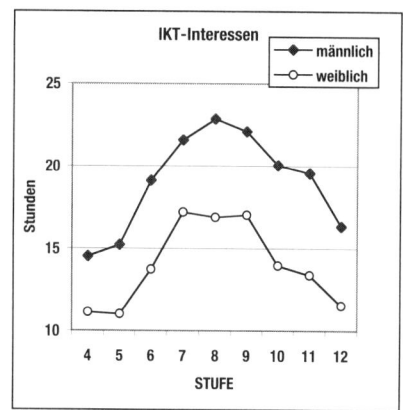

Abbildung 80: IKT-Interessen (wöchentliche Gesamtzeit in Stunden)

Während in der Sekundarstufe I kaum Unterschiede zwischen den verschiedenen Schulsträngen bestehen, zeigt sich ab der 10. Schulstufe eine Auseinanderentwicklung: Die AHS-Schüler/innen behalten ihren hohen Zeitaufwand für diesen Bereich bei, bei den Schüler/innen aus dem HS-Strang kommt es zu einem Absinken auf das Niveau zu Beginn der Sekundarstufe I. Vermutlich hängt dieser Rückgang mit dem im Vergleich zur AHS häufig höherem Zeitaufwand für die Schule zusammen. Der Geschlechtsunterschied ist enorm, er beträgt auf den einzelnen Stufen zwischen 4 und 7 Stunden Nutzungszeit pro Woche.

Wie verändert sich die Integration in die Peergruppe mit zunehmendem Alter bzw. ansteigender Schulstufe?

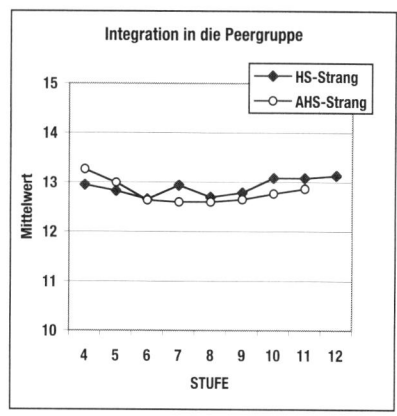
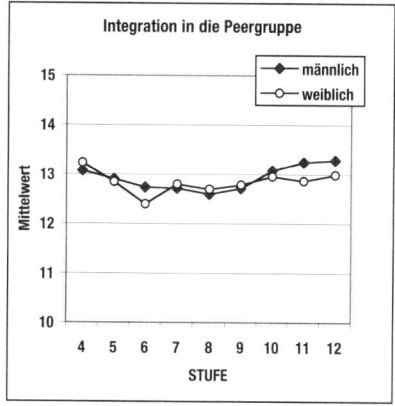

Abbildung 81: Integration in die Peergruppe

Die Ergebnisse in Abbildung 81 zeichnen ein sehr stabiles Bild: Zwar zeigt sich ein kleiner Rückgang in der Peergruppen-Integration während der Sekundarstufe I, der im Anschluss wieder ausgeglichen wird; es bestehen jedoch keine Unterschiede nach Geschlecht oder Schulstufe. Das Verhältnis zu den Freunden erweist sich damit als ein sehr verlässliches Element im Beziehungsgeflecht der Jugendlichen.

6.5 Veränderungen gegenüber 1994

Das Aufzeigen von Veränderungen gegenüber der Erstuntersuchung ist dadurch erschwert, dass sich im letzten Jahrzehnt die Freizeitmöglichkeiten durch die Ausbreitung des Internets bzw. allgemein der Kommunikationstechnologie sehr verändert haben. Direkte Vergleiche sind durch diese Veränderungen im Bereich des Angebots sehr stark beeinträchtigt.

Trotzdem lässt der Vergleich mit 1994 (Eder 1995, S, 125 ff.) einige Aussagen zu. Grundsätzlich zeigt sich, dass die ab der Sekundarstufe I entstehende Interessenvielfalt gegenüber früher nicht kleiner geworden ist. Wohl aber haben sich eine Reihe von Veränderungen in der Freizeitnutzung ergeben. Die Anzahl der Burschen und der Mädchen, die an einem bestimmten Tag im Haushalt mithelfen, ist um etwa 10% zurückgegangen. Die Nutzung des Fernsehens ist in etwa gleich geblieben, wohl aber ist die Quote der Computerspieler/innen deutlich angestiegen. Dies betrifft vor allem jüngere Burschen: (84 % aus dem Bereich der 4.-8. Schulstufe gehören bereits zu den regelmäßigen Nutzern, gegenüber 68% im Jahre 1994). Ähnliche, aber nicht so ausgeprägte Zuwächse gibt es auch bei den übrigen Gruppen. Die inzwischen weit verbreiteten Intensiv-Nutzer/-innen des Internets sind in diesem Zuwachsprozess noch nicht enthalten. Aus der Summe der Umschichtungen im Freizeitverhalten resultiert allerdings eine massive Veränderung: Der jetzt feststellbare wöchentliche Zeitaufwand für Internet-, PC- und Videonutzung liegt im Durchschnitt um etwa 4 - 5 Stunden höher als die 1994 gemessenen „Passiv"-Tätigkeiten (vgl. Eder, 1995, S. 129), wobei aus der Untersuchung nicht klar ermittelbar ist, aus welchen „Zeitgefäßen" der Jugendlichen diese Stunden stammen, da auch bei den übrigen Freizeittätigkeiten im Wesentlichen keine Rückgänge zu verzeichnen sind.

Veränderungen gibt es auch in der Einschätzung der Peer-Gruppe: Die Gruppe derer, die sich von ihren Freunden/Freundinnen „immer" verstanden fühlt, ist von 40% auf 60% gestiegen.

7 Einflüsse auf das Gesamtbefinden in der Schule

7.1 Dimensionen des Befindens

In diesem Kapitel soll überprüft werden, inwieweit Merkmale der individuellen Lage in der Schule sowie Merkmale der Lebensbereiche (Familie, Schule, Peergruppe) Einfluss auf das Befinden der Schülerinnen und Schüler haben. Um diese Analysen in übersichtlicher Weise darstellen zu können, werden die in Kapitel 2 beschriebenen Befindensmerkmale entsprechend der in der Befindensuntersuchung 1994 gefundenen Struktur zu den folgenden drei Dimensionen zusammengefasst:

- *Wohlbefinden in der Schule* umfasst Aspekte der Zufriedenheit und des unmittelbaren Sich-Wohl-Fühlens in der Schule.
- *Belastung durch die Schule* umfasst insbesondere Schulstress, Psychovegetative Beschwerden und Schulangst. Es handelt sich überwiegend um situative Merkmale.
- *Positives Selbstkonzept* umfasst das Leistungsselbstkonzept, das soziale Selbstkonzept und das Allgemeine Selbstwertgefühl. In diesem Bereich sind eher überdauernde Aspekte des Befindens angesprochen, die vermutlich auch stärker in der Persönlichkeit verankert sind.

Aufgrund der gesplitteten Vorgabe der Fragebögen liegen diese Merkmale in unterschiedlichem Ausmaß vor. Wohlbefinden in der Schule wurde für alle Schüler/innen erfasst (N = 7402); die Stichprobengröße ist hier nur durch fehlende Werte beeinträchtigt. Die Erhebung zur Belastung durch die Schule (N = 4639) betraf etwa 60% der Stichprobe. Die Selbstkonzeptmerkmale liegen für N = 3315 Schüler/innen vor, das sind ca. 43% der Stichprobe. Da beim Splitting innerhalb der Klasse jeweils genau nach Zufall aufgeteilt wurde, ist auch bei den kleineren Stichproben Repräsentativität für Österreich, nach dem Geschlecht und nach Schultypen und Schulstufen gegeben.

Alle drei Indikatoren wurden in Variablen mit dem Mittelwert 100 und der Streuung 10 transformiert. Auf diese Weise charakterisiert der Wert 100 jeweils den auf Österreich bezogenen Mittelwert des Merkmals.

7.2 Einflüsse von Geschlecht, Schultyp und Schulstufe

Tabelle 47 gibt einen Überblick über die Geschlechtsunterschiede im Befinden. Wie unmittelbar ablesbar, unterscheiden sich die Geschlechter in allen drei Befindensdimensionen, wenn auch nicht in der gleichen Richtung.

Tabelle 47: Geschlechtsunterschiede im Befinden. T-Tests

	Geschlecht	N	M	SD	t	p <
Wohlbefinden	männlich	3469	98,7	10,4	-11,5	,001
	weiblich	3319	101,5	9,2		
Belastung	männlich	2175	98,4	9,9	-10,8	,001
	weiblich	2096	101,6	9,8		
Positives Selbstkonzept	männlich	1565	100,5	10,1	3,2	,002
	weiblich	1507	99,4	9,7		

Mädchen fühlen sich in der Schule wohler, zeigen allerdings auch höhere Belastungen und ein etwas weniger günstiges Selbstkonzept als die Burschen. Die Unterschiede betragen ca. 3 Standardpunkte im Wohlbefinden und in der Belastung, sowie einen Standardpunkt im Selbstkonzept. Gegenüber der Befindensuntersuchung 1994 hat sich der Geschlechtsunterschied im Wohlbefinden vergrößert, in der Belastung und im Selbstkonzept etwas verringert (vgl. Eder, 1995, S.131).

Die in Tabelle 48 dargestellten Unterschiede zwischen den Schultypen sind zwar in allen drei Dimensionen signifikant, eine statistisch bedeutsame Größenordnung besteht jedoch primär in der Dimension Wohlbefinden. Hier bilden die Volksschule und die Polytechnische Schule das positive bzw. negative Extrem; sie unterscheiden sich um 9 Standardpunkte, d. h. fast eine ganze Standardabweichung. Ebenfalls relativ niedrig liegen die Berufsschulen.

Tabelle 48: Befindensunterschiede zwischen den Schultypen

		VS	HS	AHS-U	AHS-O	BMS	BHS	BS	PTS	F	p <
Wohl-befinden	MW	104,4	98,9	102,2	100,1	97,8	100,7	96,8	95,2	67,3	0,000
	SD	10,2	10,3	9,6	8,8	9,6	8,6	9,8	10,7		
Belastung	MW	98,1	100,2	100,3	100,8	99,9	99,8	100,2	98,9	3,2	0,002
	SD	10,2	9,9	10,0	10,0	10,5	9,7	9,8	10,4		
Positives Selbst-konzept	MW	103,9	99,9	100,2	99,9	99,5	100,2	99,1	99,2	5,4	0,000
	SD	10,1	10,3	10,4	9,0	10,1	9,5	10,0	10,7		

Die Schwankungen in der Dimension Belastung liegen im Bereich von 2 Punkten, was bedeutet, dass sich die Schultypen praktisch nicht unterscheiden. Dies kann auch als Hinweis verstanden werden, dass die erlebte Belastung relativ stark mit den persönlichen Voraussetzungen der Schüler/innen – und nicht nur mit den Erfahrungen in der Schule – zusammenhängt.

Ähnlich zeigt sich im Bereich des Selbstkonzepts, dass sich nur die Volksschulen – positiv – von den anderen Schultypen abheben.

Abbildung 82 zeigt den Verlauf der Dimension Wohlbefinden in der Schule über die Schulstufen, differenziert nach dem Geschlecht und Schulstrang.

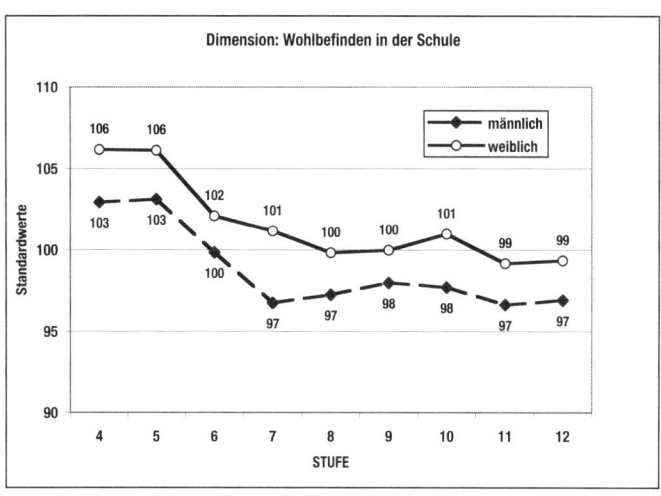

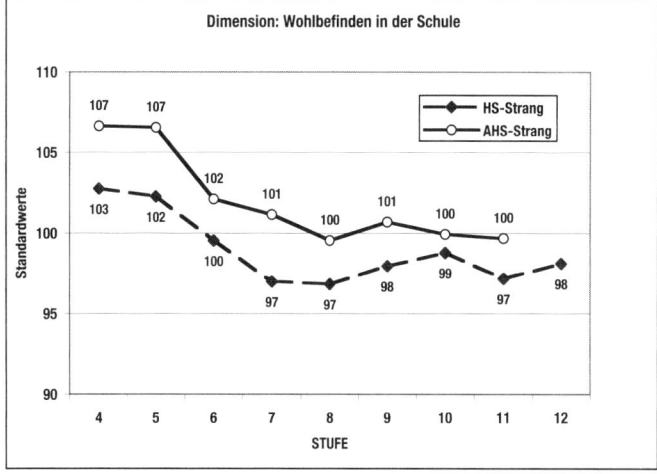

Abbildung 82: Dimension *Wohlbefinden,* differenziert nach Schulstufe und Geschlecht (oben) bzw. Schulstrang (unten)

Das Wohlbefinden in der Schule nimmt ab der 5. Schulstufe kontinuierlich ab und pendelt sich ab der 9. Schulstufe auf dem erreichten Niveau ein. Die Geschlechts-unterschiede und die Unterschiede nach Schulsträngen bleiben dabei durchgehend erhalten. Der Rückgang über die gesamte Schullaufbahn beträgt mit 6 Punkten etwas mehr als eine halbe Standardabweichung, was insgesamt als erheblich zu bezeichnen ist.

Abbildung 83 bringt Darstellungen über den Verlauf der schulischen Belastungen.

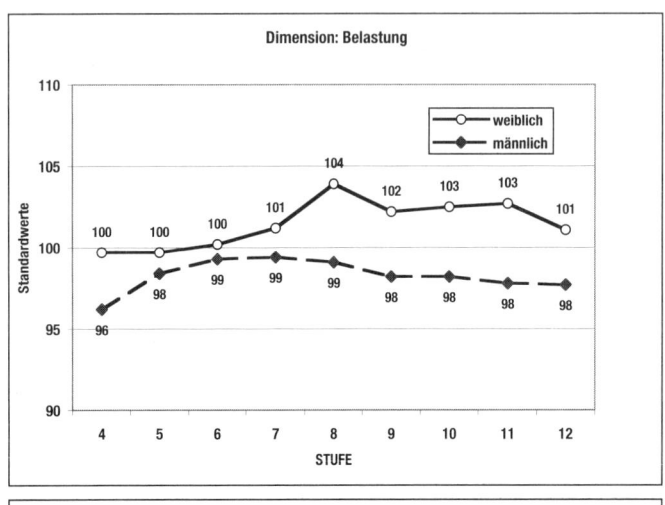

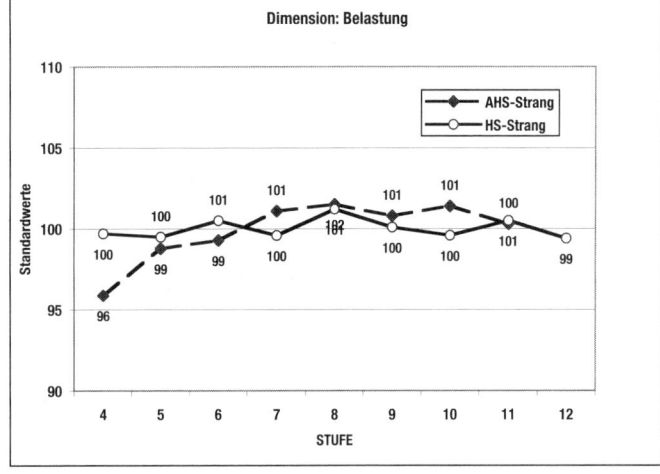

Abbildung 83: Dimension *Belastung*, differenziert nach Schulstufe und Geschlecht (oben) bzw. Schulstrang (unten)

Mädchen und Buben kommen bereits mit einem unterschiedlichen Belastungs-niveau aus der Volksschule. Für die Buben tritt der Belastungsanstieg unmittelbar nach dem Übergang in die Sekundarstufe I ein, bei den Mädchen erfolgt er etwas zeitversetzt. Bei beiden Geschlechtern beträgt der Anstieg etwa 4 Standardpunkte. Auffällig ist die Auseinanderentwicklung zwischen den Geschlechtern, die ab der 8. Schulstufe eine durchschnittliche Differenz von 4 - 5 Punkten ausmacht. Zwischen den Schulsträngen gibt es – außer dass die späteren Hauptschüler/innen schon mit einem höheren Belastungsniveau in die Sekundarstufe eintreten – keine systematischen Unterschiede.

Abbildung 84 zeigt die Entwicklung des Selbstkonzepts während der Schullaufbahn.

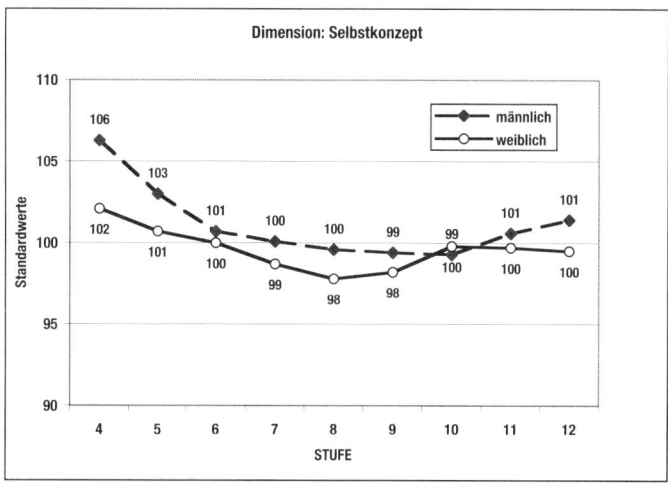

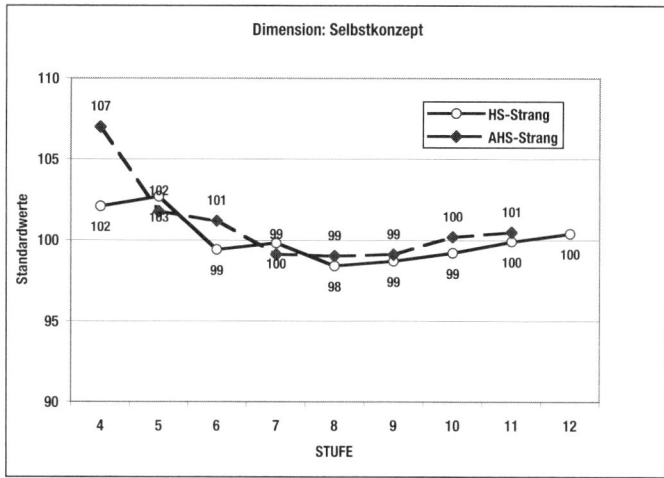

Abbildung 84: Dimension *Positives Selbstkonzept*, differenziert nach Schulstufe und Geschlecht (oben) bzw. Schulstrang (unten)

Sie verläuft, mit einer nicht sehr großen, aber doch bedeutsamen Absenkung, eher wannenförmig über die Schulstufen. Die Burschen verlieren bis zur 9. Schulstufe 7 Standardpunkte, die Mädchen 4 Punkte. Im Verlauf der Schulstränge fällt auf, dass die späteren AHS-Schüler/innen ihre hohe Selbstkonzeptausprägung aus der Volksschule sehr rasch verlieren. Bis zur 8. Schulstufe sinkt ihr Selbstkonzept um 8 Standardpunkte!

7.3 Einflüsse der individuellen Lage der Schülerinnen und Schüler auf das Befinden

In diesem Abschnitt wird analysiert, welche Zusammenhänge zwischen den schulbezogenen Merkmalen der Schülerinnen und Schüler und ihrem Befinden bestehen. Es geht also vor allem darum, wie sich ihre soziale Integration in der Schule, die Beziehungen zu den Lehrpersonen, die Art der Schulbewältigung oder der Zeitaufwand für die Schule auf das Befinden auswirken. Dabei wird als Ausgangsposition angenommen, dass diese Merkmale „Verursacher" des Befindens sind, ohne dabei aus den Augen zu verlieren, dass wir es oft mit Wechselwirkungen zu tun haben: Negative Beziehungen zu den Lehrpersonen sind natürlich in vielen Fällen Ursache eines negativen Schülerbefindens; Schüler/innen, die sich in der Schule nicht wohl fühlen, beeinflussen aber auch ihrerseits das Verhalten und Handeln ihrer Lehrpersonen, zum Beispiel deren Freude am Unterrichten, und sind daher auch Verursacher jenes Lehrerverhaltens, das sich in den Beziehungen zu den Schüler/innen niederschlägt. Hinsichtlich der Verursachung des Befindens ist also nicht immer eine einseitige Richtung des Einflusses anzunehmen, vielmehr ist häufig auch die umgekehrte Betrachtungsweise sinnvoll bzw. sind Wechselwirkungen mitzudenken.

7.3.1 Soziale Integration in der Schule und Befinden

Zur Beschreibung der sozialen Integration eines Schülers in seiner bzw. einer Schülerin in ihrer Schule und Klasse stehen drei Indikatoren zur Verfügung: *Integration bei den Lehrpersonen, Integration bei den Mitschüler/innen*, und *Häufigkeit der Konflikte mit Mitschüler/innen*. In Tabelle 49 sind die Korrelationen zwischen diesen Indikatoren und den Dimensionen des Befindens zusammengestellt, und zwar jeweils getrennt für leistungsstarke, mittlere und leistungsschwache Schüler/innen; das Kriterium für diese Einteilung bildete die Notensumme aus den Hauptgegenständen.

Die Ergebnisse zeigen primär, dass unabhängig von Leistungsniveau und Geschlecht ein starker Zusammenhang zwischen Integration bei den Lehrpersonen und den Befindensmerkmalen besteht. Dieser Zusammenhang ist im Hinblick auf das Wohlbefinden in der Schule besonders deutlich, besteht in abgemilderter Höhe und umgekehrter Richtung zum Ausmaß an Belastungen und noch einmal verringert auch zum positiven Selbstkonzept.

Tabelle 49: Zusammenhänge zwischen sozialer Integration und Befinden

		Korrelation mit		
		Wohlbefinden	Belastung	Positives Selbstkonzept
	Leistungsniveau			
Integration bei den Lehrpersonen	hoch	0,47	-0,31	0,19
	mittel	0,49	-0,33	0,23
	niedrig	0,48	-0,34	0,27
Integration bei den Mitschüler/innen	hoch	0,41	-0,17	0,23
	mittel	0,33	-0,12	0,26
	niedrig	0,36	-0,21	0,22
Konflikte mit Mitschüler/innen	hoch	-0,17	0,25	-0,17
	mittel	-0,17	0,24	-0,12
	niedrig	-0,17	0,30	-0,23
	Geschlecht			
Integration bei den Lehrpersonen	männlich	0,49	-0,35	0,28
	weiblich	0,48	-0,47	0,30
Integration bei den Mitschüler/innen	männlich	0,35	-0,21	0,20
	weiblich	0,37	-0,20	0,24
Konflikte mit Mitschüler/innen	männlich	-0,16	0,30	-0,16
	weiblich	-0,12	0,25	-0,13

Anmerkung: Das Leistungsniveau (hoch, mittel, niedrig) wurde als relative Leistungsposition innerhalb der jeweiligen Schultypen bestimmt. Alle Korrelationen sind statistisch signifikant.

Die gleiche Struktur des Zusammenhangs, allerdings in verringerter Höhe, gilt auch für die Integration bei den Mitschüler/innen bzw. die Konflikte mit den Mitschüler/innen. Hier gibt es Hinweise aus der Höhe der Korrelationen, dass die *Integration bei den Mitschüler/innen* stärker für das Selbstkonzept, *Konflikte mit den Mitschüler/innen* für die Belastungen bedeutsam sind.

Anders formuliert: Positive Beziehungen zu den Lehrpersonen bestimmen in hohem Ausmaß das Befinden, sie verringern die erlebte Belastung und fördern – allerdings schon in deutlich verringertem Ausmaß – ein positives Selbstkonzept bei den Schüler/innen. Eine gute Integration bei den Mitschüler/innen leistet ansatzweise das Gleiche: Sie ist verbunden mit einem gesteigerten Wohlbefinden in der Schule, einem positiven Selbstkonzept und verringerten Belastungen. Konflikte mit den Mitschüler/innen verringern das Wohlbefinden und steigern vor allem das Gefühl der Belastung.

7.3.2 Die Bewältigung der Schule als Einflussfaktor

In Abschnitt 3.2 wurden Indikatoren entwickelt und dargestellt, die sich auf die Bewältigung von Schule beziehen. Ein Indikator der inhaltlichen Bewältigung war fehlende *Orientierung* im Unterricht; die *Passung* zwischen Person und gewählter Schule bildete in den oberen Schulstufen ein weiteres auf die Entsprechung zwischen Person und Inhalten der Schule bezogenes Kriterium. Für die Leistungsebene (Notenebene) werden u. a. die Notensumme aus den Hauptgegenständen und die subjektive Leistungszufriedenheit als Indikatoren verwendet.

Es ist zu erwarten, dass diese Indikatoren deutlichen Einfluss auf das Befinden haben. Während Orientierung und Passung vor allem die persönlichen Lernbedürfnisse eines einzelnen Schülers bzw. einer einzelnen Schülerin ansprechen, bezieht sich die Leistungsebene sehr stark auf die Außenbeziehungen, insbesondere zu den Eltern, und auf die Berechtigungen, die mit Schule verbunden sind. Sie erhält dadurch eine hohe persönliche Bedeutung für die Schülerinnen und Schüler.

Wegen der teils unterschiedlichen Erfassung der Indikatoren werden die Korrelationsberechnungen getrennt für die Stufen 4 - 8 bzw. 9 - 12 durchgeführt. Tabelle 50 enthält die Ergebnisse der Korrelations- und Regressionsanalysen für die Schulstufen 4 - 8.

Tabelle 50: Zusammenhänge zwischen Bewältigung der Schule und Befinden. Produkt-Moment-Korrelationen.

| | Korrelation mit | | | | | |
| | Wohlbefinden | | Belastung | | Positives Selbstkonzept | |
	4.-8.	9.-12.	4.-8.	9.-12.	4.-8.	9.-12.
Fehlende Orientierung	-0,32	-0,33	0,42	0,40	-0,37	-0,38
Leistungsniveau	-0,23	-0,22	0,21	0,20	-0,32	-0,29
Zufriedenheit	0,37	0,31	-0,34	-0,30	0,48	0,39
Passung		0,46		-0,20		0,20
Wiederwahl		0,47		-0,18		0,16

Anmerkung: Alle Korrelationen signifikant p <.01

Alle Bewältigungsindikatoren stehen in signifikanten Beziehungen zu den Befindensdimensionen: Die relativ höchsten Beziehungen finden sich zwischen Orientierung im Unterricht und Befinden. Schüler/innen, die sich im Unterricht auskennen, berichten weniger Belastung, sie haben ein positiveres Selbstkonzept und fühlen sich in der Schule wohler. Ähnliches, allerdings in verringerter Höhe, gilt für das Leistungsniveau: Schüler/innen mit im Vergleich zu den anderen besseren Noten haben ein positiveres Selbstkonzept, fühlen sich in der Schule wohler und berichten weniger Belastungen. Die gleiche Struktur der Zusammenhänge findet sich bei der Zufriedenheit mit der eigenen Leistung. Die nur in den oberen Schulstufen erhobene Passung zur Schule korreliert vor allem mit dem Wohlbefinden; die Zusammenhänge mit den Belastungen und mit dem Selbstkonzept sind im Vergleich dazu eher niedrig, wenn auch in der erwarteten Richtung.

7.3.3 Zeitaufwand für die Schule und Befinden

Tabelle 51 zeigt die Zusammenhänge zwischen dem Zeitaufwand für die Schule und den Befindensdimensionen, für die gesamte Stichprobe und getrennt nach Geschlechtern.

Tabelle 51: Zeitbelastung und Befinden. Produkt-Moment-Korrelationen.

| | Korrelation mit | | |
	Wohlbefinden	Belastung	Positives Selbstkonzept
gesamt	0,01	0,18	-0,06
männlich	0,05	0,16	-0,10
weiblich	-0,06	0,16	0,00

Durchgehend zeigt sich eine mäßige positive Korrelation zwischen Belastung durch die Schule und Zeitaufwand. Die Ergebnisse lassen sich in der Weise interpretieren, dass sich Schüler/innen mit hohem Zeitaufwand in der Schule zwar insgesamt nicht weniger wohl fühlen, aber doch in einem höheren Ausmaß Schulstress berichten.

7.3.4 Arbeitsplatz Schulklasse

Der Arbeitsplatz in der Schulklasse wurde in Abschnitt 3.4 einerseits durch ergonomische Merkmale (Qualität des Sitzplatzes), andererseits durch Erlebensmerkmale beschrieben (Gesamteindruck der Klasse). Im Folgenden werden zwei Merkmale davon – Gesamteindruck der Klasse; Qualität des Sitzplatzes – als Prädiktoren des Befindens verwendet, um Hinweise zu gewinnen, inwieweit auch Arbeitsplatzmerkmale für das Befinden von Bedeutung sind. Tabelle 52 enthält die Korrelationen zwischen den Arbeitsplatzmerkmalen und den Dimensionen Wohlbefinden und Belastung.

Tabelle 52: Zusammenhänge zwischen Arbeitsplatzmerkmalen und Befinden. Produkt-Moment-Korrelationen.

| | Gesamteindruck der Klasse | | Qualität des Sitzplatzes | |
	Wohlbefinden	Belastung	Wohlbefinden	Belastung
gesamt	0,42	-0,17	0,42	-0,27
männlich	0,42	-0,18	0,42	-0,27
weiblich	0,42	-0,18	0,37	-0,30

Anmerkung: Alle Korrelationen sind signifikant p<.01.

Gesamteindruck der Klasse und Qualität des Sitzplatzes korrelieren relativ deutlich mit dem Wohlbefinden in der Schule, die Qualität des Sitzplatzes auch noch mit der Belastung durch die Schule. Die Zusammenhänge sind relativ hoch – zum Vergleich: die Korrelation mit dem Merkmal *Integration bei den Mitschüler/innen* liegt in vergleichbarer Höhe!

7.4 Einflüsse des Klimas in der Schule

Für die Beschreibung des Klimas in den Schulen bzw. Klassen wurde mit dem Linzer Fragebogen zum Schul- und Klassenklima ein sehr differenziertes Instrument eingesetzt. Im Folgenden wird nun überprüft, ob sich aus den mit diesem Instrument gemessenen Merkmalen der schulischen Umwelt – im Sinne der Definition des Klimas als subjektiv erlebte Umwelt – das Befinden der Schülerinnen und Schüler vorhersagen lässt. Zu diesem Zweck werden einfache Korrelationen zwischen den Aspekten und Dimensionen des Klimas auf der einen und den drei globalen Befindensdimensionen auf der anderen Seite berechnet. Sofern sich signifikante Korrelationen zeigen, belegen sie lediglich, dass ein Zusammenhang besteht; sie geben keine verlässliche Auskunft darüber, welches der beiden Merkmale die Ursache und welches die Wirkung ist. Beispielsweise ist es denkbar, dass Schüler/innen, die sich in der Schule sehr wohl fühlen, auch ihre Umwelt positiver wahrnehmen und beschreiben. Hier wäre das Befinden der Person die „Ursache" für eine bessere Wahrnehmung des Klimas, und nicht umgekehrt.

Andererseits werden mit den Klimainstrumenten wichtige Merkmale der Schulqualität erfasst, beispielsweise die Qualität der Vermittlung im Unterricht, der Unterrichtsdruck, das Ausmaß an Schülerbeteiligung, bei denen es letztes Endes nicht sinnvoll ist anzunehmen, dass sie von den Schüler/innen, die sich in der Schule wohl fühlen, grundsätzlich anders wahrgenommen werden. Insofern kann aus logischen Gründen zumindest bei einigen wichtigen Aspekten und Dimensionen des Klimas angenommen werden, dass sie eher die Ursache und nicht die Folge des Befindens der Schüler/innen sind.

Der Klima-Gesamtwert weist diesbezüglich die höchste Vorhersagekraft auf, gefolgt von der Dimension Schülerzentriertheit und der Dimension Sozial- und Leistungsdruck. Von den einzelnen Klima-Aspekten zeigen Vermittlungsqualität und geringer Unterrichtsdruck die höchsten Zusammenhänge zum Wohlbefinden; als verhältnismäßig unwichtig erweisen sich Leistungsdruck, Kontrolle der Schülerarbeit und Störneigung in der Klasse. Zwischen dem Korrelationsmuster der unteren und der oberen Schulstufen besteht kein systematischer Unterschied.

Abbildung 85: Graphische Darstellung der Korrelationen zwischen Klima und Wohlbefinden.

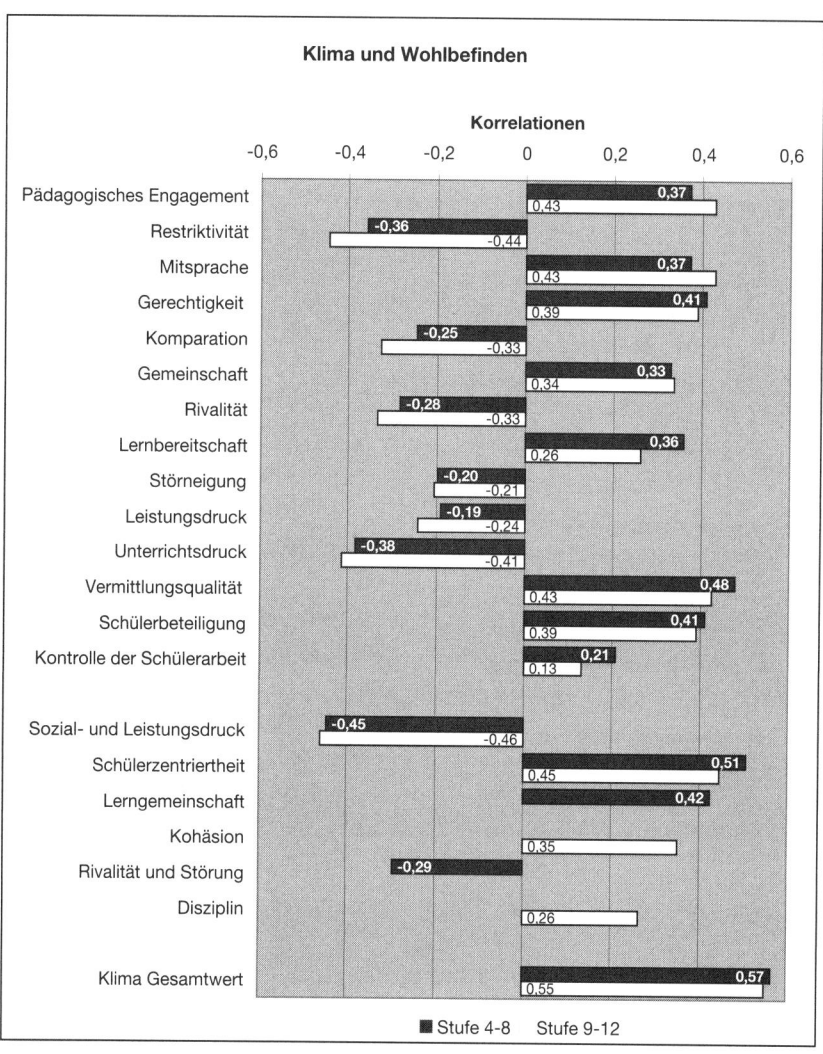

Anmerkungen: Die Abbildung enthält grafische Darstellungen der Produkt-Momentkorrelationen zwischen den einzelnen Aspekten bzw. Dimensionen des Klimas und der Befindensdimension „Wohlbefinden in der Schule", getrennt nach den verwendeten Verfahren für die Stufe 4 - 8 bzw. 9 - 12. Kohäsion und Disziplin beziehen sich nur auf die Stufen 9 - 12, Lerngemeinschaft, Rivalität und Störung nur auf die Stufen 4 - 8. Korrelationen r > .06 signifikant p < .01.

Abbildung 86 zeigt das Korrelationsmuster zwischen Klima und schulischen Belastungen.

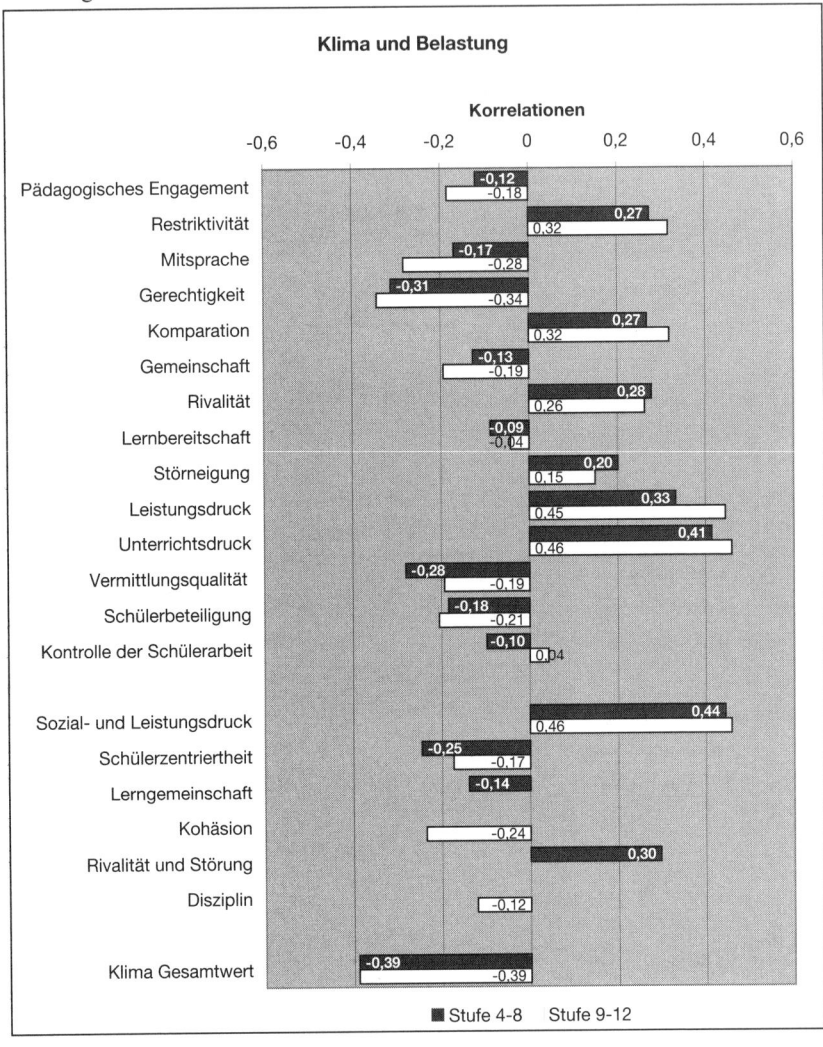

Abbildung 86: Korrelationen zwischen Klima und Belastung in der Schule.

Anmerkungen: siehe Abbildung 85. Korrelationen r > .06 signifikant p < .01

Für die schulischen Belastungen weist nicht der Klima-Gesamtwert die höchste Vorhersagekraft auf, sondern die Dimension *Sozial- und Leistungsdruck.* Belastungen erklären sich demnach am ehesten aus dem Ausmaß an Unterrichts-druck, an Leistungsdruck, aus fehlender Gerechtigkeit und hoher Restriktivität von

Seiten der Lehrpersonen. Die meisten anderen Klimamerkmale liegen demgegenüber deutlich zurück.

Hinsichtlich des Selbstkonzepts (vgl. Abbildung 87) fällt auf, dass die Korrelationen niedriger sind als bei den bisher untersuchten Merkmalen.

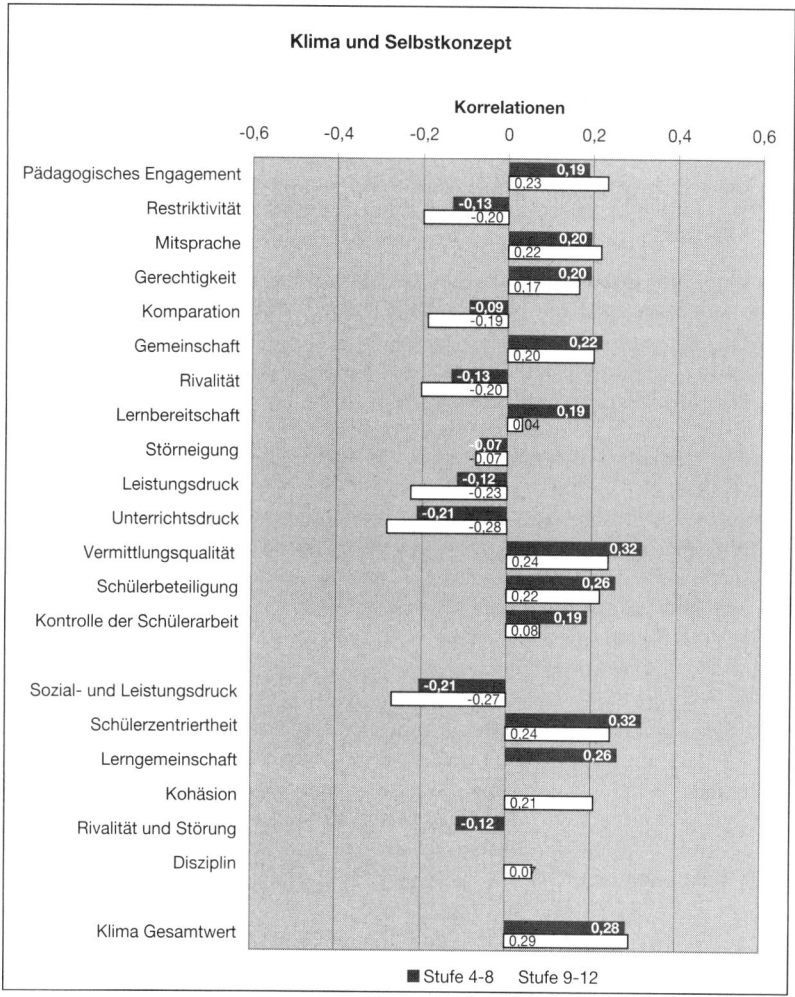

Abbildung 87: Korrelationen zwischen Klima und Positivem Selbstkonzept in der Schule.
Anmerkungen: siehe Abbildung 85. Korrelationen r > .06 signifikant p < .01

Zwar gibt es eine Reihe von wichtigen Korrelationen – zum Beispiel zur Vermittlungsqualität im Unterricht, zum pädagogischen Engagement, zur Schülerbeteiligung, usw. – sie erreichen jedoch nicht wirklich eine bedeutsame Größenordnung.

Ein hohes Maß an Schülerzentriertheit und eine niedrige Ausprägung von Sozial- und Leistungsdruck scheint insgesamt auch hier eine wichtige Prädiktor- konstellation zu sein – ein positives Selbstkonzept entsteht zweifellos am ehesten in einer unterstützenden – „schülerzentrierten" – Umwelt.

7.5 Einflüsse der familiären Umwelt auf das Befinden

Zur Beschreibung der familiären Umwelt wurden strukturelle Merkmale der Familie sowie die Art der innerfamiliären Interaktionsprozesse (Erziehungsstil) erhoben. Im Folgenden wird der Einfluss dieser Merkmale analysiert.

7.5.1 Strukturelle Merkmale der Familie und Befinden in der Schule

Die strukturellen Merkmale der Familie bilden häufig ein gut wahrnehmbares Etikett, unter dem ein Kind in der Schule wahrgenommen wird. In diesem Sinne wird von „Kindern aus vollständigen Familien", „Scheidungskindern", „Akade- mikerkindern", „Lehrerkindern", usw. gesprochen. Etiketten dieser Art besagen vor allem, dass mit ihnen Erwartungen hinsichtlich des Verhaltens der Kinder verbun- den werden. Diese Zuschreibung von Erwartungen erfolgt nicht aufgrund des tat- sächlichen Verhaltens eines konkreten Kindes in der Schule, sondern aufgrund stereotypisierender Verhaltenserwartungen an den vermeintlichen „Typus". Aus ihnen können leicht sich selbst erfüllende Prophezeiungen entstehen.

Die folgenden Darstellungen zeigen, wie sich Kinder und Jugendliche aus unterschiedlichen Familienformen, sowie von unterschiedlicher nationaler Herkunft in ihrem schulischen Befinden unterscheiden. Dabei werden Sekundarstufe I und Sekundarstufe II getrennt.

7.5.1.1 Einflüsse der Familienform

Tabelle 53 zeigt das schulische Befinden in Abhängigkeit von der Familienform. In der Sekundarstufe I bestehen in allen drei Befindensdimensionen signifikante Unterschiede. Kinder aus Ein-Kind-Familien weisen überall die günstigsten Aus–prägungen auf, gefolgt von Kindern aus Mehr-Kind-Familien.

Die ungünstigsten Werte haben Kinder aus Stieffamilien, gefolgt von Kindern aus Ein-Eltern-Familien.

Tabelle 53: Familienform und Befinden. Varianzanalysen.

	Stufe 4-8			Stufe 9-12		
	Wohl-befinden	Belastung	Positives Selbst-konzept	Wohl-befinden	Belastung	Positives Selbst-konzept
Einkindkernfamilie	103,3	98,4	102,6	99,1	99,2	100,6
Mehrkindkernfamilie	101,6	99,4	101	98,7	100	99,7
Stieffamilie	99,4	102,8	99,7	97,9	100,5	100,5
Einelternfamilie	99,9	101,4	99,2	98,8	100,2	98,8
Sonstige	97,7	102,2	97,4	95,8	102,5	98,7
F	2,71	11,40	9,06	0,62	0,43	1,65
df	3/3817	3/1168	3/2393	3/2073	3/1986	3/3177
Signifikanz	p <.05	p <.001	p <.001	n.s.	n.s.	n.s.

Anmerkung: Für die Prüfung der Mittelwertsunterschiede wurden einfache Varianzanalysen gerechnet. Die Kategorie „Sonstige" wurde wegen der teilweise geringen Häufigkeiten dafür nicht herangezogen.

In der Sekundarstufe II finden wir keine mit der Familienform zusammenhängenden Unterschiede im schulischen Befinden.

Gegenüber der Befindensuntersuchung 1993/94 haben sich die Unterschiede vergrößert (vgl. Eder, 1995, S. 148).

7.5.1.2 Einflüsse der nationalen Herkunft

Tabelle 54 zeigt Unterschiede im Befinden in Abhängigkeit von der nationalen Herkunft der Schüler/innen.

Tabelle 54: Einflüsse der nationalen Herkunft.

	Stufe 4-8			Stufe 9-12		
	Wohl-befinden	Belastung	Positives Selbst-konzept	Wohl-befinden	Belastung	Positives Selbst-konzept
beide Eltern in Österreich geboren	101,4	99,5	101	98,6	99,7	100,0
ein Elternteil in Österreich geboren	101,0	100,9	99,9	97,3	100,3	99,2
beide Eltern nicht in Österreich geboren	100,6	101,0	99,9	98,5	103,0	97,8
F	1,54	4,48	1,02	2,09	10,32	4,95
df	2/3753	2/2344	2/1137	2/3265	2/2030	2/2113
Signifikanz		p <.05	n.s.	n.s.	p <.001	p <.001

Anmerkung: Für die Prüfung der Mittelwertsunterschiede wurden einfache Varianzanalysen gerechnet.

In der Sekundarstufe I zeigen sich in der Dimension Belastung signifikante, wenn auch nicht sehr große Unterschiede zu Lasten von Kindern, bei denen entweder beide oder ein Elternteil nicht in Österreich geboren sind. In der Sekundarstufe II sind die Unterschiede erheblich größer: Hier liegen Jugendliche mit Eltern, die im Ausland geboren wurden, zumindest in der Dimension Belastung deutlich über den österreichischen Schüler/innen.

In allen drei Merkmalen und auf beiden untersuchten Ebenen des Schulsystems zeigen sich lineare Zusammenhänge, d. h. die günstigsten Ausprägungen weisen Schüler/innen mit in Österreich geborenen Eltern auf, dann folgen Kinder mit einem ausländischen Elternteil vor Kindern, bei denen beide Eltern im Ausland geboren sind. Gegenüber 1993/94 sind hier keine systematischen Veränderungen zu beobachten.

7.5.2 Interaktionsprozesse innerhalb der Familie

Zur Beschreibung der innerfamiliären Prozesse liegen für die unteren Schulstufen die Dimensionen *Zuwendung* und *Monitoring*, für die oberen Schulstufen zusätzlich *Forderung nach Leistung* vor (vgl. Kapitel 5). Die Analysen der Zusammenhänge zwischen diesen Dimensionen des Erziehungsverhaltens und dem Befinden in der Schule erfolgen wiederum getrennt für die Stufen 4 - 8 bzw. 9 - 12.

Tabelle 55 zeigt die Korrelationen zwischen dem elterlichen Erziehungsverhalten und dem schulischen Befinden. Die Ergebnisse zeigen, dass das Wohlbefinden in der Schule deutliche und signifikante Zusammenhänge mit der familiären Erziehungssituation aufweist. Kinder und Jugendliche erleben die Schule umso positiver, je mehr sie in der Familie Zuwendung und Aufmerksamkeit (Monitoring) erfahren. Dies gilt für beide untersuchten Ebenen des Schulsystems. Die auf der Sekundarstufe II zusätzlich erfasste Dimension *Leistungsforderung* weist hingegen keinen solchen Zusammenhang auf.

Tabelle 55:Merkmale des elterlichen Erziehungsverhaltens und Befinden in der Schule. Produkt-Moment-Korrelationen.

	Stufe 4-8			Stufe 9-12		
	Wohlbefinden	Belastung	Positives Selbst-konzept	Wohlbefinden	Belastung	Positives Selbst-konzept
Monitoring	0,28**	-0,13**	n.e.	0,19**	-0,05	0,17**
Zuwendung	0,29**	-0,33**	n.e.	0,21**	-0,17**	0,27**
Leistungsforderung	n.e.	n.e.	n.e.	0,00	0,06	-0,01
N=	2312; 2099	1098; 911	-	2098 - 2124	1013 - 1020	922 - 988

Anmerkung: n.e. nicht erfasst.

Auch die schulische Belastung hängt mit den familiären Erziehungsbedingungen zusammen, wobei Zuwendung von Seiten der Eltern vor allem in der Sekundarstufe I dazu beiträgt, Belastung zu mildern. Allerdings scheint hier auch die umgekehrte Richtung des Zusammenhanges gut denkbar, dass nämlich Kinder, die keine Probleme in der Schule haben, zu Hause bei ihren Eltern mehr Zuwendung finden. In der Sekundarstufe II sind diese Zusammenhänge deutlich niedriger.

Auch für das positive Selbstgefühl – für das entsprechende Zusammenhänge nur für die Sekundarstufe II berechnet werden können – zeigen sich klare positive Zusammenhänge mit dem elterlichen Erziehungsverhalten.

In Summe erweisen sich also Zuwendung und Monitoring von Seiten der Eltern als wichtige Einflussgrößen für das Befinden in der Schule; sie beeinflussen vor allem das Wohlbefinden in der Schule, verringern die Belastungen und zeigen, soweit dies hier überprüft werden konnte, auch einen positiven Zusammenhang mit dem Selbstkonzept. Diese Zusammenhänge sind auf den höheren Schulstufen etwas niedriger als auf den unteren Schulstufen. Für die auf der Sekundarstufe I erhobene Dimension *Leistungsforderung* sind hingegen solche Zusammenhänge nicht feststellbar.

7.6 Einflüsse von Freizeit und Peergruppenbeziehungen

Der Zusammenhang zwischen Peergruppenbeziehungen, Freizeitaktivitäten und schulischem Befinden kann in zwei Richtungen diskutiert werden:

(1) Das schulische Befinden wirkt sich auf die Freizeitaktivitäten und Peergruppenbeziehungen aus. Besonders in Zusammenhang mit Mediennutzung ist diese Interpretationsrichtung naheliegend: Kinder und Jugendliche, die die Schule als belastend erleben, neigen möglicherweise zu einem passiv-eskapistischen Freizeitverhalten, indem sie versuchen, negative schulische Erfahrungen durch intensiven Konsum von Filmen, Videos oder Computerspielen zu verdrängen oder zu kompensieren. Zusammenhänge in dieser Richtung wurden z. B. von Lukesch (1986) thematisiert.

(2) Freizeitverhalten und Peergruppenbeziehungen wirken in die Schule hinein und haben Einfluss auf das Verhalten und Befinden in der Schule. So wurde häufig angenommen, dass intensive Peergruppenbeziehungen im Sinne eines „schlechten Umgangs" das Verhalten in der Schule negativ beeinflussen, oder dass intensive Mediennutzung das Lernen für die Schule beeinträchtigt bzw. zu einem unkonzentrierten Verhalten im Unterricht führte. Traditionelle Freizeitinteressen wie Lesen, Musizieren u. ä. werden dagegen als mit der Schule gut vereinbar angesehen. Inwieweit solche Einflüsse auch auf das Befinden in der Schule vorliegen, wurde bis jetzt nicht untersucht.

Zur Beschreibung der Peergruppen- und Freizeitsituation (vgl. Kapitel 6) liegen drei Indikatoren vor: Integration in die Peergruppe, Interessenvielfalt, und IKT-Nutzung. Zur Darstellung der Zusammenhänge werden wiederum einfache Korrelationen berechnet.

Tabelle 56 zeigt die Ergebnisse getrennt für den Pflichtschulbereich und den Bereich der weiterführenden Schulen.

Tabelle 56: Zusammenhänge zwischen Freizeitverhalten bzw. Peergruppenbeziehungen mit dem Befinden in der Schule.

		Stufe 4-8			Stufe 9-12	
	Wohl-befinden	Belastung	Positives Selbst-konzept	Wohl-befinden	Belastung	Positives Selbst-konzept
Integration	0,21**	-0,22**	0,39**	0,11**	-0,23**	0,36**
Interessenvielfalt	0,13**	-0,05	0,12**	0,14**	-0,10**	0,22**
IKT-Nutzung	-0,29**	0,12**	n.e.	-0,06*	-0,03	-0,02
N=	2190	983	953	2164	1067	1014
	2262	1006	975	2200	1079	1027
	2544	1178	-	2198	1058	1029

Anmerkung: ** $p < .001$

Integration in die Peergruppe weist auf beiden Ebenen des Schulsystems das gleiche Korrelationsmuster auf: Es besteht ein hoher Zusammenhang mit einem positiven Selbstkonzept (der möglicherweise auch darüber vermittelt ist, dass in der Selbstkonzeptdimension auch das soziale Selbstkonzept miterfasst ist). Ebenso bestehen statistisch gesicherte Korrelationen zum Wohlbefinden und – in umgekehrter Richtung – zur Dimension Belastung. Kinder und Jugendliche, die gut in die Gruppe integriert sind, fühlen sich auch in der Schule wohler und erleben sie weniger belastend.

Vielfalt der Interessen trägt ebenfalls ein wenig zum Befinden bei: sie fördert das Wohlbefinden in der Schule und ein positives Selbstgefühl.

Das Ausmaß der IKT-Nutzung zeigt nur auf der Sekundarstufe I eine praktisch bedeutsame Korrelation zum Befinden: je weniger wohl sich Schüler/innen in der Schule fühlen, desto höher ist das Ausmaß der IKT-Nutzung zu Hause. (In diesem Zusammenhang wird die zweite Interpretationsrichtung vorgezogen, weil sie insgesamt plausibler erscheint.) Auf der Sekundarstufe II sind die Zusammenhänge so gering, dass auf eine Interpretation verzichtet werden kann.

Die hier gefundene Zusammenhangsstruktur stimmt fast vollständig mit jener aus 1994 überein; lediglich der negative Zusammenhang zwischen IKT-Nutzung (damals: „Passivtätigkeiten") und Wohlbefinden ist in der Höhe etwas gestiegen (vgl. Eder, 1995, S. 152).

8 Schulische und außerschulische Auswirkungen des Befindens

Schulen als Lebensräume so zu gestalten, dass sich Kinder und Jugendliche dort wohl fühlen, ergibt sich als Auftrag zunächst aus der Verantwortung der Erwachsenengesellschaft für die Heranwachsenden. In diesem Zusammenhang gehört vor allem der Schutz vor Gesundheit gefährdenden psychischen und physischen Belastungen zu den wichtigsten Aufgaben. Allerdings hat sich gezeigt, dass es neben ethisch-humanistischen Gründen auch praktische Gründe gibt, sich um das Wohlergehen der Schüler/innen zu kümmern. Als These lässt sich hier formulieren: *Je besser das Befinden in der Schule, desto günstiger ist das innerschulische und außerschulische Verhalten der Schülerinnen und Schüler.*

Frühe empirische Belege für eine solche Annahme liefern vor allem die Arbeiten von Rutter et al. (1979), in denen unter anderem auch gezeigt wurde, dass das Klima einer Schule neben günstigen Auswirkungen auf das Lernverhalten der Schüler/innen auch deren außerschulisches Leben beeinflusste; insbesondere gab es einen deutlichen Zusammenhang zwischen der Qualität des Klimas der besuchten Schule und dem Rückgang der außerschulischen Delinquenzhäufigkeit der Schüler-/innen. In den letzten Jahrzehnten hat jedoch vor allem die Motivations- und Interessenforschung gezeigt, dass positive emotionale Erfahrungen in Lernsituationen eine wesentliche Voraussetzung bilden, dass sich kurzfristiges Interesse an bestimmten Themen, aber auch langfristige Bereitschaften zur Auseinandersetzung mit bestimmten Inhalten entwickeln. Insbesondere sind positive emotionale Erfahrungen in der Schule auch die Voraussetzung dafür, dass sich eine Bereitschaft zum Lebenslangen Lernen entwickeln kann.

Im Folgenden soll daher an einigen Daten der vorliegenden Untersuchung die Annahme überprüft werden, dass zwischen dem Befinden in der Schule und dem schulischen, aber auch dem außerschulischen Verhalten der Schüler/innen ein bedeutsamer Zusammenhang besteht. Als Überprüfungskriterien werden herangezogen:

- Motivation zum Lernen
- Mitarbeit und Störung im Unterricht
- der Umfang der häuslichen Lernzeit
- abweichendes schulisches Verhalten (Schulschwänzen)
- abweichendes außerschulisches Verhalten (Alkohol- und Nikotingenuss).

8.1 Beschreibung der Überprüfungskriterien

Die fünf genannten Kriterienbereiche werden zunächst in ihrer Ausprägung beschrieben, wobei dies bei der häuslichen Lernzeit relativ kurz erfolgen kann, weil dieses Merkmal im Zusammenhang mit dem Zeitaufwand für die Schule schon früher dargestellt wurde. Die übrigen Kriterien beziehen sich ebenfalls auf wichtige Verhaltensweisen und Handlungsmuster der Schüler/innen, deren Darstellung Einblick in zusätzliche Aspekte der Schul- und Lebensbewältigung der Schüler/-innen gibt.

8.1.1 Lernmotivation

Ab der 5. Stufe erhielten die Schüler/innen einen Satz von Fragen, in dem es um ihre Einstellung zum schulischen Lernen ging. Sie sind in Tabelle 57 dargestellt.

Tabelle 57: Fragen zur Lernmotivation

Wie geht es dir mit dem Lernen in der Schule und für die Schule?	stimmt gar nicht	stimmt eher nicht	stimmt	stimmt genau	MW	SD
Intrinsische Lernmotivation						
Mot15 Im Allgemeinen macht mir das Lernen Spaß	14	26	38	22	2,3	0,9
Mot17 Ich lerne in der Schule immer wieder Neues kennen, das für mich interessant ist	9	25	34	32	2,9	0,8
Mot20 Ich lerne, weil ich ein starkes Interesse verspüre, mehr über die einzelnen Fächer zu wissen.	17	43	29	11	2,4	0,9
Lernmüdigkeit						
Mot16 Wenn nicht der Druck mit Schularbeiten und Prüfungen wäre, würde ich viel weniger lernen	21	33	29	17	2,7	1,0
Mot18 Ich muss mich oft sehr überwinden, überhaupt etwas für die Schule zu tun	18	42	32	8	2,4	1,0
Mot19 Das Lernen für die Schule hindert mich oft, Dinge zu tun, die mich eigentlich mehr interessieren	5	25	44	26	2,9	1,0

Anmerkung: Eingetragen sind Prozentwerte. N = 2198 - 2207.

Aus den Fragen zur intrinsischen Motivation ist sichtbar, dass dem größeren Teil der Befragten (60%; die beiden zustimmenden Antwortstufen zusammengefasst) das Lernen Spaß macht; zwei Drittel erleben die Schule als Ort von etwas Neuem und Interessantem. Jedoch nur 40% geben an, aus Interesse an den Fächern zu lernen. Fast die Hälfte der Befragten gibt an, dass sie weniger lernen würden, wenn der schulische Druck wegfiele, 40% müssen sich sehr überwinden zu lernen, und 70% erleben das Lernen für die Schule oft als Hindernis für ihre eigentlichen Interessen.

Aus diesen Items wurden zwei Indikatoren für Lernmotivation gebildet, von denen antreibende und hemmende Aspekte abgedeckt werden. Sie werden als „Intrinsische Lernmotivation" und „Lernmüdigkeit" bezeichnet.

Tabelle 58: Indikatoren der Lernmotivation

Indikator	N	Anzahl der Items	Reich-weite	Skalen-mittelwert	Mittelwert	Streuung	Cronbachs Alpha
Intrinsische Motivation	2191	3	1 – 4	2.5	2.66	0.70	.75
Lernmüdigkeit	2181	3	1 – 4	2.5	2.51	0,70	.52

Die folgenden Abbildungen zeigen den Verlauf dieser Indikatoren von der 5. bis zur 12. Schulstufe, getrennt nach Geschlechtern.

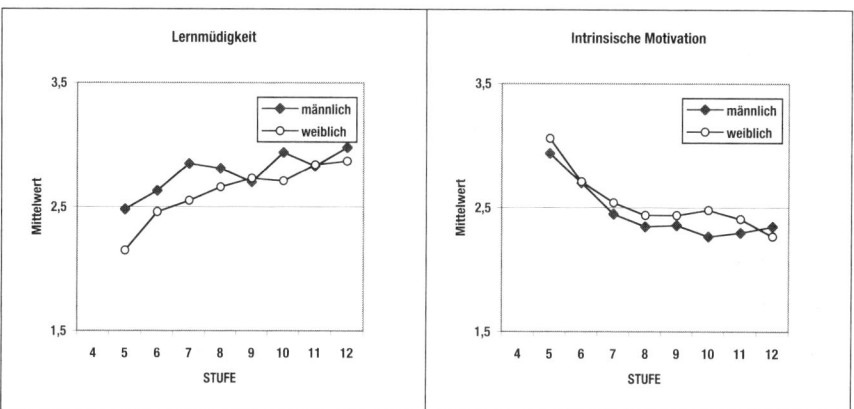

Abbildung 88:Aspekte der Lernmotivation im Verlauf der Schulstufen.

Wie bei anderen motivationalen Merkmalen zeigt sich auch hier eine tendenziell negative Entwicklung während der Schullaufbahn: Lernmüdigkeit und Desinteresse steigen an, intrinsische Aspekte nehmen ab. Die Differenz über die Schullaufbahn beträgt mehr als eine Standardeinheit und ist damit als beträchtlich anzusehen. Beide Aspekte der Lernmotivation sind bei Burschen etwas ungünstiger ausgeprägt als bei den Mädchen.

8.1.2 Mitarbeit und Störung im Unterricht

Schülerinnen und Schüler gestalten ihre „Rolle" in der Schule sehr unterschiedlich und wenden sehr unterschiedliche Strategien zur Bewältigung der Schule an (vgl. Eder, 1987). Grundsätzlich kann man dabei zwischen *schulkonformem* und *schulop-positionellem* Verhalten unterscheiden. Als schulkonform lässt sich jedenfalls ein Verhaltenssyndrom aus aktiver Mitarbeit im Unterricht, regelmäßigem außerschulischem Lernen und regelmäßigem Erbringen der Hausübungen verstehen. Als oppositionelles Verhalten kann man Störungen im Unterricht, disziplinäre Auseinandersetzungen mit Lehrpersonen, Konflikte mit Mitschüler/innen, Sachbeschädigungen u. ä. verstehen. Eder (1994, S. 401) konnte zeigen, dass das Ausmaß von Mitarbeit und Störung stark von den Erfahrungen, die ein Schüler bzw. eine Schülerin in der Schule macht, abhängt; vor allem die Zufriedenheit mit der Schule, der erlebte Schulstress, die Schülerzentriertheit des Unterrichts, aber auch das Niveau der eigenen Leistungsfähigkeit sind hier wichtige Einflussfaktoren. Die Erfassung dieser Verhaltensaspekte erfolgte mit der Skala „Schulbezogenes Verhalten" (siehe Eder, 1994, S. 193). Mithilfe dieses Instruments werden zwei Dimensionen schulbezogenen Verhaltens erfasst, nämlich „Mitarbeit" und „Störung im Unterricht"; für die unteren Schulstufen wurde eine vereinfachte und gekürzte Version entwickelt.

Mitarbeit erfasst das Ausmaß, in dem ein Schüler oder eine Schülerin versucht, sich im Unterricht aktiv zu beteiligen, die Hausaufgaben ordentlich zu machen, sich auf den Unterricht vorzubereiten u. ä. *Störung im Unterricht* erfasst die Häufigkeit von Unaufmerksamkeiten, Nebentätigkeiten, absichtlichen Störungen, Widerstand gegen Lehrpersonen, Aggressionsverhalten gegenüber Mitschüler/innen u. ä. In den einzelnen Items wird jeweils nach der Häufigkeit solcher Verhaltensweisen gefragt; sie werden auf einer vierstufigen Skala (nie - selten - häufig - fast immer) eingestuft.

Für die Schüler/innen der Volksschule und der Sekundarstufe I wurden die folgenden Fragen vorgegeben (vgl. Tabelle 59).

Tabelle 59: Mitarbeit und Störung im Unterricht. Items für die 4.-8. Schulstufe

		1 nie	2 selten	3 häufig	4 oft,	MW	SD
	Mitarbeit						
1	ich achte darauf, dass ich alle Sachen mithabe	1	7	24	68	3,6	0,7
2	ich mache die Hausaufgaben so gut wie möglich	1	8	26	65	3,6	0,7
4	ich passe während der Stunde gut auf	2	12	52	34	3,2	0,7
10	wenn eine Frage gestellt wird, bemühe ich mich, die richtigen Antworten zu finden	2	4	23	71	3,6	0,7
	Störung						
3	ich laufe in der Klasse herum, auch wenn es nicht erlaubt ist	48	30	13	9	1,8	1,0
5	ich schwätze während der Stunde oft mit den anderen	22	38	26	15	2,3	1,0
6	ich mache heimlich etwas anderes (z. B. lesen, spielen)	50	29	13	8	1,8	1,0
7	ich ärgere meine Mitschüler	60	30	6	3	1,5	0,8
8	ich mache Sachen kaputt, die anderen gehören	93	5	1	1	1,1	0,4
9	ich ärgere Lehrerinnen oder Lehrer absichtlich	76	17	5	3	1,3	0,7

Anmerkung: Eingetragen sind Prozentwerte. N = 1263 - 1276

Die Antworten der Schüler/innen der unteren Schulstufen ergeben ein interessantes Bild. Sie berichten in einem hohen Ausmaß, dass sie sich „ordentlich" verhalten (ihre Sachen mithaben, die Hausübungen machen, auf Fragen reagieren), aber nur in einem geringen Ausmaß, dass sie während der Stunde aufpassen.

Bei den eher negativen Verhaltensweisen werden nur „Schwätzen", „in der Klasse herumlaufen" und „heimlich etwas anderes tun" in einem nennenswerten Ausmaß berichtet.

Bei den Schüler/innen der Sekundarstufe II wurde eine differenziertere Fragenbatterie verwendet, die aber am gleichen Grundmuster von Mitarbeit und Störung ausgerichtet ist (vgl. Tabelle 60). Im Vergleich zu den Angaben auf der Sekundarstufe I ist das Ausmaß positiven Mitarbeitsverhaltens deutlich zurückgegangen; jeweils nur zwischen 15 und 25% der Schüler/innen geben an, dass sie „oft" Verhaltensweisen zeigen, die eine inhaltliche Beteiligung am Unterricht darstellen, aber auch hier ist die Anzahl derer, die versuchen, ihre Sachen immer dabei zu haben, deutlich größer.

Tabelle 60: Mitarbeit und Störung im Unterricht. Items für die 9. - 12. Schulstufe

		1 nie	2 sel- ten	3 häu- fig	4 oft	MW	SD
	Mitarbeit						
5	im Unterricht aufmerksam und ordentlich mitarbeiten	3	20	56	21	3,0	0,7
7	die Hausaufgaben sorgfältig machen	9	25	39	27	2,8	0,9
8	sich auf die Schule gut vorbereiten	11	34	40	15	2,6	0,9
13	darauf achten, dass man alle Sachen mithat	6	15	32	47	3,2	0,9
	Störung						
1	während der Stunde Aufgaben für andere Fächer machen	36	41	19	4	1,9	0,8
2	die Lehrerin oder den Lehrer absichtlich ärgern	55	30	11	3	1,6	0,8
3	den Unterricht stören oder absichtlich verzögern	55	32	10	4	1,6	0,8
4	Pausen ausdehnen oder vor Schulende weggehen	58	27	11	4	1,6	0,8
6	während des Unterrichts heimlich lesen, spielen o. ä.	36	40	19	6	2,0	0,9
9	Sachen, die der Schule oder anderen gehören, absichtlich beschädigen	90	6	2	1	1,1	0,5
10	absichtlich zu spät kommen	75	19	4	2	1,3	0,6
11	Anweisungen des Lehrers oder der Lehrerin nicht befolgen	61	33	5	1	1,5	0,7
12	Mitschülerinnen oder Mitschüler absichtlich ärgern	59	29	10	3	1,6	0,8
14	schwätzen, unaufmerksam sein	21	44	26	9	2,2	0,9

Anmerkung: Eingetragen sind Prozentwerte. N = 2379 - 2392

Auch störendes Verhalten ist nach Angabe der Schüler/innen äußerst selten; kein einziges Merkmal erreicht in der Kategorie „oft" einen Wert über 10%: am ehesten kommt dem noch „Schwätzen" nahe. Am meisten zurückgewiesen werden absichtliche Beschädigungen, absichtliches Zuspätkommen, und Nichtbefolgen der Anweisungen von Lehrpersonen.

Insgesamt ergibt sich aus der Schülerperspektive vor allem für die Sekundarstufe II das Bild von Schüler/innen, die zwar inhaltlich wenig an der Schule interessiert sind, sich aber bemühen, ihre Schulsachen in Ordnung zu halten und am ehesten noch Schwätzen und Hausübungen für andere Fächer machen als störendes Verhalten im Unterricht angeben.

Für weitere Analysen wurden zunächst getrennt für die 4. - 8. und die 9. - 12. Schulstufe die Items für Mitarbeit und Störung zu Indikatoren zusammengefasst. Ihre Charakteristika sind in Tabelle 20 dargestellt.

Tabelle 61: Indikatoren Mitarbeit und Störung im Unterricht

	Stufe	N=	Anzahl Items	Reich weite	MW	SD	Cronbachs Alpha
Mitarbeit	4 - 8	1253	4	1 - 4	3,48	,48	.68
Mitarbeit	9 - 12	2342	4	1 - 4	2,89	,68	.79
Störung	4 - 8	1266	6	1 - 4	1,65	,54	.74
Störung	9 - 12	2333	10	1 - 4	1,64	,49	.84

Die Indikatoren weisen auf beiden Ebenen des Schulsystems eine zumindest zufrieden stellende Messqualität auf, wobei die längere Skala, die ab der 9. Schulstufe verwendet wurde, der kürzeren überlegen ist. Wie die folgenden Abbildungen zeigen, weisen die beiden Merkmale eine deutlich unterschiedliche Ausprägung auf. *Mitarbeit* geht während der Sekundarstufe I deutlich zurück, bei den Burschen etwas schneller als bei den Mädchen, die ihrerseits durchgehend ein etwas höheres Niveau zeigen. In der Sekundarstufe II sinkt sie beiden Burschen weiter ab, während sie bei den Mädchen ungefähr auf dem gleichen Niveau bleibt. Zwischen den Schulsträngen bestehen diesbezüglich keine Unterschiede (vgl. Abbildung 89).

Störung steigt während der Schullaufbahn etwas an, erreicht ein Maximum in der 8. Schulstufe und pendelt sich dann etwas unter diesem Niveau ein bzw. geht in der Sekundarstufe II wieder etwas zurück. Die Burschen stören etwas mehr als die Mädchen, aber auch hier finden wir keinen Unterschied zwischen den Schulsträngen.

Speziell bei diesem Kriterium ist zu berücksichtigen, dass es sich um Selbstberichte der Schüler/innen zu einem Thema handelt, bei dem die Gefahr sozial erwünschter Antworten besonders groß erscheint. Dass es sich nicht bloß um „geschönte" Antworten handelt, belegen die mit anderen Verhaltens- und Befindensmerkmale weit gehend übereinstimmenden Verläufe über die Schulstufen, aber auch die den Erwartungen entsprechenden Geschlechtsunterschiede. Der Großteil der Kindern und Jugendlichen beschreibt also das eigene Verhalten in der Schule als kooperativ und diszipliniert - fehlende Mitarbeit und störendes Verhalten im Unterricht erscheint nach diesen Daten eher Charakteristikum einer relativ kleinen Minderheit.

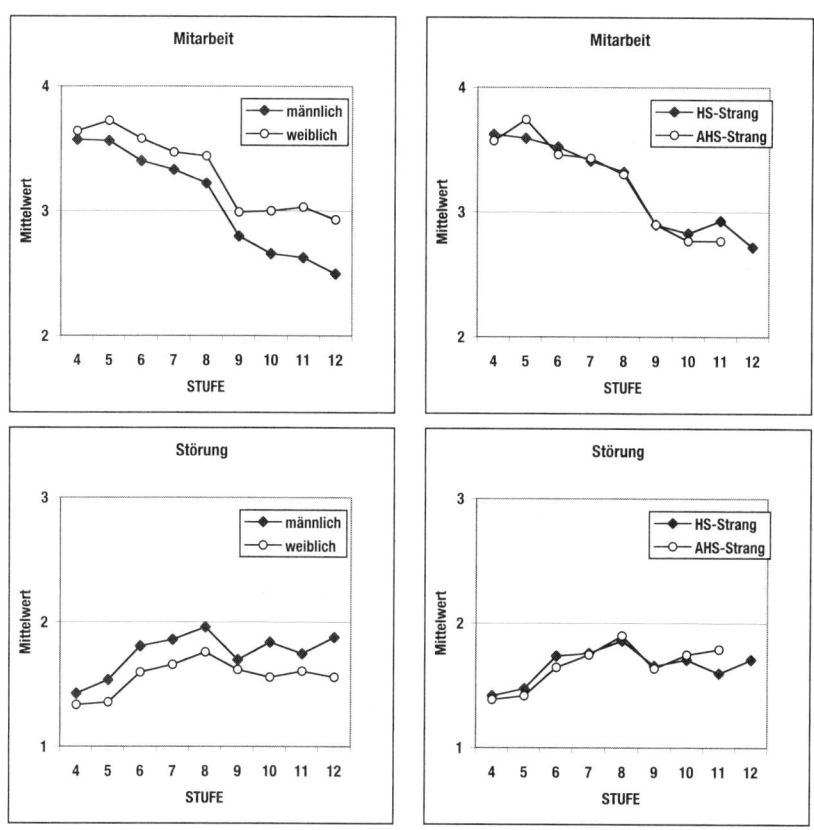

Abbildung 89: Mitarbeit und Störung im Unterricht in Abhängigkeit von Geschlecht, Schulstrang und Stufe.

Anmerkung: Der „Knick" zwischen 8. und 9. Schulstufe hängt auch mit dem Wechsel des Erhebungsverfahrens zusammen.

8.1.3 Der Umfang der häuslichen Lernzeit

Im Lernaufwand für die Schule, der zu Hause erbracht wird, zeigt sich am direktesten, wie Schülerinnen und Schüler mit den Leistungsanforderungen umgehen. Wo Unterricht interessant und anregend ist, ist auch zu erwarten, dass sich die Schüler/innen mit einer auf die Sache gerichteten Motivation mit zusätzlichen Lernaufgaben auseinandersetzen. Allerdings hängt der Zeitumfang wohl nicht direkt und linear von der Lernmotivation ab, sondern viel stärker davon, wie viel Lernen notwendig ist. Leistungsschwächere Schüler/innen investieren vermutlich in vielen Fällen einen größeren Lernaufwand, um ihr schulisches Fortkommen abzusichern, während leistungsstärkere mit weniger Lernen das

Auslangen finden. Ein möglicher Zusammenhang mit dem Befinden wird daher vermutlich in einem wesentlichen Ausmaß von den Auswirkungen des jeweiligen Leistungsniveaus überlagert, sodass hier keine substantiellen direkten Zusammenhänge erwartet werden können. Trotzdem erscheint es gut denkbar, dass innerhalb der jeweiligen Leistungsniveau diejenigen Schüler/innen relativ mehr für die Schule lernen, die sich dort entsprechend wohlfühlen.

8.1.4 Schulschwänzen

Schulschwänzen ist die konsequenteste Form der Verweigerung: ein Schüler bzw. eine Schülerin entzieht sich zumindest temporär dem Einfluss der Schule. Die Gründe dafür können sehr vielfältig sein – von der angstbedingten Vermeidung bis zum überlegt geplanten Zuhause-Bleiben, um dort „ungestört" lernen zu können.

Das Schulschwänzen wurde mit einer direkten Frage – „Wie viele Tage hast du in diesem Schuljahr die Schule geschwänzt?" – erfasst; zusätzlich war eine kurze Erläuterung beigefügt, was unter Schwänzen zu verstehen ist. Von Interesse ist vor allem, wie hoch die Quote der Schülerinnen und Schüler ist, die überhaupt schwänzen, und in welchem durchschnittlichen Ausmaß geschwänzt wird. Tabelle 62 enthält diese Informationen im Überblick für die verschiedenen Schultypen sowie in differenzierterer Darstellung.

Tabelle 62: Ausmaß des Schulschwänzens nach Schultypen

	VS	HS	AHS-U	PTS	BS	BMS	AHS-O	BHS
Quote (%) [1]	8	14	19	37	11	36	51	53
Tage (MW) [2]	3,1	3,8	3,0	5,3	2,9	5,1	5,5	6,0
0 Tage	92	85	81	63	88	64	49	46
1 - 2 Tage	6	9	12	18	8	18	23	22
3 - 5 Tage	1	3	5	6	2	9	14	15
6 - 10 Tage	0	2	2	9	1	5	8	10
11 - 20 Tage	1	0	0	3	0	2	4	4
über 20 Tage	0	0	0	1	0	2	2	2
N=	490	1058	1098	169	750	256	503	530

Anmerkungen: 1) Prozentsatz der Schüler/innen, die zumindest 1 Tag als geschwänzt angegeben haben. 2) Durchschnittswert, bezogen auf die Quote derer, die tatsächlich geschwänzt haben.

Schulschwänzen kommt demnach in allen Schultypen vor. In der Sekundarstufe I liegt die Quote zwischen 15 und 20%, in einigen Schulen der Sekundarstufe II erreicht das Schwänzen ein beachtliches Ausmaß (über 50% der Schüler/innen in den Höheren Schulen; jeweils etwas mehr als ein Drittel in den mittleren Schulen und in der PTS. Im Durchschnitt schwänzen die Schüler/innen in den hier genannten Schulen etwas mehr als eine Woche, wobei zu berücksichtigen ist, dass zum Zeitpunkt der Befragung erst etwa drei Viertel des Schuljahres absolviert waren und die Zeit des Schulschlusses möglicherweise noch einmal verstärkt für Schulschwänzen genutzt wird.

Die folgenden Grafiken veranschaulichen die Entwicklung über die Schulstufen.

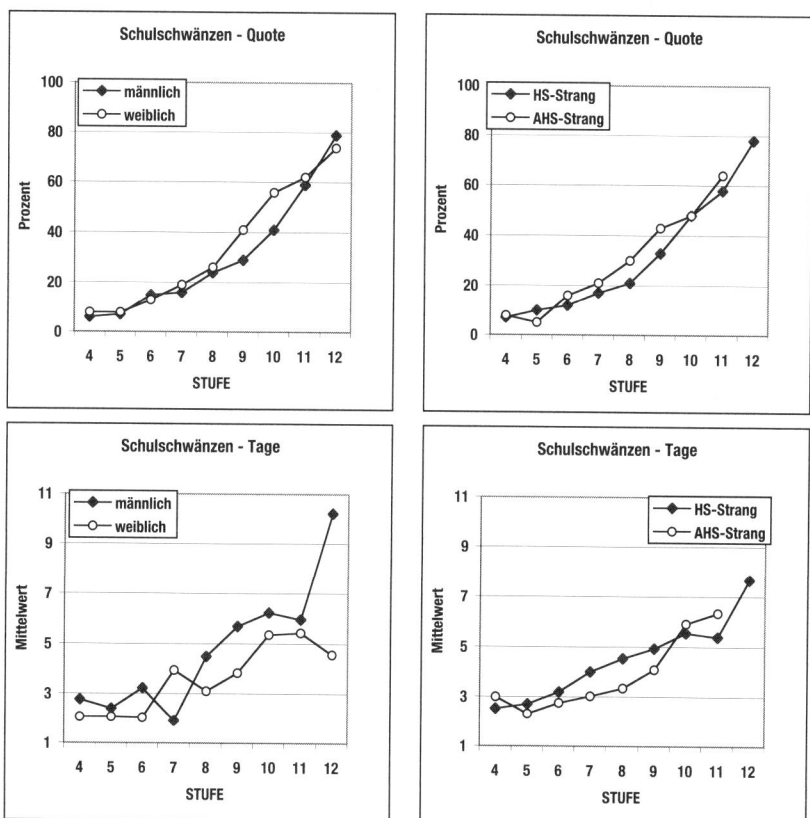

Abbildung 90: Schulschwänzen, aufgegliedert nach Schulstufen, Geschlecht und Schulstrang.

In der Quote der Schulschwänzer/innen zeigt sich ein kontinuierlicher Anstieg, der letzten Endes soweit führt, dass in der 12. Schulstufe nur noch knapp über 20% der Schüler/innen angeben, im laufenden Schuljahr *nicht* (mindestens einen Tag) geschwänzt zu haben. Zwischen Burschen und Mädchen zeigt sich dabei im Endergebnis kein großer Unterschied; in der 9. und 10. Schulstufe schwänzen Mädchen etwas öfter. Ebenso gibt es hinsichtlich der Schulstränge keine markanten Unterschiede.

Parallel dazu steigt auch die Anzahl der Tage, die geschwänzt werden, allerdings nicht mit der gleichen Stetigkeit wie die Quote. Hier zeigt sich, dass im HS-Strang etwas mehr geschwänzt wird, und dass die Burschen auf den meisten

Stufen etwas mehr schwänzen als die Mädchen, wobei sich in der 12. Schulstufe eine drastische Auseinanderentwicklung abzeichnet.

Gegenüber der Erhebung 1994 zeigen sich in einigen Bereichen deutliche Veränderungen. Das Schwänzen ist, so scheint es, in diesem Zeitraum in allen Schultypen, zu denen Vergleichsdaten vorliegen, zurückgegangen: In der Sekundarstufe I ist die Quote in geringem Ausmaß gesunken (3% - 7%), in den Berufsbildenden mittleren Schulen drastisch (36% gegenüber 64% bei der Erstuntersuchung), in den Höheren Schulen jeweils um ca. 10%. Mit Ausnahme der Hauptschule und der AHS-Oberstufe ist auch die durchschnittliche Zahl der geschwänzten Tage zurückgegangen, in den BMS und den BHS relativ deutlich, in den meisten anderen Schultypen eher in geringerem Ausmaß.

8.1.5 Rauchen und Alkohol

In der Sekundarstufe I machen zahlreiche Jugendliche ihre ersten Erfahrungen mit den gesellschaftlich legitimierten Drogen Alkohol und Nikotin, auch wenn ihr Erwerb und Konsum noch gesetzlich verboten ist. Aus diesem Grunde wurden in der Volksschule und in der Sekundarstufe I Fragen zum Konsum dieser Drogen gestellt.

Abbildung 91 gibt einen Überblick über die Häufigkeit des Rauchens. Bereits in der 4. Klasse der Volksschule berichten vereinzelt Schüler/innen, dass sie „gelegentlich" schon eine Zigarette geraucht hätten; in der AHS liegt die Nichtraucherquote bei 78%, in der Hauptschule bei 67%.

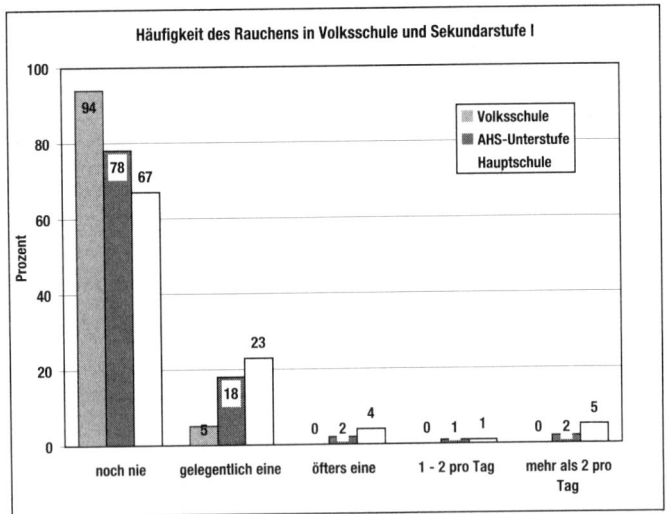

Abbildung 91: Häufigkeit des Rauchens in Volksschule und Sekundarstufe I

Analoge Entwicklungen zeigen sich beim Alkoholkonsum. Hier gibt es allerdings bereits in der Volksschule eine Gruppe von ca. 30% der Schüler/innen, die schon in irgendeiner Form mit Alkohol in Kontakt gekommen sind.

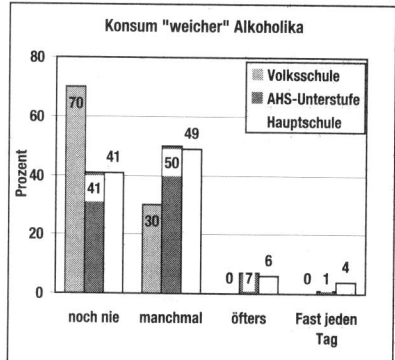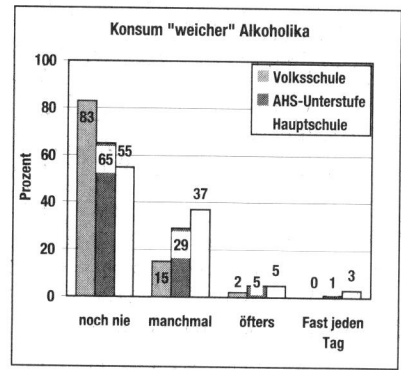

Abbildung 92: Konsum von Alkohol

Bereits 30% der Kinder in der 4. Volksschule geben an, dass sie schon „manchmal" Alkohol probiert haben, 15% auch im Hinblick auf „harte" Alkoholika. Auch wenn einzuräumen ist, dass hinter diesen Angaben möglicherweise nur Einzelereignisse oder auch Selbstwert fördernde Angeberei stecken könnte, bleibt als Ausgangspunkt doch bestehen, dass der Konsum von Suchtmitteln bereits bei den 10jährigen seinen Anfang nimmt. In der Sekundarstufe I finden wir keine nennenswerten Unterschiede zwischen Hauptschule und AHS hinsichtlich der weichen Alkoholika: Etwa 50% berichten, dass sie solche „manchmal", 8-10% dass sie „öfters" oder „fast regelmäßig" konsumieren. Bei den harten Alkoholika sind diese Quoten deutlich niedriger, und wir finden deutlich mehr Konsument/innen in der Hauptschule.

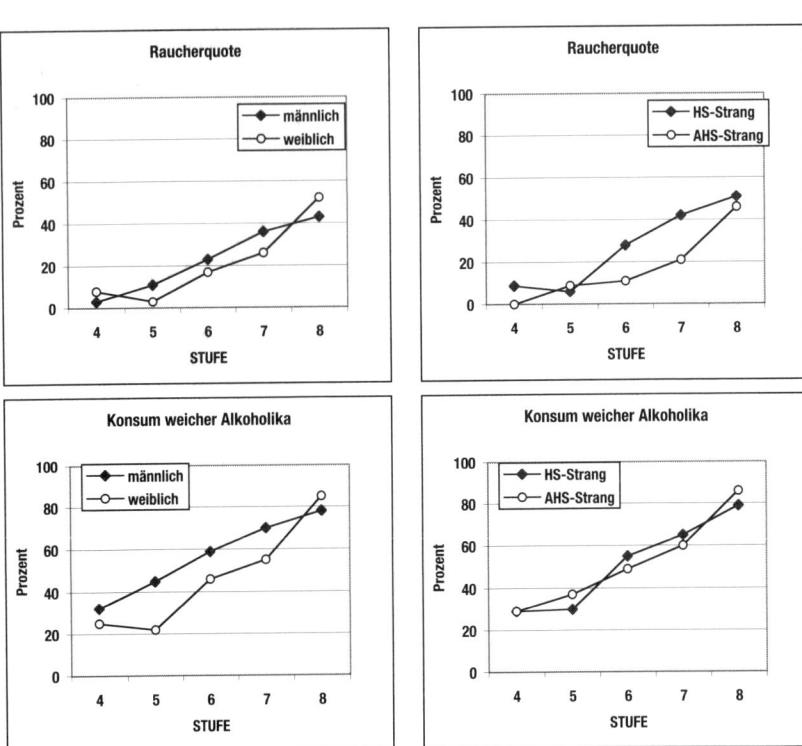

Abbildung 93: Rauchen und Alkoholkonsum von der 4. bis zur 8. Schulstufe. Eingetragen ist der Prozentsatz der Schüler/innen, die angeben, zumindest „manchmal" geraucht bzw. Alkohol konsumiert zu haben.

Die Verlaufskurven über die Sekundarstufe I zeigen das Bild eines weitgehend kontinuierlichen Anstiegs: In der 8. Schulstufe beschreiben sich fast 50% als zumindest gelegentliche Raucher/innen, wobei spätestens zu diesem Zeitpunkt die Mädchen mit den Buben gleichgezogen haben. In der AHS erfolgt diese Zunahme etwas verlangsamt, erreicht aber dann das gleiche Niveau. Bezüglich des Alkohol-konsums finden sich analoge Verläufe, wobei die Entwicklung bei den Mädchen anfangs langsamer verläuft. Aber auch hier gibt es keine Unterschiede im erreichten Niveau am Ende der Sekundarstufe I. Der hier nicht dargestellte Konsum „harter" Alkoholika verläuft analog, wenn auch auf niedrigerem Niveau.

Die Sekundarstufe I erweist sich damit als jener Zeitraum, in dem in großem Ausmaß der Einstieg in den Konsum von Suchtmitteln erfolgt. Gegenüber 1994 (vgl. Eder, 1995, S. 164) ist der Anteil der Raucher/innen in der Volksschule gleich geblieben, in der Hauptschule um etwa 5%, in der AHS um etwa 6% gestiegen.

8.2 Zusammenhänge mit dem Befinden

Mit Hilfe einfacher Korrelationen wird geprüft, inwieweit zwischen dem schulischen Befinden und den oben beschriebenen Kriterien Zusammenhänge bestehen. Die Ergebnisse sind in Tabelle 63 zusammengestellt.

Tabelle 63: Zusammenhänge zwischen schulischem Befinden und außerschulischen Merkmalen. Produkt-Moment-Korrelationen.

	Lern-motivation	Lern–müdigkeit	Mitarbeit im Unterricht	Störung	Schul-schwänzen	Häusliche Lernzeit	Sucht-verhalten
4.-8. Schulstufe							
Wohlbefinden	0,55**	-0,37**	0,44**	-0,40**	-0,21**	0,05*	-0,36**
Belastung	-0,27**	0,33**	-0,29**	0,26**	0,22**	0,20**	0,24**
Positives Selbstkonzept	n.e.	n.e.	n.e.	n.e.	n.e.	n.e.	-0,15**
N=	1048	1055	1280	1254	2581	2587	1261
	987	996	1184	1164	1187	1194	1191
							1161
9. – 12. Schulstufe							
Wohlbefinden	0,47**	-0,18**	0,32**	-0,23**	-0,09**	0,11**	n.e.
Belastung	-0,14**	0,12**	-0,04	0,10	0,14**	0,23**	n.e.
Positives Selbstkonzept	0,29**	-0,12**	0,19**	-0,05	-0,01	-.03	n.e.
N=	1091	1096	2189	2175	2162	2202	n.e.
	1057	1062	1056	1060	1039	1055	n.e.
	1029	1032	1027	1028	1011	1024	n.e.

Anmerkung: n.e. nicht erfasst. Signifikanzniveau: * p<.05 ** p <.01

Tabelle 63 enthält die Zusammenhänge getrennt für Sekundarstufe I und II. Wie aus den Korrelationen ersichtlich, bestehen fast durchgehend signifikante Zusammenhänge zwischen dem schulischen Befinden und den untersuchten Kriterien des Verhaltens:

(a) Lernmotivation zeigt die relativ höchsten Zusammenhänge mit dem Wohlbefinden in der Schule, in verringertem Ausmaß und umgekehrter Richtung auch mit dem Ausmaß an schulischer Belastung. In abgeschwächtem Maße gilt dies auch für die erfasste „Lernmüdigkeit".

(b) Das schulbezogene Verhalten (Mitarbeit, Störung, Schulschwänzen, häusliche Lernzeit) steht in gesicherten Beziehungen zum schulischen Befinden. Vor allem Wohlbefinden trägt dazu bei, dass Schüler/innen im Unterricht anwesend sind, aktiv mitarbeiten und auf Störungen verzichten, während umgekehrt hohe Belastung zumindest in den unteren Schulstufen mit hohen Störtendenzen verbunden ist. Das Ausmaß des häuslichen Lernens steigt deutlich mit dem Ausmaß an Belastung; Wohlbefinden in der Schule ist zumindest in den oberen Schulstufen tendenziell mit vermehrtem häuslichen Lernaufwand verbunden.

(c) Suchtverhalten (Alkohol- und Nikotinkonsum) steht ebenfalls in signifikanter Beziehung zum schulischen Befinden. Vor allem bei jüngeren Schüler/innen bestehen hier klare Zusammenhänge mit dem Ausmaß der schulischen Belastung, aber auch mit negativem Befinden in der Schule. Vor allem in diesem Bereich ist fraglich, inwieweit die Schule einseitig als Verursacherin dieses Verhaltens anzusehen ist – auch die Annahme einer Wechselwirkung zwischen schulischen Erfahrungen und Suchtverhalten erscheint hier durchaus plausibel.

Schulisches Befinden hängt somit in bedeutsamer Weise mit dem innerschulischen und außerschulischen Verhalten zusammen. Schulen, die positives Befinden fördern, unterstützen ihre Schülerinnen und Schüler bei der Erfüllung der schulischen Aufgaben, fördern ihre Bereitschaft zum Lernen und leisten zugleich auch einen Beitrag zur Prophylaxe im Hinblick auf abweichendes Verhalten. Die Höhe der jeweiligen Korrelationen legen die Annahme nahe, dass wichtige Zusammenhänge vor allem auf der Ebene der *psychischen Dispositionen* (Lernmotivation) bestehen (während das konkrete Verhalten, das ebenfalls erfasst wurde, in hohem Maße auch situationsbestimmt ist und daher nicht vergleichbar hohe Zusammenhänge aufweist).

Die Ergebnisse lassen es insgesamt lohnend erscheinen, der Förderung positiven Befindens in der Schule auch aus diesen Gründen erheblich mehr Aufmerksamkeit zu schenken als das bisher der Fall war.

9 Zusammenfassung der Untersuchungs-ergebnisse

Vorbemerkung: Die folgende Zusammenfassung resümiert die wesentlichen Ergebnisse der Untersuchung im Sinne einer weitgehend selbstständig lesbaren Zusammenfassung. Aus diesem Grund werden vereinzelt Tabellen, Grafiken oder auch Textstellen direkt übernommen.

Im Schuljahr 2004/05 wurde im Auftrag des Bundesministeriums für Unterricht und Kunst eine umfangreiche Untersuchung zum Befinden von Schülerinnen und Schülern in den öffentlichen Schulen durchgeführt. Sie umfasste

- eine für Österreich repräsentative schriftliche Befragung von Schülerinnen und Schülern von der 4. bis zur 12. Schulstufe
- 50 Intensivinterviews mit Schüler/innen, die sich durch die Schule besonders belastet fühlten

Der folgende Bericht fasst die Ergebnisse der repräsentativen Befragung zusammen.

9.1 Anlage der Untersuchung und Stichprobe

Befinden kann im weitesten Sinn als die Gesamtheit der Stimmungen, Empfindungen und emotionalen Zustände einer Person in Bezug auf sich selbst und in Bezug auf ihre Umwelt verstanden werden. Es umfasst, wie sich eine Person selbst und wie sie ihre Umwelt erlebt.

Entsprechend diesem Ansatz wurde in der vorliegenden Untersuchung erhoben, wie sich die Schüler und Schülerinnen selbst erleben (aktuelle und überdauernde Merkmale des Befindens), und wie sie ihre schulische Umwelt erleben (die individuelle Lage in der Schule).

Als *aktuelle Merkmale* wurden erhoben:
- das unmittelbare Wohlbefinden in der Schule,
- die Zufriedenheit mit der Schule,
- Schulangst und andere psychische und psychosomatische Belastungen durch die Schule.

Als *überdauernde*, bereits stärker in der Persönlichkeit verankerte *Merkmale* wurden
- das allgemeine Selbstwertgefühl,
- das Leistungsselbstkonzept und
- das soziale Selbstkonzept.

Die Befragungen zur *individuellen Lage* in der Schule erfassten
- die soziale Integration bei den Mitschüler/innen und bei den Lehrerinnen und Lehrern,

- die Bewältigung der Anforderungen,
- die zeitliche Beanspruchung durch die Schule, und
- Merkmale des Arbeitsplatzes in der Klasse.

Neben der Beschreibung der Situation der Schülerinnen und Schüler sollte auch überprüft werden, in welchem Ausmaß ihr Befinden von den Erfahrungen in der Schule selbst (zum Beispiel vom Schul- und Klassenklima), von Merkmalen der Familie bzw. von der Gleichaltrigengruppe (Peergruppe) abhängig ist.

Die Untersuchungsstichprobe bestand aus 7625 Schülerinnen und Schülern aus 339 Schulklassen (126 Schulen) von der 4. bis zur 12. Schulstufe, die repräsentativ für ganz Österreich ausgewählt wurden. Sie umfasst die 4. Stufe der Volksschule (VS), Hauptschule (HS) und AHS-Unterstufe (AHS-U), Polytechnische Schulen (PTS), Berufsschulen (BS), berufsbildende mittlere Schulen (BMS), sowie die AHS-Oberstufe (AHS-O) und berufsbildende Höhere Schule (BHS). In den zur Matura führenden Schultypen wurden die Maturaklassen nicht in die Befragung einbezogen. Gegenüber der Untersuchung 1993/94 wurden die Polytechnische Schulen und die Berufsschulen zusätzlich in die Stichprobe aufgenommen, sodass ein direkter Vergleich der jetzigen Untersuchungsergebnisse mit jenen von 1993/94 nur eingeschränkt möglich ist. [Die zusätzlich aufgenommenen Schultypen führen direkt in den Beruf oder werden von Jugendlichen besucht, die bereits im Beruf stehen, und man kann zumindest vermuten, dass sie der Schule nicht vergleichbar positiv gegenüberstehen wie jene, die nach der Sekundarstufe I eine Fortführung der Schullaufbahn anstreben. Insofern ist die Stichprobe aus dem Jahre 1993/94 gegenüber der jetzigen vermutlich positiv selegiert.]

Bei der Ziehung der Stichprobe wurde besonders darauf geachtet, dass auch die einzelnen Schulstufen repräsentativ vertreten sind. Daher ist es möglich, für wichtige Merkmale Querschnittsverläufe über die Schulstufen zu berechnen. Diese Querschnittsverläufe geben Hinweise darauf, wie sich einzelne Merkmale über die Zeit hinweg entwickeln; sie können aber echte Längsschnittanalysen nicht ersetzen.

9.2 Das Befinden der Schüler/innen in der Schule

9.2.1 Merkmale des aktuellen Befindens

a) Das Wohlbefinden in der Schule

Der größere Teil der Schülerinnen und Schüler geht gern in die Schule und fühlt sich dort wohl. 70% der Mädchen und 66% der Burschen gehen "sehr gerne" oder "gerne" in die Schule; 80% der Mädchen und 71% der Burschen gefällt es insgesamt in der Schule "sehr gut" oder "gut". Diese Freude am Schulbesuch, die im Durchschnitt bei den Mädchen stärker ausgeprägt ist als bei den Burschen, ist in der Volksschule am größten und sinkt in der Sekundarstufe I (5. - 8. Schulstufe) kontinuierlich ab, und zwar sowohl bei den Burschen als auch bei den Mädchen, in der Unterstufe der AHS ebenso wie in der Hauptschule. Am Ende der Sekundarstufe I bzw. im ersten Jahr der weiterführenden Schulen gleichen sich die Werte zwischen den Schultypen an; die Unterschiede zwischen den Geschlechtern bleiben weiterhin bestehen.

Tabelle 64: Freude am Schulbesuch; Extremausprägungen in den einzelnen Schultypen bzw. Schulstufen. N = 4406.

Schultyp	Volks-schule	Haupt-schule	AHS-Unter-stufe	PTS	BMS	Berufs-schule	AHS-Ober-stufe	BHS
sehr gerne	23	12	15	6	7	7	12	10	
sehr ungern	10	13	8	19	12	15	5	5	
Schulstufe	4.	5.	6.	7.	8.	9.	10.	11.	12.
sehr gerne	23	23	14	9	9	10	9	8	7
sehr ungern	10	8	10	11	11	10	10	12	10

Anmerkungen: Prozentangaben auf die Frage: "Gehst du gerne in die Schule?"; Antwortmöglichkeiten: sehr gerne - gerne - ungern - sehr ungern. N = 7526.

Gegenüber 1994 – dem Jahr der ersten Befindensuntersuchung – ist die Freude am Schulbesuch deutlich gestiegen: Vor allem in der Sekundarstufe I und in jenen Schulen, die zur Matura führen, gaben im Schuljahr 2004/05 deutlich mehr Schüler/innen an, „sehr gerne" in die Schule zu gehen, als noch vor 11 Jahren.

b) Die Schulzufriedenheit

Auf einer siebenstufigen Gesichterskala zur Einschätzung der Zufriedenheit (vgl. Abbildung 94) liegt der ganz überwiegende Teil der Schülerinnen und Schüler im positiven bzw. neutralen Bereich. Etwa 16% bei den Burschen und 12% bei den Mädchen gaben eine negative Einstufung der Zufriedenheit; 35% der Burschen und 41% der Mädchen wählten eine der beiden höchsten Zufriedenheitsausprägungen (Antwortstufen 6 und 7).

Die Zufriedenheit mit der Schule ist in der Volksschule am größten. In der Sekundarstufe I sinkt sie rasch ab und erreicht in der 8. Stufe einen Tiefpunkt. Nach der Sekundarstufe I kommt es wiederum zu einem geringfügigen Anstieg; das dabei erreichte Niveau bleibt dann in den weiterführenden mittleren und höheren Schulen im Wesentlichen gleich. Die Zufriedenheit der Mädchen ist insgesamt etwas höher. Von den Schultypen der Sekundarstufe I weist die AHS die höhere Schulzufriedenheit auf. Die Berufsschulen und die Berufsbildenden mittleren Schulen (einschließlich PTS) liegen in der Zufriedenheit ihrer Schüler/innen deutlich unter allen anderen Schultypen.

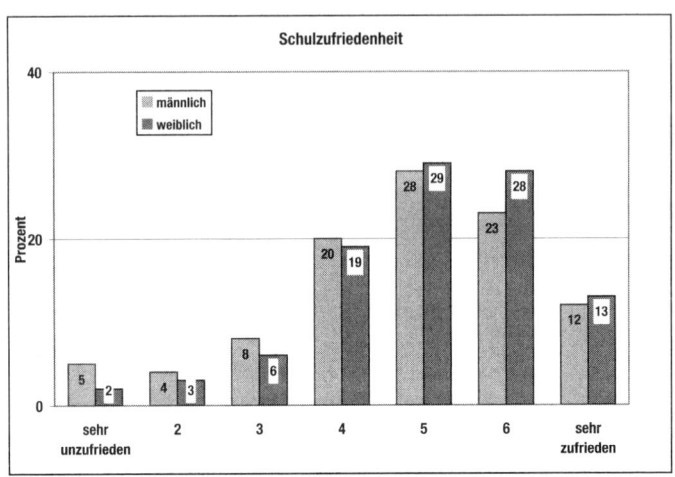

Abbildung 94: Zufriedenheit mit der Schule. Prozentangaben, N=7472. Gewichtete Werte.

Gegenüber 1994 gibt es einen Zuwachs in der Zufriedenheit, der sich vor allem bei den Mädchen abzeichnet.

c) Schul- und Prüfungsangst

Im Durchschnitt bezeichnen jeweils etwas mehr als 20% der Schülerinnen und Schüler die in den Items des verwendeten Angstfragebogens beschriebenen Sachverhalte (z. B.: „Wenn geprüft wird, bekomme ich jedes Mal ein komisches Gefühl im Magen") als für sie „völlig" zutreffend. Die Schulangst ist bei den Mädchen deutlich höher als bei den Burschen.

In der Volksschule ist die Schulangst relativ niedrig; es zeigt sich jedoch, dass die Schülerinnen und Schüler, die vorhaben, in die Hauptschule zu gehen, bereits in der Volksschule ganz erheblich mehr Schulangst haben als jene, die vorhaben, in die AHS zu gehen (vgl . Abbildung 95).

Beim Übergang von der der Grundschule in die Sekundarstufe I kommt es bei allen Schüler/innen zu einem deutlichen Anstieg der Schulangst. In der AHS ist dieser Anstieg etwas stärker ausgeprägt als in der Hauptschule. Etwa ab der 7. Schulstufe bleibt die Schulangst auf dem ungefähr gleichen Niveau und geht gegen Ende der Schullaufbahn etwas zurück.

Abbildung 95: Veränderung der Schulangst während der Schullaufbahn. Angstfragebogen von Strittmatter & Jacobs.

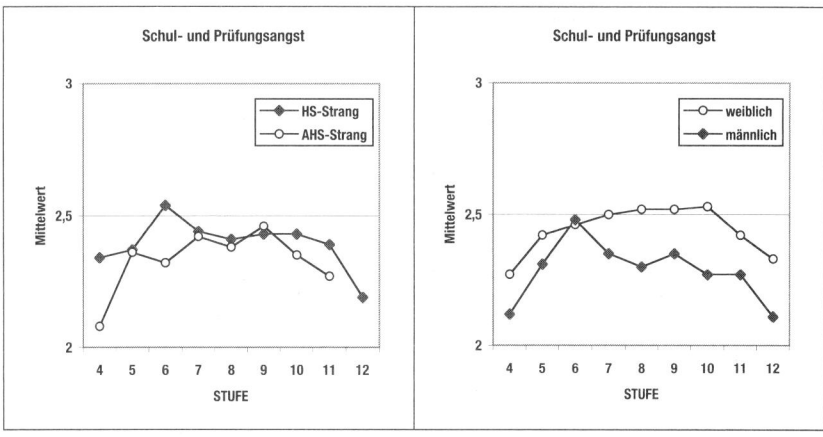

Anmerkungen. „HS-Strang" umfasst Schüler/innen, die in der VS vorhaben, auf eine HS zu gehen, sowie die Schüler/innen der HS und die Schüler/innen der anschließenden Berufsbildenden mittleren oder höheren Schulen. „AHS-Strang" umfasst die Schüler/innen, die in der VS vorhaben, auf eine AHS zu gehen, sowie die Schüler/innen der AHS (Unterstufe und Oberstufe).

d) Psychische Belastungen durch die Schule

Als allgemeine Indikatoren der psychischen Belastung wurden Schulstress, Depressive Verstimmung (ab der 9. Schulstufe) und psychovegetative Beschwerden der Schülerinnen und Schüler erhoben. In der 4. - 8. Schulstufe sind etwa 23% der Schülerinnen und Schüler stark durch Schulstress belastet; 25% zeigen starke psychovegetative Beschwerden (Kopfschmerzen, Schlafstörungen, Übelkeit u.ä.). Auf der 9. - 12. Stufe leiden etwa 42% der Befragten stark unter Depressiver Verstimmung, 36% unter starkem Schulstress sowie etwa 14% unter starken psychovegetativen Beschwerden.

Schulstress zeigt im Entwicklungsverlauf über die Schulstufen zwei klare Tendenzen: Mädchen berichten deutlich mehr Schulstress als die Burschen, und es gibt einen massiven Anstieg, der während der Sekundarstufe I beginnt und in der 10. Schulstufe seinen Höhepunkt findet. Die beiden Schulstränge unterscheiden sich in dieser Entwicklung nicht wesentlich. Wohl aber zeigt sich eine massive Diskrepanz zwischen Burschen und Mädchen: Bei diesen steigt der Schulstress in den weiterführenden Schulen überproportional an, während es den Burschen offenbar gelingt, nach einem leichten Zuwachs zu Beginn der Sekundarstufe II bald wieder auf das deutlich niedrigere Stressniveau zu Beginn der Sekundarstufe I zurück zu gelangen.

Bei den *psychovegetativen Beschwerden* zeigt sich ebenfalls ein deutlicher Anstieg in der Sekundarstufe I, der in der Hauptschule etwas weniger ausgeprägt ist als in der AHS. Während der Sekundarstufe II kommt es zu einem Rückgang, der wiederum bei den Burschen deutlich stärker ausfällt als bei den Mädchen. Insgesamt gibt es bei den psychovegetativen Beschwerden große Geschlechtsunterschiede zu Lasten der Mädchen.

Depressive Verstimmung wird von den Mädchen deutlich öfter berichtet als von den Burschen; ihre Ausprägung bleibt während der Sekundarstufe II weitgehend unverändert.

In Summe zeigt sich also beim Übergang von der Volksschule in die Sekundarstufe ein deutlicher Zuwachs an psychischen Belastungen, der in der AHS etwas stärker ausfällt als in der Hauptschule, und sich weitgehend kontinuierlich über die Jahre der Sekundarstufe fortsetzt. Gegenüber der Untersuchung 1993/94 zeigt sich allerdings eine Tendenz, dass diese Belastungen beim Übergang nicht mehr mehr in jener Schärfe auftreten wie früher.

9.2.2 Selbstkonzept und Selbstwertgefühl als überdauernde Merkmale des Befindens

Die verwendeten Indikatoren für die Selbstsicht der Schüler/innen – Allgemeines Selbstwertgefühl, Leistungsselbstkonzept und Soziales Selbstkonzept – zeigen im Durchschnitt eine relativ positive Selbstwahrnehmung, die vor allem durch hohe Selbstakzeptanz und durch die Zuschreibung sozialer Fähigkeiten charakterisierbar ist, in geringerem Ausmaß auch durch die Zuschreibung von Leistungsfähigkeit.

Im Verlauf der Schulstufen zeigen sich folgende Veränderungen (vgl. Abbildung 96):

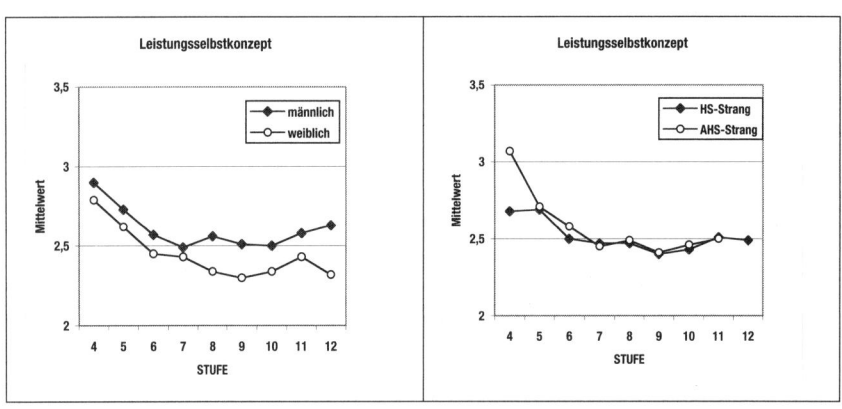

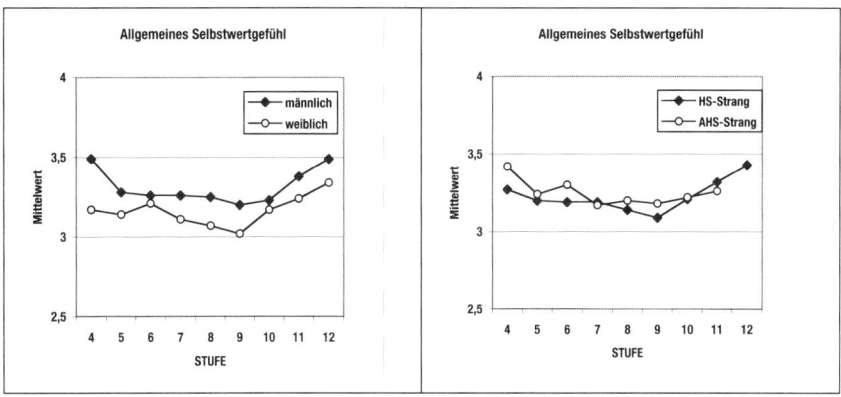

Abbildung 96: Veränderungen im Allgemeinen Selbstwertgefühl und im Leistungsselbstkonzept während der Schullaufbahn. Die verwendeten Selbstkonzeptskalen haben einen Mittelwert von M = 100 und eine Streuung von SD = 10.

Das Leistungsselbstkonzept zeigt einen deutlich absteigenden Verlauf über die Schulstufen, nicht hingegen das allgemeine Selbstwertgefühl. Die beiden Schulstränge unterscheiden sich nicht erheblich. Auffallend ist der rapide Rückgang des Leistungsselbstkonzepts beim Übertritt von der Grundschule in die Sekundarstufe I. Offensichtlich erleben sich die Schüler/innen nach diesem Übergang in hohem Ausmaß als weniger leistungstüchtig als vorher. Das Allgemeine Selbstwertgefühl, das bis zum Ende der Pflichtschulzeit eher absinkt, zeigt bei den Schüler/innen in den weiterführenden Schulen wieder einen merklichen Anstieg.

Ausgeprägt sind die Geschlechtsunterschiede: Burschen haben ein besseres Leistungsselbstkonzept und ein deutlich positiveres Selbstwertgefühl als Mädchen. Diese Unterschiede existieren bereits in der Grundschule, und werden über die Schulstufen hinweg jedenfalls nicht geringer. Besonders ausgeprägt sind sie im Hauptschulstrang. Im Sozialen Selbstkonzept liegen meist die Mädchen über den Burschen, doch sind die Unterschiede nicht groß.

Veränderungen gegenüber 1994 zeigen sich vor allem in den geschlechterbezogenen Ausprägungen. Die damals sichtbare Tendenz zu sich während der Schullaufbahn vergrößernden Unterschieden im Allgemeinen Selbstwertgefühl findet sich in den gegenwärtigen Daten nicht mehr; im Bereich der AHS zeigt sich vielmehr eher ein Rückgang der Unterschiede während der Schullaufbahn.

9.3 Merkmale der individuellen Lage in der Schule

9.3.1 Die sozialen Beziehungen in der Schule

a) Die Beziehungen zu Mitschülern und Mitschülerinnen

Die meisten Schülerinnen und Schüler freuen sich, wenn sie nach dem Wochenende ihre MitschülerInnen wieder treffen, und fühlen sich von ihnen unterstützt. Nur für eine kleine Gruppe – 19% der Burschen und 13% der Mädchen – trifft dies nicht zu. Häufigere Konflikte mit den Mitschüler/innen berichten ca. 20% der Burschen und 14% der Mädchen. Die positiven Beziehungen verschlechtern sich allerdings – unabhängig vom Schultyp – während der Schullaufbahn fast kontinuierlich; allerdings werden auch die Konflikte weniger. Insgesamt fühlen sich die Mädchen deutlich besser bei ihren Mitschülern und Mitschülerinnen integriert als die Burschen. Konflikthafte Mitschülerbeziehungen sind in der Hauptschule etwas häufiger als in der AHS Unterstufe, vor allem bei den Burschen.

b) Die Beziehungen zu Lehrerinnen und Lehrern

Etwa 9% der Schüler und etwa 4% der Schülerinnen geben an, dass sie "zu keiner" Lehrperson ein gutes Verhältnis hätten; der ganz überwiegende Teil hat zumindest "zu einigen" oder "zu allen" Lehrpersonen ein gutes Verhältnis (ca. 88% der Mädchen, 80% der Burschen). Bei Einzelfragen zur Beziehung zu den Lehrerinnen und Lehrern gibt es jeweils zwischen 10 und 20% der Befragten, die den jeweiligen Aspekt (Gerechtigkeit, Fairness u.ä.) negativ beschreiben. Insgesamt dürfte es eine Gruppe von ca. 15-20% der Schülerinnen und Schüler geben, die ihre Beziehungen zu den Lehrkräften fast durchgehend negativ erleben.

Mädchen weisen in der Volksschule und in der Sekundarstufe die deutlich besseren Beziehungen auf; auch gegen Ende der weiterführenden Schulen verschwinden diese Geschlechtsunterschiede nicht, auch wenn sie tendenziell kleiner werden. Zwischen den Schulsträngen gibt es nur zu Beginn deutliche Unterschiede; auch hier zeigt sich, dass die späteren AHS-Schüler/innen bereits in der Volksschule die besseren Beziehungen zu den Lehrpersonen aufweisen und diesen Vorsprung auch noch eine Zeitlang beibehalten können.

Gegenüber 1994 sind im Bereich der sozialen Beziehungen keine auffälligen Veränderungen festzustellen; es wird allerdings eine leichte Tendenz zur Verbesserung der Beziehung zwischen Lehrpersonen und Schüler/innen sichtbar.

(c) Einschätzungen der Geschlechterverhältnisse an den Schulen

Insgesamt ergibt sich aus den Antworten der Schülerinnen und Schüler ein durchaus positives Bild der Geschlechterbeziehungen: Das soziale Miteinander wird überwiegend – und mit höherer Schulstufe ansteigend – als partnerschaftlich bezeichnet; Streit gibt es häufiger innerhalb der Geschlechter als zwischen ihnen. In zwei Richtungen weist dieses Bild jedoch Verzerrungen auf: Übereinstimmend wird berichtet, dass Mädchen gegenüber den Burschen bevorzugt, häufiger aufgerufen werden und leichter gute Noten bekommen. Andrerseits entsteht auch das Bild, dass Mädchen nach wie vor „weniger zählen" und ihre Beiträge nicht im gleichen Ausmaß ernst genommen werden wie jene der Burschen.

Auch hier ist zu berücksichtigen, dass die Antworten der Schüler/innen zunächst nicht Berichte über Fakten, sondern über Wahrnehmungen sind. Dass die Schule insgesamt den Mädchen mehr entgegenkommt als den Burschen findet jedoch auch in einer Reihe anderer Ergebnisse (bessere Noten in den Hauptgegenständen; höhere Zufriedenheit mit der Schule) eine Entsprechung; auf der Gegenseite stehen u.a. die bei Mädchen offenbar hohen psychischen Kosten (vermehrte Schulangst, höhere Belastungen).

9.3.2 Die Bewältigung der schulischen Anforderungen

a) Die Noten

Noten – das symbolische "Äquivalent" für die Leistung der Schülerinnen und Schüler – zeigen sehr unterschiedliche Verteilungen auf den verschiedenen Ebenen des Schulsystems. In der Grundschule wird offensichtlich überwiegend lernzielorientiert benotet, sodass die Notenverteilungen eine Häufung im Bereich guter und sehr guter Noten aufweisen; nur ganz wenige Schüler/innen haben z. B. eine Notensumme aus den Kernfächern, die über 9 liegt (vgl. Abbildung 97).

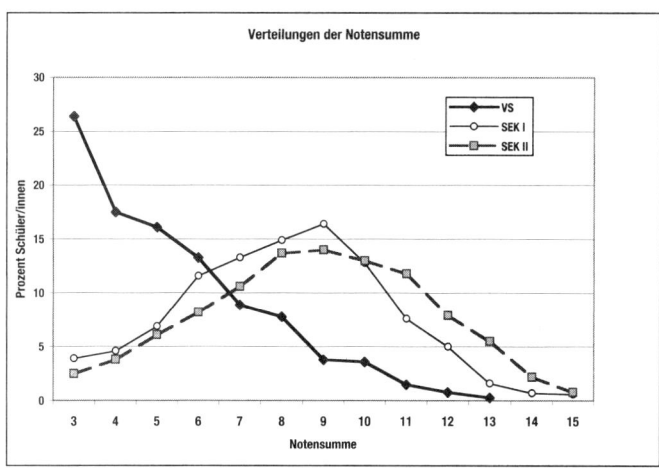

Abbildung 97: Notenverteilungen (Notensummen aus Deutsch, Englisch bzw. Sachunterricht, und Mathematik) in der Volksschule (4. Stufe), Sekundarstufe I und Sekundarstufe II (ohne Berufsschulen). Prozentangaben, N = 6032.

Zu Beginn der Sekundarstufe I kommt es zu einem abrupten Wechsel der Bezugsnorm für die Notengebung. Offensichtlich bildet nun nicht mehr die

Erreichung der Lernziele, sondern der Vergleich der Schülerinnen und Schüler untereinander die Basis der Beurteilung. Das hat zur Folge, dass die Notenverteilungen in den Kernfächern eine Normalverteilung aufweisen, in der Sekundarstufe II sogar eine leicht rechtssteile Verteilung, was bedeutet, dass die „schlechten" Noten häufiger vorkommen als die guten.

Das führt zu einer deutlichen Verschlechterung der durchschnittlichen Noten, die die Schülerinnen und Schüler erhalten. In der Volksschule liegt der Notendurchschnitt aus den Hauptfächern knapp unter 2; im ersten Jahr der Sekundarstufe I verschlechtert sich dieser Notendurchschnitt um eine halbe Note, in den weiteren Jahren um eine weitere halbe Note, sodass sich in den weiterführenden mittleren und höheren Schulen ein rechnerischer Notendurchschnitt aus den Hauptfächern ergibt, der bereits unter 3 liegt. Im Bereich der Noten wird also die Sekundarstufe von den meisten Schülern als Prozess kontinuierlicher Verschlechterung erlebt (vgl. Abbildung 98).

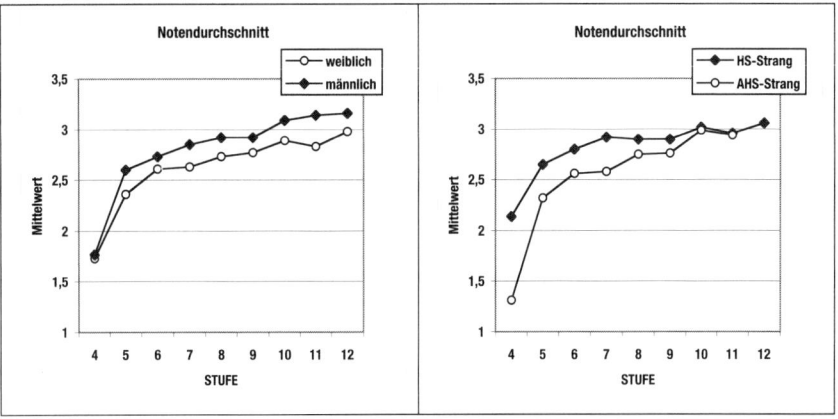

Abbildung 98: Entwicklung der Notendurchschnitte (Mittelwerte aus Deutsch, Englisch bzw. Sachunterricht, und Mathematik) auf den verschiedenen Schulstufen (ohne Berufsschulen). Noten aus der 2. und 3. Leistungsgruppe der Hauptschule sind nicht korrigiert.

Die Noten der Mädchen sind im allgemeinen geringfügig besser als jene der Burschen. Gegenüber 1994 sind in zwei Bereichen wesentliche Veränderungen eingetreten:

• In der Volksschule hatte etwa 16% der Schüler/innen in Deutsch, Englisch und Sachunterricht jeweils ein „Sehr gut", 2005 sind es etwa 26%.
• In der Unterstufe der AHS ist die Anzahl der Schüler/innen mit einer Notensumme von 3 bis 6 aus den Kerngegenständen um 10 % gestiegen.

b) Orientierung im Unterricht

Etwa 35% der Schülerinnen und Schüler aus den unteren Schulstufen stimmen der Aussage zu, dass sie Vieles einfach nur auswendig lernen, ohne es zu verstehen; etwas weniger als jeweils 10% geben an, dass sie sich im Unterricht „oft" nicht auskennen oder nicht unterscheiden können, was wichtig und was unwichtig ist. In den oberen Schulstufen (8. - 12.) sind die Quoten derer, die sich im Unterricht nicht auskennen, nicht niedriger als in den unteren (vgl. Tabelle 65).

Jeweils um etwa 60% der Schülerinnen und Schüler der oberen Schulstufen stimmen Statements zu, deren Inhalt "vielen" Schulfächern geringe Nützlichkeit, Brauchbarkeit und Gegenwartsbedeutung zuschreibt; etwas über 55% halten die meisten Dinge in der Schule für interessant und persönlich nützlich.

Tabelle 65: Orientierung im Unterricht nach Schultyp und -stufe

Schultyp	VS	HS	AHS-U	AHS-O	BMS	BHS	BS	PTS
stimmt ziemlich, stimmt völlig	18,2	24,7	20,5	24,7	25,1	22,8	23,0	26,8

Schulstufe	4.	5.	6.	7.	8.	9.	10.	11.	12.
stimmt ziemlich, stimmt völlig	18,2	18,7	21,9	25,3	24,0	25,9	24,4	24,1	19,1

Anmerkungen: Zustimmung zur Aussage „Im Unterricht kenne ich mich oft nicht aus". Prozentangaben, N = 7501.

c) Die subjektive Bewältigung der Leistungsanforderungen

Über alle Schulstufen hinweg geben etwa 10% der Schülerinnen und Schüler an, dass ihnen die Bewältigung der schulischen Anforderungen „sehr schwer" oder „schwer" fällt; etwa die Hälfte stufen sich selbst im mittleren Bereich ein.

Etwa 17% der Mädchen und 28% der Burschen der 4.-8. Schulstufe wird die Schule „fast immer" oder „meistens" zu viel; man kann davon ausgehen, dass dies der ungefähre Anteil von häufig überlasteten Schülerinnen und Schülern ist. Von den Schüler/innen der 9. - 12. Schulstufe geben 27% der Mädchen und 29% der Burschen an, dass in der Schule "viel zu viel" verlangt wird; versteht man diese Antwort auch als Ausdruck der persönlichen Überforderung, so ergibt sich ein vergleichbar hoher Prozentsatz wie in den unteren Schulstufen. Das Zutrauen, die Schule bewältigen zu können, nimmt über die Schulstufen hinweg etwas ab, d.h. die Schule wird als zunehmend schwieriger erlebt.

Dieser Sachverhalt findet auch darin seinen Ausdruck, dass die Schülerinnen und Schüler ihre *Passung zur Schule* häufig als gering einstufen. Von den dazu befragten Schülerinnen und Schülern der 9. - 12. Schulstufe gaben 16% der Burschen und 16% der Mädchen an, dass ihre jeweilige Schule „bestimmt nicht" oder „wahrscheinlich nicht" die richtige sei; bei der Bereitschaft zur Wiederwahl waren es 30% der Burschen und 27% der Mädchen, die ihre Schule „bestimmt nicht" oder „wahrscheinlich nicht" wiederwählen würden. Diese Quoten sind allerdings nach Schultypen sehr unterschiedlich; im Extremfall sind es 40%, die ihre Schule nicht wiederwählen würden.

Gegenüber 1994 zeigen sich deutliche Rückgänge in den Quoten der Schülerinnen und Schüler, die das Gefühl haben, dass ihnen die Schule zuviel wird, oder dass in der Schule viel zu viel verlangt werde; die hier angesprochenen Veränderungen betreffen die Mädchen stärker als die Burschen. Die Passung zur Schule selbst ist bei den Mädchen gestiegen, bei den Burschen niedriger geworden. Die Verbesserung der Entsprechung zwischen den Anforderungen der Schule und den Lern- und Leistungsvoraussetzungen der Schüler/innen beschränkt sich also auf die Mädchen.

9.3.3 Der Zeitaufwand für die Schule

Die wöchentliche Gesamtbeanspruchung durch die Schule ist – ausgenommen die Volksschule – relativ hoch. In Tabelle 66 ist der durchschnittliche Zeitaufwand für die einzelnen Komponenten der Schul-Zeit zusammengefasst.

Tabelle 66: Wöchentliche Zeitbeanspruchung durch die Schule

	Unterrichts-stunden pro Woche (1)	Wegaufwand (2)	Häusliche Arbeits-zeit (2)	Wöchentlicher Zeitaufwand (3)
Volksschule (4. Klasse)	25:00	5:52	6:36	37:28 33:09 - 41:47
Hauptschule	30:00	6:56	8:07	45:01 40:00 - 50:02
AHS Unterstufe	30:00	8:11	10:21	48:29 42:36 - 54:22
AHS Oberstufe	34:00	7:55	9:51	51:47 45:22 - 56:12
BMS	35:00	8:12	7:35	50:50 43:45 - 57:57
BHS	36:00	8:58	10:11	55:08 48:19 - 61:54
Polytechnische Schulen	32:00	7:28	5:49	45:17 40:29 - 50:05

Anmerkungen:

(1) Die Anzahl der Unterrichtsstunden, die während eines Schuljahres besucht werden, kann von Schüler/in zu Schüler/in etwas verschieden sein (Wahlfächer, Abmeldung vom Religions-unterricht), innerhalb des gleichen Schultyps gelegentlich von Stufe zu Stufe variieren (Schulautonomie) oder auch in den verschiedenen Zweigen oder Typen einer Schulart unterschiedlich sein. Der fettgedruckte Wert drückt einen Durchschnittswert für den Schultyp aus; bei davon abweichenden Werten ist der rechts stehende Gesamtwert entsprechend zu verändern.

(2) Der fettgedruckte Wert gibt den Durchschnittswert pro Schultyp an (Stunden:Minuten).

(3) Der fettgedruckte Wert gibt den Durchschnittswert pro Schultyp auf Basis der durchschnitt-lichen Anzahl der Unterrichtsstunden an; der darunter liegende Streuungsbereich gibt den Bereich an, in dem etwa zwei Drittel der Schüler/innen liegen. Er stützt sich ebenfalls auf die durch-schnittliche Anzahl der Unterrichtsstunden und auf die gemeinsame Streuung von Wegzeiten und häuslicher Lernzeit.

An den "Nahtstellen" des Schulsystems kommt es zu einer abrupten Zunahme der durch die Schule gebundenen Zeit: im Schnitt um etwa 8 Stunden beim Übergang in die Sekundarstufe I, und um weitere 3 - 10 Stunden beim Übergang in eine weiterführende Schule (vgl. Abbildung 99). Dieser Zuwachs ergibt sich aus der Vermehrung der Unterrichtsstunden und aus der vermehrten häuslichen Arbeitszeit.

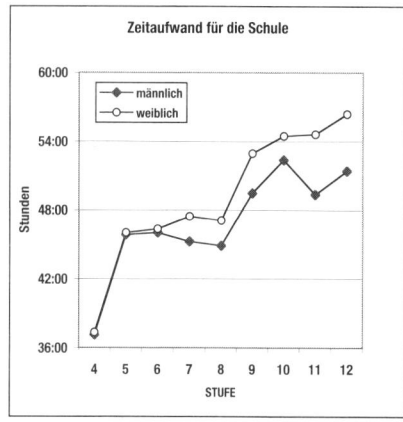 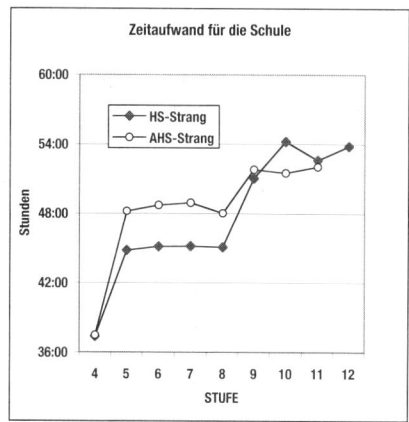

Abbildung 99: Die Veränderung der zeitlichen Beanspruchung der SchülerInnen durch die Schule auf den verschiedenen Stufen des Schulsystems (Durchschnittswerte in Stunden).

Mädchen arbeiten signifikant mehr für die Schule, vor allem in den weiterführenden Schulen. Gegenüber 1994 ist der Zeitaufwand für die Volksschule gleich geblieben; in der Sekundarstufe I hat sich eine deutliche Entlastung im Bereich der Hauptschulen und eine geringere im Bereich der AHS ergeben. Sie hängt mit der Verringerung der Normstunden und dem Wegfall von Wahlunterricht zusammen, sodass die Schüler/innen insgesamt weniger Unterrichtsstunden haben. Die *häusliche* Arbeitszeit ist in der Hauptschule etwas zurückgegangen, in der AHS um etwa eine Stunde gestiegen. Als Folge davon verläuft auch der Übergang von der Volksschule in die Sekundarstufe I etwas weniger abrupt als früher: Der Anstieg des Zeitaufwandes beim Übergang beträgt nicht mehr ca. 13, sondern „nur" noch etwa 10 Stunden.

Auch in den weiterführenden Schulen ist es zu Rückgängen im Zeitaufwand gekommen, die im Wesentlichen direkt aus der Stundenreduktion resultieren.

9.3.4 Arbeitsplatz Schulklasse

Die ergonomische Qualität der einzelnen Schülerarbeitsplätze ist in vielen Fällen nicht ausreichend. Etwa 12% der Schülerinnen und Schüler berichten, dass ihre Arbeitstische entweder zu niedrig oder zu hoch sind; insgesamt bezeichnen etwa 60% ihren Arbeitsplatz in der Klasse als „sehr bequem" oder „bequem"; etwas unter 10% als „sehr unbequem".

Zahlreiche Schülerinnen und Schüler klagen über arbeitsplatzbedingte körperliche Belastungen. Etwa 29 % klagen über Rückenschmerzen, etwa 31% über Kopf-, Nacken- und Schulterschmerzen. Diese Beschwerden steigen nach der Volksschule stark an und erreichen in den ersten Jahren der Sekundarstufe II ihr Maximum.

9.4   Merkmale des Lebensbereichs Schule

9.4.1   Das Klima in den Schulen

Das Klima – die von den Schülerinnen und Schülern subjektiv wahrgenommene schulische Umwelt, insbesondere in der Klasse – wurde mit dem Linzer Fragebogen zum Schul- und Klassenklima erfasst. Dieses Verfahren bietet Versionen für die 4. - 8. sowie für die 8. - 13. Klassenstufe, die nach dem gleichen Konzept aufgebaut sind. Die zweite Version wurde in der Untersuchung ab der 9. Schulstufe verwendet. Das Klima in den Klassen 4 - 8 lässt sich auf Basis dieser Verfahrens nach 14 Teilaspekten darstellen, die sich zu vier grundlegenden Dimensionen zusammenfassen lassen: Sozial- und Leistungsdruck, Schülerzentriertheit, Rivalität und Störung; Lerngemeinschaft in der Klasse.

Das Klima in der *Volksschule* ist einerseits durch hohes pädagogisches Engagement der Lehrpersonen, Qualität der Vermittlung im Unterricht und hohe Kontrolle der Schülerarbeit, andererseits durch geringen Unterrichtsdruck, geringe Restriktivität der Lehrpersonen und geringe Rivalität in der Klasse gekennzeichnet.

Beim Übergang in die *Sekundarstufe I* kommt es zu einer Verschlechterung in allen Bereichen des Klimas, die zusammenfassend als eine *Verringerung der Schülerzentriertheit und als Zunahme von Sozial- und Leistungsdruck* beschrieben werden kann. Im Erleben der Schülerinnen und Schüler erstreckt sich der Rückgang der Schülerzentriertheit kontinuierlich über die Sekundarstufe I. Vor allem in der AHS-Unterstufe kommt es zu einer drastisch erlebten Zunahme von Sozial- und Leistungsdruck und einem Rückgang der Schülerzentriertheit; in der Hauptschule verläuft dieser Prozess etwas gemildert. Beide Schultypen der Sekundarstufe sind also klimatisch durch den Rückgang an Schülerzentriertheit und die Zunahme von Druck beschreibbar. Parallel dazu verschlechtern sich auch die Beziehungen der Schüler/innen untereinander: Rivalität und Störung in den Klassen nehmen zu, die Qualität der Lerngemeinschaft geht zurück. Der Übergang von der Volksschule auf die Sekundarstufe I erweist sich damit als ein Zeitraum relativ starker klimatischer Verschlechterung in den Schulen

Das Klima in den weiterführenden Schulen (Stufe 9 - 12) lässt sich einerseits dadurch beschreiben, dass die einzelnen Aspekte des Klimas eher mittlere Ausprägungen aufweisen; allerdings gibt es sehr große Streuungen zwischen den einzelnen Schulklassen bzw. Schulen. Zwischen den Schultypen bestehen jedoch keine ausgeprägten Unterschiede. Der Rückgang der Schülerzentriertheit des Unterrichts setzt sich auch in der Oberstufe fort, allerdings in einer abgeschwächten Form. Die übrigen Dimensionen des Schul- und Klassenklimas bleiben während der weiterführenden Schule – systemweit betrachtet – weitgehend stabil.

Gegenüber der Untersuchung 1994, in der das gleiche Erhebungsinstrument verwendet wurde, zeigen sich nur wenige Veränderungen. Auf den Stufen 4 - 8 zeigt sich eine Zunahme an Leistungsdruck um drei Standardpunkte, sowie ein Rückgang im Bereich der Mitsprache und der Schülerbeteiligung im Unterricht. Insgesamt würde dies darauf hinweisen, dass eine stärkere Ausrichtung auf die schulischen Anforderungen, allerdings unter Verzicht auf die Einbeziehung der Schüler/innen, stattgefunden hat. Auf den Stufen 9-12 lässt sich aus dem Vergleich eine Zunahme an sozialer „Wärme", eine Zunahme an Gerechtigkeit, ein Rückgang im Bereich von restriktivem, vergleichendem Verhalten ablesen, gepaart mit etwas mehr Mitsprache und Schülerbeteiligung im Unterricht. Insgesamt handelt es sich also eher um eine gegenläufige Tendenz zu jener in den unteren Schulstufen. Nach Schultypen aufgegliedert, ergeben sich die meisten positiven Veränderungen im Bereich der BHS.

9.4.2 Partizipation und Individualisierung im Unterricht

Zusätzlich zu den Unterrichtsmerkmalen, die bereits im Zusammenhang mit der Erfassung des Klimas beschrieben wurden (Vermittlungsqualität, Schülerbeteiligung, Kontrolle der Schülerarbeit) wurden *Partizipation und Selbstorganisation*, sowie *Individualisierung und Ergebnisorientierung* als neue Untersuchungsbereiche aufgenommen. Partizipation und Selbstorganisation erscheinen wichtig im Hinblick auf die immer stärker betonte Notwendigkeit selbst organisierten Lernens als Basis einer über die Schule hinausgehenden Bereitschaft zum lebenslangen Lernen; Individualisierung und Ergebnisorientierung stehen im Kontext der verstärkten Notwendigkeit zur Sicherung der Nachhaltigkeit des Lernens, die vor allem im Zusammenhang mit der Erreichung von Standards angesprochen wird.

Im Hinblick auf Partizipation ergab sich der Eindruck, dass die Beteiligung der Schüler/innen an Entscheidungen grundsätzlich von den Lehrpersonen akzeptiert ist; die höchste Zustimmung zeigte sich bei Entscheidungen, die gemeinsame Unternehmungen oder Schulveranstaltungen betreffen. Deutlich niedriger ist die Zustimmung dort, wo es um Entscheidungen über den Unterricht geht. In Hinblick auf *Individualisierung* gibt es die relativ höchste Übereinstimmung hinsichtlich der Kompetenz der Lehrpersonen, die Stärken und Schwächen der Schüler/innen richtig zu erkennen; mehr als die Hälfte der Befragten berichtet auch, dass sich die Lehrpersonen regelmäßig davon überzeugen, ob die Schüler/innen den Stoff verstanden haben. Dass hingegen als Folge der durchgeführten Diagnosen tatsächlich Differenzierungsmaßnahmen gesetzt werden, wird nur selten berichtet. Der Verlauf der Indikatoren für diese zwei Bereiche (vgl. Abbildung 100) verdeutlicht diese Tendenz.

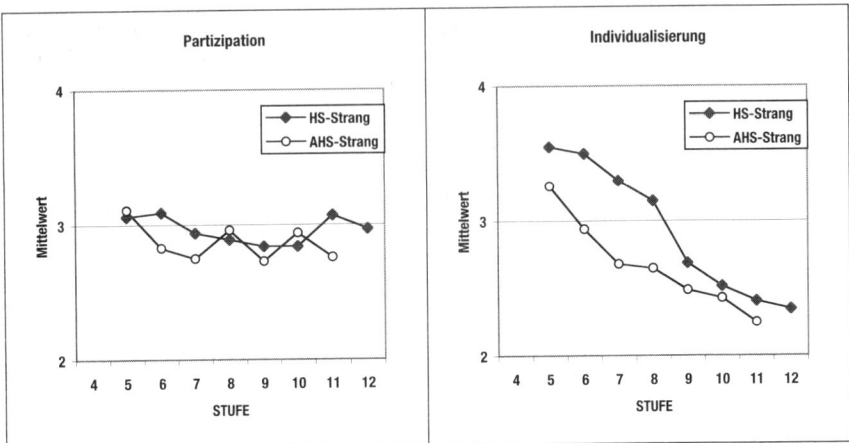

Abbildung 100: Verlauf der Indikatoren für Partizipation und Individualisierung

Während Partizipation von der 5. bis zur 12. Stufe (in der Volksschule wurden die Merkmale nicht erhoben) jeweils ungefähr gleich stark ausgeprägt ist und keine systematischen Unterschiede zwischen den beiden Schulsträngen erkennen lässt, zeigt Individualisierung eine drastischen Rückgang über die Schulstufen und eine deutlich niedrigere Ausprägung im AHS-Strang. Individualisierung bildet nach den vorliegenden Ergebnissen mit Sicherheit keine spezielle Qualität der mittleren und höheren Schulen.

9.5 Die Familiensituation

Etwas mehr als zwei Drittel der Schülerinnen und Schüler (68%) lebt in Kernfamilien mit mehreren Kindern; Ein-Elternfamilien sind der zweithäufigste Familientyp (17%), gefolgt von Ein-Kind-Kernfamilien (7%). Unabhängig von der sonstigen Zusammensetzung der Familie leben etwa 24% der Schüler/innen im Verbund mit Großeltern. Bei 88% der Befragten waren beide oder zumindest ein Elternteil Inländer/in. 62% der Mütter waren zumindest halbtägig berufstätig, 19% ausschließlich im Haushalt tätig. Kinder aus Stieffamilien finden sich vermehrt in der Hauptschule, Einzelkinder und Kinder aus Ein-Eltern-Familien finden sich vermehrt in der Unterstufe der AHS, Kinder aus Mehrkindfamilien dementsprechend häufiger in der Hauptschule. In den höheren Schulen gibt es eine Fortsetzung dieses Trends: Kinder aus Mehrkindfamilien sind eher in den Berufsbildenden höheren Schulen, Einzelkinder und jene aus Eineltern familien eher in der AHS-Oberstufe. Den relativ höchsten Anteil an Kindern aus „vollständigen" Familien (Ein- und Mehrkindkernfamilien) finden wir in den BHS (80%), den niedrigsten in den PTS (67%).

Die Integration von Ausländerkindern geht schrittweise vor sich. Kinder, bei denen zumindest ein Elternteil Inländer ist, finden sich überproportional oft in der Unterstufe und auch in der Oberstufe des Gymnasiums; Kinder, bei denen beide Elternteile Ausländer sind, überproportional oft in der Hauptschule.

In vier Bereichen wurde nach den Beziehungen der Eltern zu den Kindern gefragt: Wieviel Zuwendung erleben die Kinder, wie ausgeprägt ist das elterliche Monitoring (wachsames Interesse an den Tätigkeiten der Kinder), wie hoch ist ihr Schulcommitment, und welche Leistungserwartungen richten sie an die Kinder? Die Schülerinnen und Schüler erleben im Durchschnitt ein hohes Ausmaß an Zuwendung und Interesse von Seiten ihrer Eltern; die aktive Anteilnahme an der Schule und die Leistungsforderungen sind im Schnitt etwas niedriger ausgeprägt. Kinder im AHS-Strang reden häufiger mit ihren Eltern über die Schule, Mädchen etwas häufiger als die Burschen.

Das Erziehungseinstellungen der Eltern, wie sie von den Kindern erlebt werden, weisen unterschiedlich große Veränderungen während der Schullaufbahn auf. Das Ausmaß an erlebter Zuwendung geht während der Schuljahre in einem geringen Ausmaß zurück, massive Rückgänge zeigen sich jedoch im elterlichen Monitoring und auch in den Gesprächen über die Schule. Die konkrete Anteilnahme der Eltern am Leben ihrer Kinder und die konkreten Interaktionen hinsichtlich der Schule werden also umso weniger, je älter die Kinder sind. Die Schüler/innen aus der Polytechnischen Schule und aus der Berufsschule liegen im elterlichen Monitoring insgesamt deutlich und weit unter den übrigen Schultypen.

Gegenüber 1994 zeigen sich einige deutliche Veränderungen in den strukturellen Merkmalen der Familien. Am auffälligsten ist hier die Zunahme berufstätiger Mütter. Waren 1994 noch 37% der Mütter ausschließlich zu Hause tätig, sind es derzeit nur noch 19%. Ebenso haben Ein-Eltern-Familien zugenommen. Hinsichtlich der innerfamiliären Prozesse lässt sich vor allem feststellen, dass im Vergleich zu 1994 vor allem das Ausmaß der Lernunterstützung zugenommen hat. Der Anteil der Eltern, die „nie" mit ihren Kindern lernen, ist deutlich gesunken, der Anteil jener, die „fast jeden Tag" mit den Kindern lernen, ist deutlich gestiegen. Ebenfalls zugenommen hat die Nutzung der Elternsprechtage bzw. Sprechstunden.

9.6 Freizeit und Peergruppe

Die von beiden Geschlechtern am häufigsten genannte Freizeitaktivität ist das Zusammensein mit Freundinnen und Freunden. Bei den Burschen folgt der Umgang mit PC/Internet/TV, bei den Mädchen Musikhören und Lesen. Alle diese Tätigkeiten werden in den oberen Schulstufen häufiger. Aktives Musizieren hat hingegen keinen großen Anteil an den Freizeitaktivitäten. Die größten Geschlechterunterschiede finden sich in der Präferenz für Sport sowie in der Häufigkeit, mit der Lesen/Musikhören bevorzugt wird. Insgesamt spiegelt sich in den Freizeittätigkeiten das traditionelle geschlechtsspezifische Rollenmuster, das den Mädchen eher Interessen im sozialen und musischen Bereich zuschreibt.

Fernsehen und Video sind offensichtlich flächendeckend genutzt; nur noch 2% der Schüler/innen geben an, dass sie praktisch nicht fernsehen. Die durchschnittliche wöchentliche Fernsehzeit liegt bei etwas über 10 Stunden und geht bei den älteren Schülerinnen und Schülern wieder zurück. Computerspiele sind offensichtlich etwas für jüngere männliche Schüler (84% aktive Spieler, bezogen auf den Zeitraum einer Woche) und haben geringe Bedeutung für Schülerinnen in den oberen Schulstufen (29%). Auch der durschnittliche wöchentliche Zeitaufwand dafür ist bei den Burschen deutlich höher (ca. 8:30 gegenüber 3:30 Stunden).

Ca. 50% der SchülerInnen haben am untersuchten letzten Schultag zu Hause mitgeholfen. Die durchschnittliche Zeit liegt bei etwa 1:20 Stunden. Vor allem den Burschen in den oberen Schulstufen gelingt es, sich der Hausarbeit zu entziehen.

50% der Burschen, etwas weniger bei den Mädchen (etwa 40%), treffen sich „fast jeden Tag" außerhalb der Schule mit ihren Freunden, und etwa 60% in beiden Gruppen haben das Gefühl, dass sie von ihren Freunden „immer" so akzeptiert werden, wie sie sind. Drei Viertel aller Befragten sind mit ihren Freunden "(sehr) zufrieden". Die Zeit für IKT-Freizeittätigkeiten, insbesondere Fernsehen, Video- und Computerspiele, nimmt in der Sekundarstufe I stark zu und erreicht in der 8. Schulstufe ihren Höhepunkt. In den weiterführenden Schulen geht ihr Anteil dann wieder deutlich zurück (vgl. Abbildung 101). Die Geschlechtsunterschiede sind dabei ganz beträchtlich.

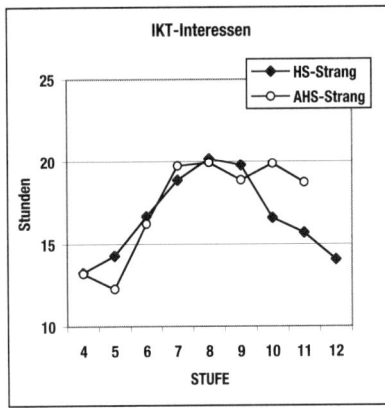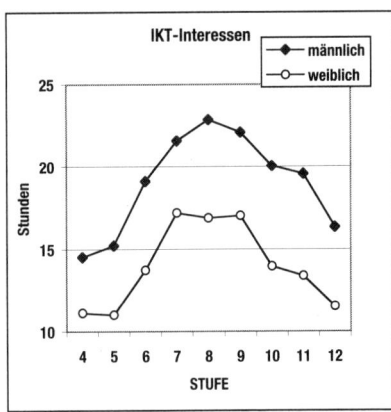

Abbildung 101: IKT-Interessen (wöchentliche Gesamtzeit in Stunden)

Beim Vergleich mit 1994 zeigt sich, dass die ab der Sekundarstufe I entstehende Interessenvielfalt gegenüber früher nicht kleiner geworden ist. Wohl aber haben sich eine Reihe von Veränderungen in der Freizeitnutzung ergeben. Die Anzahl der Burschen und der Mädchen, die an einem bestimmten Tag im Haushalt mithelfen, ist um etwa 10% zurückgegangen. Die Nutzung des Fernsehens ist in etwa gleich geblieben, wohl aber ist die Quote der Computerspieler/innen deutlich angestiegen. Dies betrifft vor allem jüngere Burschen: (84 % aus dem Bereich der 4.-8. Schulstufe gehören bereits zu den regelmäßigen Nutzern, gegenüber 68% im Jahre 1994). Aus der Summe der Umschichtungen im Freizeitverhalten resultiert aller- dings eine massive Veränderung: Der derzeit feststellbare wöchentliche Zeitaufwand für Internet-, PC- und Videonutzung liegt im Durchschnitt um etwa 4 - 5 Stunden höher als die 1994 gemessenen „Passiv"-Tätigkeiten (vgl. Eder, 1995, S. 129), wobei aus der Untersuchung nicht klar ermittelbar ist, aus welchen „Zeitgefäßen" der Jugendlichen diese Stunden stammen, da auch bei den übrigen Freizeittätigkeiten im Wesentlichen keine Rückgänge zu verzeichnen sind. Veränderungen gibt es auch in der Einschätzung der Peer-Gruppe: Die Gruppe derer, die sich von ihren Freunden/Freundinnen „immer" verstanden fühlt, ist von 40% auf 60% gestiegen.

9.7 Zur Struktur des Befindens

Die in Kapitel 2 beschriebenen Befindensmerkmale wurden entsprechend der in der Befindensuntersuchung 1993/94 gefundenen Struktur zu den folgenden drei Dimensionen zusammengefasst:

* *Wohlbefinden in der Schule* umfasst Aspekte der Zufriedenheit und des unmittelbaren Sich-Wohl-Fühlens in der Schule.
* *Belastung durch die Schule* umfasst insbesondere Schulstress, Psycho-vegetative Beschwerden und Schulangst. Es handelt sich überwiegend um situative Merkmale.
* *Positives Selbstkonzept* umfasst das Leistungsselbstkonzept, das soziale Selbstkonzept und das Allgemeine Selbstwertgefühl. In diesem Bereich sind eher überdauernde Aspekte des Befindens angesprochen, die vermutlich auch stärker in der Persönlichkeit verankert sind.

Diese drei übergreifenden Dimensionen zeigen charakteristische Verläufe über die Schulstufen (vgl. Abbildung 102).

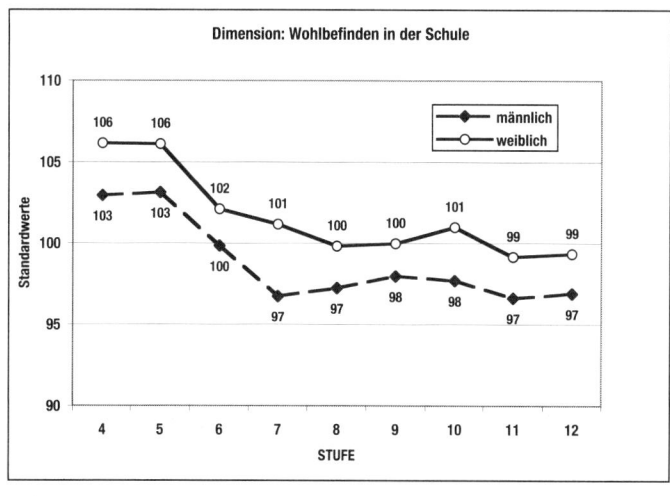

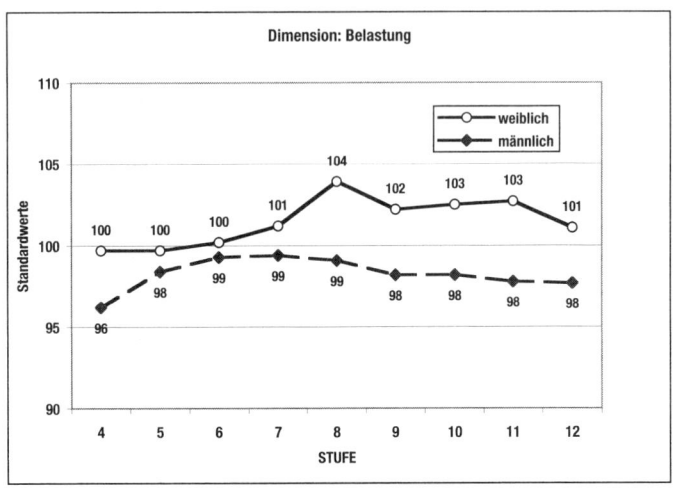

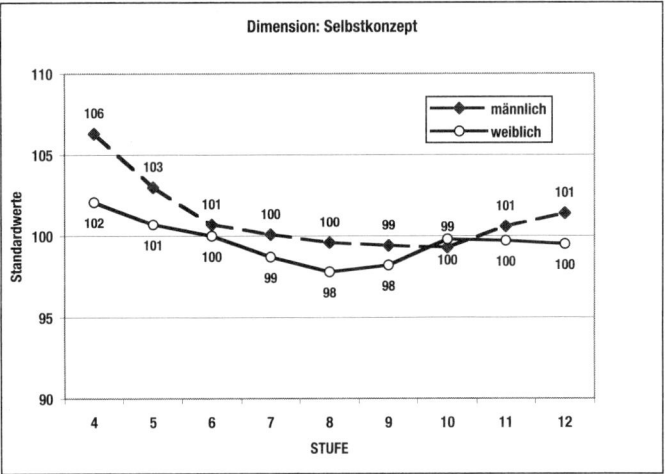

Abbildung 102: Befindensdimensionen, differenziert nach Schulstufe und Geschlecht.

Das *Wohlbefinden in der Schule* ist in der Grundschule sehr hoch, nimmt aber nach dem Eintritt in die Sekundarstufe kontinuierlich ab. Praktisch durchgehend ist das Wohlbefinden der Mädchen größer als jenes der Burschen.

Mädchen und Buben kommen bereits mit einem unterschiedlichen *Belastungs*niveau aus der Volksschule. Für die Buben tritt der Belastungsanstieg unmittelbar nach dem Übergang in die Sekundarstufe I ein, bei den Mädchen erfolgt er etwas zeitversetzt. Auffällig ist die Auseinanderentwicklung zwischen den Geschlechtern.

Die Entwicklung des positiven Selbstgefühls verläuft, mit einer nicht sehr großen, aber doch bedeutsamen Absenkung, eher wannenförmig über die Schulstufen.

9.7.1 Einflüsse auf das Befinden

Alle in dieser Untersuchung erfassten Merkmale der individuellen Lage der Schülerinnen und Schüler erwiesen sich als wirksame Prädiktoren des Befindens. Je besser die *Qualität des schulischen Arbeitsplatzes*, desto geringer waren die von den Schülerinnen und Schülern berichteten Belastungen und desto größer ihr Wohlbefinden in der Schule. Die für die Schule erforderliche *Zeit* zeigte keine starken Zusammenhänge mit dem Befinden, am ehesten noch mit der Belastung. Sehr deutlich waren hingegen die Zusammenhänge mit der *sozialen Integration* der Schüler/innen bei ihren *Mitschüler/innen* (- diese ist besonders wichtig für das Selbstgefühl und das Wohlbefinden in der Schule) und bei den *Lehrpersonen* (- dieses ist in hohem Maße ausschlaggebend für das Ausmaß an Belastung).

In den unteren Schulstufen erwiesen sich vor allem das Sich-Auskennen-im Unterricht, das eigene Leistungsniveau und die Zufriedenheit mit der eigenen Leistung als wichtig. Schüler/innen, die sich im Unterricht auskennen und mit der eigenen Leistung zufrieden sind, zeigen ganz erheblich weniger Belastung, ein positiveres Selbstgefühl, und fühlen sich in der Schule wohler.

In den oberen Schulstufen (9. - 12. Stufe) liegen die Verhältnisse ähnlich. Auch hier ist für das Niveau der erlebten Belastung vor allem die Orientierung im Unterricht und die Zufriedenheit mit der eigenen Leistung wichtig. Die gleichen Faktoren haben auch Einfluss auf das positive Selbstgefühl. Das Wohlbefinden in der Schule hängt vor allem von der persönlichen Bedeutsamkeit des Unterrichts und von der Passung zur Schule ab, d.h. ob das Angebot der Schule den eigenen Interessen und Fähigkeiten entspricht.

Von den Merkmalen des Lebensbereichs Schule hat vor allem das *Klima* in der Klasse Einfluss auf das Befinden. In den unteren Schulstufen (4. - 8.) zeigte sich, dass praktisch alle erfassten Aspekte des Klimas deutliche Zusammenhänge mit dem Wohlbefinden in der Schule haben, wobei die *Belastung* vor allem vom erlebten Sozial- und Leistungsdruck abhängt. Auf das *positive Selbstgefühl* hat vor allem die Schülerzentriertheit des Unterrichts Einfluss. Für ein positives Gesamtbefinden ist also ein Klima erforderlich, das durch niedrigen Sozial- und Leistungsdruck und durch hohe Schülerzentriertheit des Unterrichts gekennzeichnet ist.In den oberen Schulstufen (9. - 12. Stufe), in denen das Klima noch differenzierter erfasst wurde, liegen die Einflüsse ähnlich.

Die Einflüsse der *familiären Herkunft* weisen durchgehend in die Richtung, dass Kinder aus „vollständigen" Familien, die von ihren Eltern Zuwendung und interessierte Anteilnahme erleben, sich in der Schule wohler fühlen und weniger unter Belastungen leiden; diese Effekte erweisen sich vor allem in der Sekundarstufe I als wichtig. Kinder mit Migrationshintergrund erleben die Schule in höherem Ausmaß als belastend.

Ebenso zeigte sich, dass Kinder und Jugendliche, die gut in die Peergruppe integriert sind, sich auch in der Schule wohler fühlen und sie weniger belastend erleben. Gute Sozialbeziehungen in der Freizeitwelt stellen vermutlich eine Hilfe dar, die Belastungen von Schule zu verarbeiten und ein positives Selbstgefühl zu entwickeln. Anderseits gibt es Hinweise, dass durch die Schule besonders belastete Jugendliche möglicherweise zum Ausgleich dieser Belastungen in verstärkter Weise elektronische Medien nützen und konsumieren, und dafür auch erheblich Zeit aufwenden.

9.7.2 Auswirkungen des Befindens

In einer abschließenden Analyse wurde überprüft, inwieweit die Qualität des Befindens mit dem schulischen und außerschulischen Handeln der Schüler/innen in Verbindung steht. Als Kriterien wurden dazu Lernmotivation, Mitarbeit und Störung im Unterricht, häuslicher Lernaufwand für die Schule, Schulschwänzen, sowie abweichendes Verhalten (Alkohol- und Nikotinkonsum) herangezogen. Die Analysen brachten relativ klare Ergebnisse:

(a) Lernmotivation (bzw. Lernmüdigkeit) zeigt die relativ höchsten Zusammenhänge mit dem Wohlbefinden in der Schule, in verringertem Ausmaß und umgekehrter Richtung auch mit dem Ausmaß an schulischer Belastung.

(b) Das schulbezogene Verhalten (Mitarbeit, Störung, häusliche Lernzeit, Schulschwänzen) steht in gesicherten Beziehungen zum schulischen Befinden. Vor allem Wohlbefinden trägt dazu bei, dass Schüler/innen im Unterricht tatsächlich anwesend sind, aktiv mitarbeiten und auf Störungen verzichten, während umgekehrt hohe Belastung zumindest in den unteren Schulstufen mit hohen Störtendenzen verbunden ist. Das Ausmaß des häuslichen Lernens steigt deutlich mit dem Ausmaß an Belastung (belastete Schüler/innen arbeiten zu Hause mehr); zumindest in den oberen Schulstufen ist jedoch auch Wohlbefinden in der Schule tendenziell mit vermehrtem häuslichen Lernaufwand verbunden.

(c) Suchtverhalten (Alkohol- und Nikotinkonsum) steht ebenfalls in signifikanter Beziehung zum schulischen Befinden. Vor allem bei jüngeren Schüler/innen bestehen hier signifikante Zusammenhänge mit dem Ausmaß der schulischen Belastung, aber auch mit negativem Befinden in der Schule.

Schulisches Befinden hängt somit in bedeutsamer Weise mit dem innerschulischen und außerschulischen Verhalten der Kinder und Jugendlichen zusammen. Schulen, die positives Befinden fördern, unterstützen ihre Schülerinnen und Schüler bei der Erfüllung der schulischen Aufgaben, fördern ihre Bereitschaft zum Lernen und leisten zugleich auch einen Beitrag zur Prophylaxe im Hinblick auf abweichendes Verhalten. Die Ergebnisse lassen es insgesamt lohnend erscheinen, der Förderung positiven Befindens in der Schule auch aus diesen Gründen erheblich mehr Aufmerksamkeit zu schenken als das bisher der Fall war.

10 Literatur

Baumert, J. (1992). Koedukation oder Geschlechtertrennung. Zeitschrift für Pädagogik, 38, S. 83 - 110.

Bergmann, C. (1984). Verhaltensauffälligkeiten bei Gymnasiasten. In: Eder, F., & Khinast, G. (Hrsg.). Lehrerfortbildung - Konzepte und Analysen. Linz: Trauner, S. 207 - 232.

Bergmann, C., & Eder, F. (1986).Wöchentliche Klassenlehrerkonferenz. Abschlußbericht. Produktevaluation. Linz: Institut für Pädagogik (Forschungsbericht).

Eder, F. & Mayr, J. (2000). Linzer Fragebogen zum Schul- und Klassenklima für die 4. - 8. Klassenstufe (LFSK 4-8). Westermann Test. Göttingen: Hogrefe.

Eder, F. (1987). Schulische Umwelt und Strategien zur Bewältigung von Schule. Psychologie in Erziehung und Unterricht, 34, S. 100 - 110.

Eder, F. (1994). Schul- und Klassenklima. Ausprägung, Determinanten und Wirkungen des Klimas an weiterführenden höheren Schulen. Universität Salzburg: Habilitationsschrift.

Eder, F. (1995, Hrsg.). Das Befinden von Kindern und Jugendlichen in der Schule. Innsbruck: StudienVerlag.

Eder, F. (1998). Linzer Fragebogen zum Schul- und Klassenklima für die 8. - 13. Klasse (LFSK 8-13). Göttingen: Hogrefe.

Eder, F. (2002). Fördern Leistungsgruppen das Lernen? Der Förderanspruch von Leistungsgruppen im Lichte von PISA und TIMSS. Erziehung und Unterricht, 152, Heft 7-8, S. 979 - 1000.

Epstein, S. (1979). Entwurf einer Integrativen Persönlichkeitstheorie. In Filipp, S.-H. (Hrsg.). Selbstkonzept-Forschung. Stuttgart: Klett-Cotta, S. 15 - 45.

Graefe, O. (1956). Zur Klassifizierung kindlicher Verhaltensstörungen. Psychologische Rundschau, 7, S. 1 - 9.

Haider, G., Eder, F., Specht, W., Spiel, C. (2004): Zukunft Schule. Strategien und Maßnahmen zur Qualitätsentwicklung. Das Reformkonzept der Zukunftskommission. BMBWK: Wien.

Helmke, A. (1992). Selbstvertrauen und schulische Leistungen. Göttingen: Hogrefe.

Jacobs, B. & Strittmatter, P. (1979). Der schulängstliche Schüler. Eine empirische Untersuchung über mögliche Ursachen und Konsequenzen der Schulangst. Wien: Urban & Schwarzenberg.

Klafki, W. (1969). Studien zur Bildungstheorie und Didaktik. Weinheim: Beltz.

Kracke, B., Noack, P., Hofer, M., & Klein-Allermann, E. (1993). Die rechte Gesinnung: Familiale Bedingungen autoritärer Orientierungen ost- und westdeutscher Jugendlicher. Zeischrift für Pädagogik, 39, S. 971 - 988.

Lang, A. (1979). Die Feldtheorie von Kurt Lewin. In: A. Heigl-Evers (Hrsg.). Lewin und die Folgen. Die Psychologie des 20. Jahrhunderts. Band VIII, Weinheim, Basel: Kindler, S. 51 - 57.

Lewin, K. (1963). Feldtheorie in den Sozialwissenschaften. Bern: Huber.

Lukesch, H. (1986). Video- und Frensehkonsum und das Freizeitverhalten von Kindern und Jugendlichen. Zeitschrift für Sozialisationsforschung und Erziehungssoziologie, 2, S. 265 - 283.

Marsh, H. W. (1990). Causal ordering of academic self-concept an academic achievement: A multiwave, longitudinal panel analysis. Journal of Educational Psychology, 82, No. 4, S. 646 - 656.

Meyer, W. U. (1984). Das Konzept von der eigenen Begabung. Bern, Stuttgart, Toronto: Huber

Pekrun, R. (1983). Schulische Persönlichkeitsentwicklung. Frankfurt: P. Lang Verlag.

Rost, D. & Lamsfuss, S. (1992). Entwicklung und Erprobung einer ökonomischen Skala zur Erfassung des Selbstkonzepts schulischer Leistungen und Fähigkeiten (SKSLF). Zeitschrift für Pädagogische Psychologie, 4, S. 239 - 250.

Rousseau, D. M. (1988). The construction of climate in organizational research. In Cooper, C. L: & Robertson, I. T. (Eds). International Review of Industrial and Organizational Psychology, Chichester, New York: Wiley and Sons, S. 139 - 158.

Rutter, M., Maughan, B., Mortimer, B. & Ouston, I. (1979). Fifteen Thousand Hours. London: Open Books.

Saldern, M. von (1987). Sozialklima von Schulklassen. Frankfurt: Peter Lang

Stangl, W. (1981). Elterliches Erziehungsverhalten und schulische Befindlichkeit. Eine Untersuchung an der AHS. Zeitschrift für erziehungswissenschaftliche Forschung, 15-17 (3-4), S. 199 - 219.

Statistik Austria (2006). Schulen2. SchülerInnen nach Schultypen. Zeitreihe. http://www.statistik.gv.at/fachbereich_03/start.shtml.

Stockhammer, R., Baumühlner, J. & Langer, R. (2001). Wirkungskräfte im Verhältnis Hauptschule – AHS-Unterstufe. In: Eder, F., Grogger, G. & Mayr, J. (Hrsg.). „Sekundarstufe I: Probleme – Praxis – Perspektiven". Innsbruck: StudienVerlag. S. 38 - 73.

Tewes, U. & Wildgrube, K. (1992). Psychologie-Lexikon. München, Wien: Oldenbourg.

Wagner, J. (1975). Schülereinstellungen zur Schule. Psychologie in Erziehung und Unterricht, 22, S. 351 - 367.

Schulerfahrungen besonders belasteter Schülerinnen und Schüler

Ferdinand Eder & Anna Eder

1 Untersuchungsrahmen

1.1 Zielsetzungen

Im Rahmen der Gesamtkonzeption der Befindensuntersuchung wurden als Vertiefungsstudie Interviews mit durch die Schule besonders belasteten Schüler/innen durchgeführt, in denen die Entstehung schulischer Belastungen, die Ursachen für fehlende Lernmotivation sowie die von den Schüler/innen ange-wandten Strategien zur Bewältigung von Schule besonders thematisiert werden sollten. Dadurch sollten in einer anschaulichen Weise besonders gravierende Erfahrungen und Bedingungskonstellationen in einer individualisierten, zugleich aber auch ganzheitlichen Form aufgezeigt werden, wie sie in der quantitativen Darstellung nicht geleistet werden kann.

Dieser qualitative Zugang hat im Rahmen der gesamten Untersuchungs-konzeption vor allem die Funktion, einen Zugang zu Belastungsfaktoren und Belastungskonstellationen zu bieten, die möglicherweise in der quantitativen Unter-suchung nicht angesprochen sind; zugleich soll aber auch an konkreten Beispielen sichtbar werden, wie sich bestimmte Belastungssituationen in der Situation der einzelnen Schülerinnen und Schüler tatsächlich manifestieren. Es geht also auch darum, an konkreten Einzelsituationen zu zeigen, wie schulische Situationen von Individuen subjektiv erlebt, interpretiert und in Handlungen umgesetzt werden.

1.2 Auswahl der Interviewpartner/innen

Insgesamt wurden etwa 50 Einzelinterviews mit Schüler/innen aus Linz und aus Wien durchgeführt. Alle Interviews wurden auf Tonträger aufgenommen und anschließend schriftlich erfasst. Für die Auswertung wurden 46 herangezogen; vereinzelt konnten Interviews nicht bis zum Ende geführt werden, zum Beispiel weil in dem Café, in dem das Interview geführt wurde, unerwartet Mitschüler/innen auftauchten und die Interviewpartner/innen nicht mehr bereit waren, in deren Gegenwart das Interview fortzusetzen.

Bei der Auswahl der Interviewpartner wurde nicht auf Repräsentativität im Hinblick auf die Gesamtpopulation der Schüler/innen geachtet; Auswahlkriterium war vielmehr, dass es sich um Schülerinnen und Schüler handelte, die sich durch die Schule in irgendeiner Weise belastet fühlten. Die geführten Interviews sind daher in quantitativer Hinsicht mit Sicherheit <u>nicht</u> repräsentativ für die öffentliche Schule in ihrer Gesamtheit, wohl aber typisch für die Situation von Schülerinnen und Schülern, die sich deutlich mehr als andere durch die Schule belastet fühlen.

Wie wurden die Schülerinnen und Schüler gefunden? Wichtigste Quelle waren Hinweise von Bekannten (Lehrpersonen, Eltern) auf besonders belastete Personen, ebenso Hinweise von Schüler/innen auf Klassenkamerad/innen, die sie für besonders belastet hielten. Als erfolgreiche Suchstrategie erwies es sich auch, Schüler/innen an häufigen Treffpunkten anzusprechen (Jugendclubs, Bahnhof, Schulhöfe), aber auch Orte, die als Treffpunkte von Schulschwänzern bekannt sind (Internetcafés, Parks, große Einkaufspassagen).

Bei allen Interviews wurde streng darauf geachtet, keine Namen und nur in geringem Ausmaß persönliche Daten zu erfassen, um eine eventuelle Identifizierung der Schülerinnen und Schüler zu verhindern.

Charakteristische Beobachtungen bei den Interviews waren vor allem:

- Manche Schülerinnen und Schüler waren – aus Angst vor möglichen Konsequenzen – nur zögernd bereit, überhaupt eine Tonbandaufnahme zuzulassen, bzw. manches, was sie im Rahmen eines Vorgesprächs "off the records" gesagt hatten, auch auf Tonband zu wiederholen.
- Für viele war es schwierig, belastende Situationen sprachlich auszuformulieren bzw. überhaupt, sprachlich klare Aussagen zu treffen.
- Viele waren starke Raucher
- Manchen fiel es sehr schwer, über belastende Ereignisse in der Schule zu sprechen; ihre Berichte waren begleitet von Verlegenheitsreaktionen, starker Gestik und Mimik, Vermeidung von Blickkontakten.
- Viele Interviewpartner/innen zeigten eine resigniert-ohnmächtige Haltung gegenüber der eigenen Situation und trösteten sich selbst teilweise damit, dass es anderen noch schlechter ginge.

1.3 Interviewleitfaden

Grundsätzlich erschien es sinnvoll, die Schülerinnen und Schüler zu freien Berichten über ihre Situation anzuregen, und sie nicht allzu sehr in eine vorgegebene Struktur zu drängen. Als grobe Richtlinie diente der folgende Rahmen:

Interviewleitfaden

Auswahl der Schüler/innen:

Personen, die unter der Schule offensichtlich leiden, nicht zurechtkommen, Leistungsschwierigkeiten haben, sich durch die Schule sehr belastet fühlen, starke Schulunlust bzw. keine Motivation zum Lernen haben, egal aus welchen Gründen; möglichst viele dieser Kriterien sollten zutreffen.

Hauptthemen des Interviews:

(1) Subjektive Belastung durch die Schule. Wie erlebt eine Person die Schule, was sind die subjektiven Ursachen von Belastung, wie geht die Person damit um? (2) Gründe für das Fehlen von Lernmotivation;

Mögliche Fragebereiche:

(1) Wie erlebst Du Die Schule/Wie geht es Dir in der Schule? Nachfragen nach der besonderen Art der Belastung (Lern-/Leistungsprobleme, Probleme im sozialen Bereich/Umgang mit Lehrer/innen, Mitschüler/innen usw.; Anpassungsschwierigkeiten), geistige, seelische, körperliche Belastungen (Müdigkeit, Konzentrationsschwierigkeiten, Überforderung, Angst usw.).

(2) Beschreibe eine, mehrere Situationen, wo Du unter der Schule besonders gelitten hast/wo Dir die Schule besonders auf die Nerven gegangen ist.

(3) Welche Dinge/Ereignisse/Personen machen Dir allgemein das Leben in der Schule schwer. Frage nach den subjektiven Ursachenzuschreibungen; sind die unter (2) genannten Ereignisse/Situationen typisch/häufig?

(3a) Wie geht es dir mit dem Lernen? Warum fällt es dir schwer, zu lernen? Unter welchen Umständen geht es leichter, unter welchen Umständen fällt es besonders schwer? Bezieht sich eine fehlende Lernmotivation nur auf die Schule, gibt es Bereiche, wo du gerne lernst?

(4) Wo liegen Deiner Meinung nach die Gründe, warum Du unter der Schule leidest, während viele andere gut damit zurechtkommen? Bei dieser Frage sollten auch die subjektiven Bewertungsmaßstäbe eines Schülers/einer Schülerin thematisiert werden; wo sind die (inneren oder äußeren) Kontrollinstanzen, die Schule oder Schulerfolg wichtig machen (eigene Ansprüche, Eltern, "Familienbotschaften"), bei weiterführenden Schulen: was erwartet jemand vom (freiwilligen) Schulbesuch; was haben andere voraus, was machen sie (scheinbar) besser?

(5) Was tust Du im allgemeinen, um die Schule auszuhalten/mit der Schule zurechtzukommen?
Welche Bewältigungsstrategien werden angewendet (Formen des Abreagierens, kompensatorische Befriedigungen, Aggressionshandlungen, usw.)

(6) Gibt es Personen/Situationen, wo Du Hilfe/Entspannung bekommst?
Die Frage zielt auf die (sozialen) Stützsysteme / Netze, in die jemand eingebunden ist. Gibt es solche Netze oder fehlen sie?

(7) Was müsste Deiner Meinung nach geschehen, damit Du mit der Schule besser zurechtkommst?
Hier können neben realistischen auch utopische Vorstellungen erfragt werden.

Strukturinformationen:
Von jeder Person sollte erfasst und dokumentiert werden (evtl auf Beiblatt):
Soziale Einbettung in Familie, Freundeskreis
Strukturmerkmale der Familie, Qualität der Beziehungen in der Familie
Persönlicher Hintergrund: Alter, Geschlecht, besuchte Schule/Schultyp

1.4 Auswertung und Darstellung der Ergebnisse

Die Interviews wurden auf Tonträger aufgenommen und anschließend transkribiert. Alle Texte wurden anschließend zu einem Gesamtdokument zusammengefasst, das die Grundlage für weitere Auswertung bildet. Dieses Dokument wurde als pdf-File abgespeichert, sodass ein Bezugsdokument mit feststehender Seitenanzahl vorliegt. Auf dieses Dokument beziehen sich alle Verweise in der nachstehenden Auswertung. Für die Auswertung wurde folgende Vorgangsweise gewählt:

(1) Aufgrund des Interviewleitfadens und einer ersten Lektüre der Interviews wurden eine Reihe von Schlüsselthemen definiert (z.B. Unterricht; Lehrpersonen; Freude am Lernen, usw.).

(2) Alle Textstellen, die zu diesen Schlüsselthemen gefunden wurden, wurden markiert.

(3) Alle Textstellen zu einem bestimmten Thema wurden zusammengestellt und auf ihre zentralen Aussagen hin analysiert.

(4) Diese zentralen Aussagen wurden ausformuliert und durch Formulierungen aus den gesammelten Textstellen belegt und illustriert.

(5) Für die Gesamtdarstellung wurde versucht, diese Schlüsselthemen in einer in sich stimmigen Reihenfolge darzustellen, sodass ein Gesamtbild der Situation belasteter Schülerinnen und Schüler entsteht.

Die bei den Belegstellen angeführten Verweise sind folgendermaßen zu lesen:

„T (m, 16, HTL) 100" bedeutet:

T: Kennbuchstabe des Schülers/der Schülerin
m: Geschlecht (m männlich / w weiblich)
16: Alter in Jahren
HTL: Schulart
(VS Volksschule; HS Hauptschule; AHS Allgemeinbildende Höhere Schule; PTS Polytechnische Schule; BMS Berufsbildende mittlere Schule; HBLA Höhere Lehranstalt für wirtschaftliche Berufe; HAK Handelsakademie; HTL Höhere Technische Lehranstalt).
100: Seite im Referenzdokument

1.5 Liste der Interviewpartner/innen

A.	Alexander, 2. HS, Alter 12 Jahre	(m, 12, HS)
B.	Andrea, 3. HS Alter 13 Jahre	(w, 13, HS)
C.	Andreas, 1. Fachschule Paul Hahn, Elektrotechnik, Alter 16 Jahre	(m, 16, BMS)
D.	Andy, HTL, Elektronik, Alter 19	(m, 19, HTL)
E.	Bernhard 4.HS, Alter 14 Jahre,	(m, 14, HS)
F.	Bettina, 1. HBLA Alter, 15 Jahre	(w, 15, HBLA)
G.	Bianca, 3 HBLA, Alter 17 Jahre	(w, 17, HBLA)
H.	Daniela, 3. HBLA	(w, 17, HBLA)
I.	Daniela, 1. HAK Alter 15 Jahre	(w, 15, HAK)
J.	David, PTS KM 3 Alter 15 Jahre	(m, 15, PTS)
K.	Dennis, 3. Gymnasium, Alter 13 Jahre,	(m, 13, AHS)
L.	Harry, 4 HTL, Alter 19 Jahre	(m, 19, HTL)
M.	Ivana, 2 HAK, Alter 17 Jahre	(w, 17, HAK)
N.	Johannes, 4. AHS, Alter 15	(m, 15, AHS)
O.	Josi, 3HBLA dreijährig, Alter 19 Jahre	(w, 19, HBLA)
P.	Julia, 4 BRG Sprachen, Alter14 Jahre,	(w, 14, AHS)
Q.	Karina, 6 HBLA, Alter 15	(w, 15, HBLA)
R.	Karola, 4 AHS, Alter 14 Jahre	(w, 14, AHS)
S.	Karolina, 1 HBLA, Alter 17 Jahre	(w, 17, HBLA)
T.	Kevin, 4 VS, Alter 10 Jahre	(m, 10, VS)
U.	Kilian, 6. NRG, Alter 16 Jahre	(m, 16, AHS)
V.	Leonardo, 5. Gymnasium, Alter 15 Jahre	(m, 15, AHS)
W.	Mandy, 4.HS	(m, 14, HS)
X.	Mario, 3 GYM Alter 15 Jahre.	(m, 15, AHS)
Y.	Martin, 4 HS, Alter 15	(m, 15, HS)
Z.	Matej, 4 VS, Alter10 Jahre	(m, 10, VS)
AA.	Matthias, 6.HTL Fachschule Alter 16 _	(m, 16, BMS)
BB.	Max, 5 RG, Alter 14 Jahre	(m, 14, AHS)
CC.	Nikolaus, 4 HTL, Alter 20 Jahre	(m, 20, HTL)

DD.	Özlem, 2. BRG	(w, 12, AHS)
EE.	Patrik, 1 HAK, Alter 16 Jahre	(m, 16, HAK)
FF.	Paul, 4 VS, Alter 10 Jahre	(m, 10, VS)
GG.	Paul, 5 Gymnasium, Alter 15	(m, 15, AHS)
HH.	Romana, 2 ORG, Alter 16 Jahre	(w, 16, AHS)
II.	Rosi, 4 HAK Alter 18 Jahre	(w, 18, HAK)
JJ.	Sebastian, Aufbaulehrgang, Alter15	(m, 15, HAK)
KK.	Stefan, 1HS, Alter 10 Jahre	(m, 10, HS)
LL.	Stefanie, 1 Tourismusfachschule Bad Ischl, Alter, 15 Jahre	(w, 15, BMS)
MM.	Stephanie, 4 Gymnasium, Alter 14 Jahre	(w, 14, AHS)
NN.	Tamara, 1. BORG, Alter 14 Jahre	(w, 14, AHS)
OO.	Tamara, 4.HS, Alter 14 Jahre	(w, 14, HS)
PP.	Tamara, 4. GYM. Alter 15 Jahre	(w, 15, AHS)
QQ.	Tanja, 1BG, Alter 11 Jahre	(w, 11, AHS)
RR.	Turan Cavus, VS 4, Alter 10 Jahre	(m, 10, VS)
SS.	Vanessa, 5 BORG, Alter 15 Jahre	(w, 15, AHS)

2 Schule und Unterricht aus der Sicht belasteter Schüler/innen

2.1 Allgemeine Belastung und Stress

Für die hier befragten Schülerinnen und Schüler ist die Schule zumindest zu bestimmten Zeiten eine Quelle für massive Belastungen und Stress. Drei Komponenten sind dafür primär ausschlaggebend: Zeitmangel, Überforderung und Erfolgsdruck.

Vor allem jüngere Schüler/innen registrieren, dass ihnen für ihre Hobbies außerhalb der Schule nur noch wenig Zeit bleibt:

Weil um Eins haben wir aus, brauch i meistens nur bis zwei, wenn's uns recht viel aufgibt, brauch i meistens bis drei oder halb viere und des nervt mi schon, weil dann kann i nimmer zu meine Freund gehen und a wengerl spielen oder so. Oder dass a paar Freund zu mir kommen a wengerl Ball spielen und des was mir in der Schul lernen des müssen wir uns so auf einer Oberösterreichkarten suchen. [T(m, 10, VS)100]

In der HTL hat man relativ schon viel zum Lernen, es leidet halt die Freizeit drunter des is klar und ma hat doch schon 41 Stund Schul in der Wochen, also des is schon sehr viel Anstrengung überhaupt wenn man dann daheim is, weil dann sollt man da a noch Hausübung und sehr viel lernen für die Tests. Überhaupt is es sehr anstrengend kann ma sagen. [L(m, 19, HTL)57]

Bei älteren Schüler/innen tritt zunehmend eine physische und psychische Ermüdung, oft auch Erschöpfung durch die Schule selbst hinzu. Sie ist vor allem verursacht durch zu kurze, manchmal auch absichtlich verkürzte Pausen, zu viele Stunden am Tag und schlechte Koordination der Fächer.

... weil wenn man jetzt zwischen den Stunden die Pausen hat, die sind irgendwie eher zur Entspannung da und deswegen versuch ich da immer möglichst viel Spaß zu haben mit meinen Freunden, wo aber ein Problem kommt, wo die Lehrer meinen na sie beenden die Stunde und nicht das Läuten, und dann kommt es schon vor dass man nur eine Minute Pause hat und in einer Minute kommt man gerade einmal dazu die Schulsachen herzurichten für die nächste Stunde und vielleicht zwei Schluck zu trinken oder so und dann wird die nächste Stunde schon unerträglich, weil ja ohne Pause ist es schon sehr lang. [V(m, 15, AHS)109]

Teilweise ist es halt recht anstrengend, weil die Stundenpläne teilweise blöd sagen wir mal unter Anführungszeichen angeordnet sind. Weil grad anstrengende Fächer an einem Tag so zusammengestaut san wie grad alle wirtschaftlichen Fächer wie BWL und Rechnungswesen und glei in Doppelstunden und Englisch a in Doppelstunden des ist halt ziemlich anstrengend. Teilweise bist schon ziemlich fertig nach einem Tag. [II(w, 18, HAK)166]

...dass a bei uns is halt so, dass ma halt einige Tage bis Viertel nach fünf Schule haben, wo aber nur pure ·Theorie gmacht wird also es is ka Abwechslung, und is ma halt daham und is müd. Is halt einfach, so weil wann ma an ganzen Tag nur Theorie hört

und nur Stoff und Formeln, musst halt alles dann a können, wird man dann halt a müd am Abend also. [L(m, 19, HTL)57]

Für manche Schüler/innen wird Lernen für die Schule zu einer dominierenden Forderung, die das gesamte Leben bestimmt und sie in einen Zustand resignierter Verzweiflung versetzt:

Aaa die Schul verlangt voll viel, also der Zeitaufwand der is a Wahnsinn, ma sitzt net nur in der Schul, ma sitzt daheim a vor die Bücher und lernt und lernt und es is andauernd was zum Lernen. Immer. Man kann, Wochenend kann man a net abschalten, du gehst zwar fort und so, aber im Hinterkopf hast immer, i muss lernen und so, i muss morgen des machen und des. Man kann gar net abschalten. [O(w, 19, HBLA)70]

Ma hat ja gar ka Zeit mehr zum abschalten, ma was ma geht irgenwo hin und ma hat allweil im Hinterkopf, du musst des machen und des lernen und des interessiert, glaub i, die meisten nach einer Zeit nimmer, und drum san a viel die was schwanzen und einfach weggehen von der Schul, weil's arbeiten wollen weil's wissen dass nix, ja Berufsschul is a net grad leicht, aber i glaub andauernd in die Schul gehen is schwerer als wie wannst amal in die Berufschul gehst. Is anstrengender. [O(w, 19, HBLA)75]

Ja wennst halt von der Schule heimkommst, man weiß man hat Schularbeiten, man hat des an dem Tag und des an einem anderen, und es häuft si an und es is ein Wahnsinn, i man es macht mi voll fertig. Du weißt net, in was für einem Fach i lernen sollt, weil da hast Schularbeit und in dem Fach, es is halt sehr belastend. [O(w, 19, HBLA)70]

Die Belastung wird noch gesteigert, wenn ein wichtiges Ziel vor Augen steht, das nur über Lernen erreichbar ist:

...da denk i mir immer, wann i da jetzt a schlechte Noten hab, dann geht si des net aus, dann kumm i net eini, aber i will unbedingt eini und i will in ka andere Schul, i will nur dorthin. [P(w, 14, AHS)77]

2.2 Klima und Atmosphäre in der Klasse

Ein großer Teil der Befragten erlebt die allgemeine Situation an der Schule oder in der Klasse als in hohem Ausmaß belastend. Das betrifft vor allem die Situation nach dem Übergang an höhere Schulen, aber auch generell die manchmal herabsetzende und psychisch destabilisierende Gesamtatmosphäre.

Die Situation nach dem Übergang auf eine weiterführende Schule wird als „Überlebenskampf" beschrieben: Von Seiten der Schulen gibt es Botschaften, die den neu Eintretenden signalisieren, dass es zu viele Schüler/innen sind und dass jetzt einmal „ausgesiebt" wird. Trotz Ankündigungen, es würde zunächst an der Herstellung gleicher Lernvoraussetzungen gearbeitet, geschieht nichts, und die Schüler/innen, die aus der Hauptschule kommen, fühlen sich gegenüber Repetenten und AHS-Abgängern im Nachteil.

Weil des erste Jahr war grundsätzlich eh nur eine Art Überlebenskampf bei uns. Weil da san glei einmal zehn Leute irgendwie auf der Strecken blieben, wenn's net mehr waren sogar, dann die zweite Klass da hat sich dann des ganze eh normalisiert und stabilisiert. [D(m, 19, HTL)15]

... mir san zum Beispiel 20 in der Klasse und davon, also mir waren ursprünglich 22 und davon san zwei weggegangen. Eine is arbeiten gangen. Einer hat Schul gwechselt wegen an bestimmten Lehrer und des is wieder a andere Gschicht. Und es kumman vier, fünf Leut durch und der Rest fallt weg, und des is uns a von Anfang an gsagt worden, dass des allgemein schon immer so war, dass glei am Anfang voll viel Leut wegfallen werden und da haben sie eben a a Konkurrenzdenken ausgelöst. [EE(m, 16, HAK)152]

...wir haben zum Beispiel in der ersten Klass, es bleiben immer voll viel sitzen in der ersten Klass, die sieben die glei einmal aus, die Schlechteren und die gehen dann glei einmal. [Q(w, 15, HBLA)86]

...weil die Lehrer nur drauf schauen, dass sie den Stoff durchbringen und dann haben wir am Anfang gsagt kriegt, dass es am Anfang ruhiger zugeht, dass alle Schulen auf an gemeinsamen Nenner kummen, Gymnasium, Hauptschul, Polytechnische Schul und irgendwie hab i da nix gsehn, dass es auf an gemeinsamen Nenner kummen is, des is einfach zu schnell vorangschritten. [EE(m, 16, HAK)148]

... und dann war es auf einmal so kühl von der Aura her, also von der Atmosphäre her, und mir san a so behandelt worden, von irgendwoher vom Letzten - irgendwas und da hab i es dann überhaut net ausghalten, und dann bin i hamkommen voll verstört eigentlich, meine Eltern habens irgendwie net verstanden, und - ja des wird schon noch -, i man es is eh irgendwie worden, aber der erste Gedanke wann i ma dann denk dass es so bleibt,- i man das haltest net aus. [I(w, 15, HAK)40]

.... und überhaupt dass ma blöd san und die ganze Zeit solche Sachen, und des macht mi am meisten fertig. [I(w, 15, HAK)41]

Und des war einfach falsch, weil's Gymnasiasten, weil's Leut geben hat die was die Schul schon einmal gmacht haben oder schon einmal gwechselt haben und weil's einfach Leut geben hat wie i, die was net so weit waren durch die Hauptschul oder durch das Poly. Und da habens einfach nix dafür tan, dass irgendwas gleichgstellt is. [EE(m, 16, HAK)152]

Also öfters bin i gar net wirklich anwesend, weil i s nimmer aushalt, dass i durt drinnhock und den Blödsinn aunhorch, und a von Lehrern sagen lassen muss, ma die Schul bringts überhaupt net. Also wir haben so an BWSK Lehrer, ja die Schul HAK die bringts überhaupt net, und überhaupt, ja geht's arbeiten oder tats gar nix, und sunst irgendwas ja und dann verzählt er von seine Patienten, solche Sorgen und einfach nur Blödsinn, es is anfach voll fürn Arsch. [I(w, 15, HAK)38]

Nicht nur von Burschen wird eine **Benachteiligung wegen des Geschlechts** vermutet:

... in der Klasse gibt's fast nur Mädchen und wir haben in der Klasse ich glaub sechs Burschen oder so und die werden halt extrem benachteiligt in Allem. Wieder in Italienisch. Sie immer gleich so, ja ist eh klar. Die ganzen Burschen haben einen Fetzen und ihr fallts eh alle durch. Und wirklich jeder Bub hat eine Prüfung machen müssen, auch wenn in der Schularbeit genauso viele Fehler waren wie bei mir, hat er einen Fünfer bekommen. Die gleiche Punkteanzahl bei Tests hat er einen Fünfer bekommen. Sie werden alle verdammt benachteiligt. Bei den Stundenwiederholungen auch in anderen Fächern kommen die Burschen immer zuerst dran und so. [G(w, 17, HBLA)33]

Also die Mädchen werden einfach in jeder Beziehung bevorzugt, egal ob ums Hausübung vergessen [bei den Mädchen]is den Lehrern egal, wann wir aber die Hausaufgabe vergessen, gibt's gleich ein Minus und alles mögliche. Ja ja des ist unfair. Ka Gleichberechtigung. [N(m, 15, AHS)66]

Ja es geht Vielen gleich, na eigentlich jedem. Also jedem Buben. Also i glaub sowieso, dass den Buben die Schule viel schwerer gmacht wird als den Mädchen. Ganz sicher. [N(m, 15, AHS)67]

... zum Beispiel, hinten sitzen die Mädel und da hat die Lehrerin einmal gsagt, die tut des eigentlich fast jeden Tag, die Mädel dürfen früher heimgehen, weil sie san ja sooo brav sagt die Lehrerin immer obwohl sie die ganze Stund reden und die Lehrerin merkt des net, weil die is für mi a wengerl husch husch, a wengerl derisch (taub) und des find i eigentlich unfair und des is bled und die lasst immer nur die Mädel gehen. [T(m, 10, VS)101]

2.3   Integration bei den Mitschüler/innen

Viele der Befragten kommen aus Klassen, die entweder generell ein relativ hohes Gewaltniveau haben, oder in denen Sie Opfer von Verspottung und Mobbing sind, ohne dass sie sich diesbezüglich Hilfe von Ihren Lehrpersonen erwarten würden.

...ja es war eigentlich fast Krieg bei uns in der Klass, da san Sachen umanander geschossen worden, und da hat ma wirklich schon Angst haben müssen, dass ma nix am Schädel kriegt oder was. i man angefangen von der eineinhalb Liter Pet-Flasche über Fußbälle und hin und her und alles. [D(m, 19, HTL)15]

Jedenfalls einmal habens mich so a Dings, erpressen wollen, dass sie mich zammschlagen, wenn ich ihnen am nächsten Tag nichts zum Naschen mitbring. [A(m, 12, HS)3]

Und des is dann a blöd, weil da will man einfach nicht mehr in die Schui gehen, weil da kommt ma eini, in die Schul wird ma verspott, geht ma aussi wird ma verspott in ganzen Tag über, und da kann man sich nimmer auf die Schule konzentrieren. [B(w, 13, HS)10]

A ja sie gehen neben dir so, und ma du bist blöd und ma du kannst sowieso nix, und die suchen Gründe die was gar nix san, das war bei aner a so, zu der hams gsagt, mei sie hat Schuppen und a fettigs Haar und so, und derweil hat sie voll schöne Haar ghabt und so und derweil haben sie sie so ausgspott und sie hat eigentlich nie was ghabt. [B(w, 13, HS)10]

[Ein Schüler mit einem leichten Sprachfehler], aber wenn i huddel, bleib i meistens steckn und dann verarschens mi a immer wieder – und so was – die kapieren net, dass i da nix dafür kann und dass des völlig normal is. Oder sie machen si meistens lustig über meine Haar, warum i net zum Frisör geh, aber mir gfallens a so. I mag mirs jetzt wachsen lassen. [E(m, 14, HS)23]

Die meisten Kinder haben keine Ursachen, die san einfach nur streitsüchtig, die wollen, die brauchen was zum streiten weil sonst ist ihnen fad in der Schui und da werden halt andere ausgeschlossen und die tuns weg, so verspotten und so, und die Lehrer kriegen es a mit und die meisten Lehrer sagen , na dann hörts auf, aber die hören net auf und die verspottens immer mehr, weil wenn ma in der Schul jetzt a Referat hat und die anderen mögen di aber net und du machst a Referat und dann wenn du fertig bist, schreiens alle Buh und es war schlecht und dann is ma voll deprimiert. [B(w, 13, HS)9]

Also mir haben einmal a Musiklehrerin ghabt, die hat uns Vorträge über Mobbing vorghalten, weil bei uns war aner in der Klass, der is wirklich voll ausgschlossn worden, aber es hat nix gändert. Es geht immer von die Schüler aus, egal was der Lehrer sagt. Dann tans halt vor dem Lehrer nett und so, aber Scheiße geht's ihm trotzdem no. Die Lehrer haben da überhaupt nix zum Melden im Grunde. [I(w, 15, HAK)39]

Neben explizitem Mobbing gegenüber einzelnen, wie es hier beschrieben wird, ist die konkurrierende Atmosphäre oder überhaupt das eher beziehungslose Nebeneinanderleben unterschiedlichster Gruppen in der gleichen Klasse ein Problem, das den Aufbau einer Klassengemeinschaft erschwert.

Und wir haben aber auch ein paar in unserer Klasse, so zwei drei, die dann wirklich wenn sie auf einer Schularbeit etwas Besseres haben, als man selber oder irgendjemand anderer, dann gehen sie durch, na was hast denn du leicht, a schade, ich hab das, und das macht es einem auch nicht irgendwie angenehmer, eine schlechte Note zu haben und vor allem wenn man die Leute nicht mag, wenn man sich dann selber denkt auch, ja ich mag den nicht, warum muss der jetzt irgendwas Besseres haben als ich. [V(m, 15, AHS)109]

... aber manchmal denk i mir halt einfach dass des einfach unfair is und kaner traut sich was sagen, und unsre Klassengemeinschaft is a net wirklich super, weil wir haben so Gruppen die Coolen, die Uncoolen halt die Hiphopper, die Rapper, die Asseln, ja und da gibt's halt so Gruppen und kaner redt mit die Anderen. Also nur in der Gruppen und die Anderen san halt ausgschlossen. [NN(w, 14, AHS)190]

2.4 Schlechter Unterricht

Der Unterricht wird häufig so beschrieben, dass Lehrerinnen und Lehrer versuchen, ihren Stoff ohne Rücksicht auf die Aufnahmefähigkeit der Schülerinnen und Schüler durchzubringen.

Zum Beispiel in Biologie, der steht die ganze Zeit nur vorne und schreibt was auf die Tafel und man kann keine Fragen stellen und er stellt auch uns keine Fragen was das sein könnte und er erzählt nur runter und das ist nicht spannend. [BB(m, 14, AHS)136]

A Schülerin hat einmal gsagt, i man des sagt eigentlich alles, da is sie einmal aufgestanden und hat gsagt, wir haben eh Bücher, für was brauch ma eigentlich nu Lehrer, i man wir lernen eigentlich nur aus dem Buch wir lernen des was im Buch is nur auswendig und schreibens hin. [II(w, 18, HAK)171]

Sichtbar wird diese geringe Schülerorientierung auch in fehlender Aktualisierung des Unterrichts („es gibt Professoren, die haben ihre Zettel, seit zehn Jahren lesen sie jede Stunde von ihrem Zettel runter und haben für jede Klasse genau das gleiche" [V(m, 15, AHS)-111]) und von Seiten der Lehrpersonen teilweise mit kuriosen Argumenten gerechtfertigt:

Genauso wenn immer die Begründung is, die i immer so genial gfunden hab, im Gym hats dann immer geheißen, ma muss a bissel selbständiger werden und si drauf einstellen, dass die Lehrer einem nimmer so nachrennen, weil wenn man studieren will is des a net anders. Des heißt i werd in der Oberstufen eigentlich mit schlechte Lehrer konfrontiert, dass i dann nachher in der Universität schon dran gwohnt bin. [II(w, 18, HAK)172]

Für die lernschwächeren Schüler/innen bedeutet dies vor allem, dass die Lehrpersonen wenig Rücksicht auf sie nehmen und sich eher auf die guten Schüler/innen konzentrieren:

wenn ich mich wo nicht auskenne, konzentriert er sich meistens nicht auf mich, ... [oder] auf die Schüler denen es schlecht geht, sondern macht einfach weiter mit den Schülern die sich auskennen. Und erklärt aber schlechten Schülern den Stoff nicht wirklich. [SS(w, 15, AHS) 209]

Es gibt Problemlehrer, also Lehrer die net drauf schauen, ob die Schüler das kapieren und einfach nur den Stoff durchmachen und dann Schularbeit schreiben und dann hat halt ein Viertel der Klasse einen Fetzen, aber das ist halt dann dem Lehrer wurscht. Das sind halt dann die schlechten Lehrer. [SS(w, 15, AHS)208]

Na ja also, bei uns wird grundsätzlich net erklärt, uns wird einfach so der Stoff hinghaut. [HH(w, 16, AHS)165]

...sie nehmen a Sachen durch, die ziemlich schwer san, was a net im Buch also im Lehrbuch steht, und sie gehen alles so schnell durch i versteh des a net. [NN(w, 14, AHS)188]

Rückfragen der Schüler/innen lösen negative Reaktionen aus, werden aus dem Unterricht hinausreklamiert und dann „vergessen".

Ja die meisten sagen eh, fragts glei wenn ihr euch ned auskennt, nur wann man net in der ersten Stund glei fragt sondern in der nächsten Stund glei draufkommt des kann i net, dann werdens glei voll bös, weil des hamma jetzt scho länger gmacht und des erklärens jetzt nimmer, weil des Thema is jetzt schon vorbei und des müss ma jetzt selber lernen. [Q(w, 15, HBLA)86]

I man und vor allem was mi stört, man kann kan Lehrer fragen wenn man was wissen will. Sie sagen immer, ja wenn ihr euch net auskennts dass ma immer fragen könnt, und wenn wir dann fragen, dann plärren sie uns an, ja jetzt hab i ka Zeit, frag nachher, später weil ja und später ist halt a Stund vor der Schularbeit und dann nutzt des a nix mehr. [NN(w, 14, AHS)188]

Aber manchmal da zum Beispiel, wenn i grad was net waß und es betrifft grad net den Stoff, den was wir machen, dann sagt die Lehrerin immer zu mir „Nach der Stund" und nach der Stund dann geht's einfach immer. Sie ist halt sehr vergesslich. [QQ(w, 11, AHS)197]

2.5 Lehrerinnen und Lehrer

Praktisch alle interviewten Schüler/innen berichten über gestörte oder schwer belastete Beziehungen zu den Lehrpersonen, wobei sich zwei grundlegende Auslösungssituationen abbilden: Störungen stehen im Zusammenhang mit schulischem Misserfolg oder mit Konflikten, die sich aus dem Zusammenstoß individueller Eigenheiten der Schüler/innen mit den Verhaltenserwartungen der Lehrpersonen ergeben.

2.5.1 Fachegoismus

Vor allem die leistungsschwächeren Schüler/innen erleben die Anforderungen der Schule unkoordiniert und auch aus diesem Grunde besonders belastend und schwer erfüllbar. Die Lehrpersonen präsentieren sich gegenüber den Schüler/innen dabei nicht als unterstützend, sondern als eine auf Kosten der Schüler den Stellenwert ihrer eigenen Fächer betonende und den Stellenwert der übrigen Fächer abwertende Gruppe.

... die san alle auf ihr eigenes Fach fixiert und des andere sehens gar net. Des von einem bestimmten Lehrer, des Fach und des Ganze muss man können, aber die anderen Lehrer sagen na des is uninteressant und des häuft sich, von alle Lehrer kommt des zamm und dann weißt gar net mehr was ma machen soll oder was ma eigentlich lernen soll. Es kommt alles zusammen, weil a jeder Lehrer glaubt, ja mei Fach is des wichtigste, des müssts können sonst kommts net durch, oder so und jeder druckt einem den Stoff eini und des musst können ob du willst oder net. [O(w, 19, HBLA)72]

Ja die Lehrer interessiert es eh net was in den anderen Fächern ist. Hauptsach auf ihr Fach. [M(w, 17, HAK)65]

Wir haben viele Tests an einem Tag und wenn wir mit dem Lernen net zusammenkommen, dann verstehn des die Lehrer net. Des ist ihnen wurscht ob wir jetzt andere Fächer haben, und nur ihres ist wichtig. [M(w, 17, HAK)64]

... dann meinen die auf einmal, na was müsst ihr den lernen für Mathematik, dass muss man ja nur verstehen und das kann man eh schnell machen und für Geographie das ist ein, die Professoren von den Hauptgegenständen meinen dann dass ist ein Nebenfach das kann man ja eh schnell lernen, was wichtig ist sind die Hauptgegenstände. [V(m, 15, AHS)108]

Es ist eben wie gesagt, diese Einstellung, dass sie meinen ihr Fach sei das wichtigste und man muss eh nicht soviel lernen, glauben die Professoren und dann vertragen sie wenig Kritik eben ... die meisten sagen dann eben, na ich mach das schon zwanzig Jahre so, wieso sollt ich das ändern bis jetzt hat es ja jeder geschafft, halt außer die, die durchgeflogen sind. [V(m, 15, AHS)111]

2.5.2 Negative Beziehungen

Die befragten Schüler/innen berichten in einem hohen Ausmaß negative Erfahrungen aus der Beziehung zu ihren Lehrpersonen. Die Beispiele und Belege, die sie dazu anführen, reichen von der nicht wohlwollenden Behandlung bis zur systematischen Schikane.

Eine **nicht wohlwollende, unfaire Behandlung** drückt sich vor allem darin aus, dass bei bestehenden Alternativen die für die Schüler/innen schlechtere gewählt wird, dass Fehlverhalten der Schüler/innen unfair bestraft, schlechte Noten als

Sanktionsmittel verwendet, Prüfungen verweigert oder zumindest verbal ausgedrückt wird, dass Schüler/innen das Schuljahr nicht bestehen werden.

Dann gibt's die stehen einige auf zwei Minus, habens sofort an Dreier. [F(w, 15, HBLA)28]

A: Also, da hats an Lehrer geben, N., der is mir ziemlich auf die Nerven gegangen, kaum hab i was angstellt, glei hat er mir so an Zettel geben zum Schreiben, des sollst abschreiben, des, weil, wann hat irgend ein Österreicher etwas angstellt, ja passt schon, mach, hat eh kaner gsehen, passt schon. Bei mir Zettel, Buch abgschrieben. Es war fast jeden Tag so. [J(m, 15, PTS)45]

...müssen mir in der Pause, statt dass mir Pause haben und da kann ma ja aufs Klo gehn oder umanander gehen, müssen mir sitzen bleiben, bis die ganze Pause vorbei ist. Die klane Pause die dauert fünf Minuten und dann haben wir noch a große Pause, zum Essen zwamal am Tag und die dauert a Viertelstund. [T(m, 10, VS)101]

... und dann reg i mi halt auf in der Schul und dann krieg i a Minus, da war einmal ein Freund von mir, der hat an Test ghabt und i wollt ihm helfen und dann hat ma der Lehrer an Fünfer eingeschrieben, weil i ihm halt beim Schummeln gholfen hab und des hat mi aufgregt, wie eigentlich die meisten Lehrer voll ungut san in der Schul. [C(m, 16, BMS)13]

... oder einfach bestimmte Lehrer, die was sie wirklich freuen, wanns da an Fünfer zurück kriegst weil s di halt net mögen. Da gibt's wirklich so Lehrer, wennst halt sagst halt einmal ja i fehl heut einmal weil es is so schön draußen oder i hab was anderes zum tun, und du kommst nächste Wochen wieder eini und der mag die glei net, weilst halt net da warst und kommst glei zur Wiederholung dran und kriegst halt glei die schlechte Noten ... [L(m, 19, HTL)58]

Dann hat sie mir eine Prüfung über meine zwei fehlenden Hausübungen gegeben, und dann hat die mich was ganz anderes gefragt, was ganz anderes. Und die Prüfung wär aber, wenn sie mir den richtigen Stoff, wenn sie mich den richtigen Stoff gefragt hätte, hätt ich es richtig urgut geschafft wahrscheinlich, und da sagt sie: so und nächstes Jahr, wenn ich dich dann wieder habe und wenn du einmal eine Hausübung nicht bringst und dann fliegst du sofort durch und so. [G(w, 17, HBLA)29]

Ja, dass die halt der Lehrer immer Sachen fragt, wo er waß, dass man es net waß und dass er dir net so hilft, bei Tests zum Beispiel, dass er merkt dass du lernst, aber er will halt trotzdem nix Positives eintragen. [C(m, 16, BMS)13]

... also sie prüfen einen fünfmal in zwei Wochen, wo sie einen anderen kein einziges Mal prüfen oder so was. [HH(w, 16, AHS)]

Na ja zum Beispiel meine Textverarbeitungslehrerin, ich hab a Mahnung kriegt und ich hab ihr die Mahnung zurückgegeben und wollte bei der Tür aussi gehen und dann sagt sie zu mir, ich brauch gar nimmer kommen, weil sie mich nimmer prüfen und ich hab nicht das Recht auf die Prüfung und dass i nimmer kommen brauch. [M(w, 17, HAK)62|

dass er gsagt hat, dass i eh net durchkumm in der Schul, dass er mir gar ka Prüfung machen lasst am Schulschluss. [DD(w, 12, AHS)146]

Unter „**Auszucken**" verstehen die Schüler/innen durch verhältnismäßig geringfügige Anlässe ausgelöste und unverhältnismäßige und negative Reaktionen von Lehrpersonen ihnen gegenüber, denen sie vor allem wegen ihrer Heftigkeit oft verständnislos gegenüberstehen.

... da hab i mir mal a Taschentuch von am Freund ausborgt und der hat – er is herkommen – hat gfragt was mir da tan und i hab gsagt, ja i hab mir a Taschentuch ausborgt. Dann hat er voll rumgschrien, hat voll mit der Hand am Tisch ghaut, dann hats die Mappen von der anderen Seite von dem Tisch am Boden awighaut, weil's denn Tisch so ausghoben hat, also so san die Lehrer bei uns in der Schul, zumindest manche. [C(m, 16, BMS)13]

... [bei einer Schularbeit] zwei Sachen wollt i fragen, weil mir des net ganz klar war irgendwie, warum er mir was abgezogen hat, und dann hat er sofort, der war ganz bös, richtig beleidigt, dann hat er mir des Heft aus der Hand grissen, und er waß dass i in die Kindergartenschul will, dann hat er mi so richtig so angschrien, er wünscht mir richtig viel Spaß mit die Kinder, weil so wie i mi aufführ mit meiner ganzen blöden Art, werd i des sowieso nie schaffen und was mir einfallt, und so ungut wie i bin, und dann sagst immer du bist so sozial und so, und derweil bist du es ja gar nicht. [P(w, 14, AHS)78]

... i man ma soll des net sagen, er is in dem Niveau von uns, er spinnt wie ein kleines Kind, fangt zum bizzeln an wie ein klans Kind, nur wegen aner Trinkflaschen oder was, die am Tisch oben steht, fangt er zum bizzeln an und fangt zum schreien an. Obwohl i net trunken hab hat er mir des in die Schuach gschoben und i mach jetzt an Noteneinspruch, weil des interessiert mi net. [CC(m, 20, HTL)139]

Im Gegensatz zu diesen sponaten Ausbrüchen stehen jedoch Erfahrungen, in denen einzelne Schüler/innen oder auch die ganze Klasse von ihren Lehrpersonen systematischen **Beschimpfungen, Herabsetzungen und Demütigungen** ausgesetzt werden.

... wenn man falsche Hausübung hat, wird man nach vorn gerufen und man steht vorn, typisch europäisch, man wird vor allen blamiert, man wird vor allen zusammengeschrien, man wird einfach schlecht gemacht und dann kommen zum Teil solche Sprüche wie, kannst eh arbeiten gehen, du bist ja zu blöd dafür [U(m, 16, AHS)104]

Na er hat gsagt ich soll beim Hausmeister fragen, ob er eine Stelle als Putzfrau für mich hat. [HH(w, 16, AHS)162]

...schon allein wenn'st du eine Frage nicht hast richtig beantworten können hat sie dich sofort zusammengschrien, was dass du da nix zum Suchen hast, dass des a Schmarrn ist und dass du sowieso an Fetzen hast und das du dich eigentlich eh auf die Landstraßen sitzen könntest und die hat eben des derartig hats die zsammgschrien und die hat dich vor der ganzen Klass gedemütigt so richtig. [II(w, 18, HAK)169]

Beim G. war des zum Beispiel so, kaum hab i an Fünfer gschrieben, hat er mi manchmal ausglacht dass i nix kann, dass i so schwach bin, dass i so dumm bin und so. [J(m, 15, PTS)46] i bin einfach ghasst worden von dem Lehrer und der hat blöd von mir gredt vor allem vor die anderen Lehrer, und auf einmal bin i wie der größte Trottel dagstanden, mechert i einmal sagen he. [CC(m, 20, HTL)144]

... na ja oder auf Landschulwochen wenn man von Lehrern, sag wir mal beschimpft werden wenn wir uns ein bissi aufführen. Ein paar Lehrer aus unserer Schule bezeichnen die Schüler als Wappler oder Trotteln oder sonst was. [GG(m, 15, AHS)157]

Aber es ist mir auch schon passiert, dass wenn i ihn allein auf irgendetwas angredet hab so dämlich Sprüche wie des kannst deiner Großmutter erzählen hör und da denk i mir dann schon da stehst einnmal so da und denkst was bitte is das jetzt? Und ganz derb wars dann da hat sie a zweite Schülerin eingmischt und hat dann gmeint so ganz provokant ja mei Oma is schon gestorben und er dann gmeint, ja gehst halt dann zum Friedhof zum Grab. [II(w, 18, HAK)168]

Ja zum Beispiel mir haben einmal für Lehrer servieren müssen und da hab i nur des Teller schiefghalten und hab voll gschimpft kriegt und a Lieblingsschülerin hat was owigschmissen und zu der hat er nur gsagt, sie solls zusammenputzen und i hab aber vor die ganzen Lehrer gschimpft kriegt, des heißt i bin vor die ganzen Lehrer blöd dagstanden. [LL(w, 15, BMS)183]

Ja wenn ma sie net anziagt wie die Lehrer wollen, wenn ma zum Beispiel an Rock mit Stutzen anhat und a Trägerleiberl dazu dann sagen die Lehrer du schaust aus wie a Kasperl und geh aussi und ziag die gscheid an, des is a scho kumman und dann bezeichnens di überhaupt nur mehr als „Kasperl komm aussa" und so. [R(w, 14, AHS)93]

Ja dass sie halt sagen, du schaffst des Jahr sowieso net und dass sie halt allweil a Situation ausnutzen, wo man was net waß, damits uns a schlechter Noten geben oder unsere Eltern zum Elternsprechtag holen und erzählen wie schlecht mir san und alles. [NN(w, 14, AHS)191]

Die Schüler/innen reagieren auf die negativen Beziehungserfahrungen häufig mit **Resignation und dem Gefühl der Ohnmacht**, weil sie die Erfahrung machen, dass sie sich gegen Lehrpersonen nicht durchsetzen können, und dass ihre Versuche, Konflikte zu lösen, sich möglicherweise negativ auf ihre Beurteilung auswirken.

... i war so wütend, aber i kann mi a net wehren gegen an Lehrer, weil si san immer im Vorteil. Ma ziagt immer den Kürzeren kommt mir vor. Ma kann sie a net gegen an Lehrer wehren, weil dann wird man nur verhasst und dann kriegt man erst recht Probleme mit dem Lehrer. [NN(w, 14, AHS)191]

[In einem Streit mit einer Schulleiterin] ... ich wollt nicht irgendwie dagegen etwas sagen, weil sie hat viel mehr Macht, ich hab ja keine Macht ja...

Interviewer: Bist du dir hilflos vorgekommen?

Antwort: Ja sicher, man kann ja nichts sagen, wenn ich vielleicht zurückrede oder Argumente gib, dann schmeißt sie mich vielleicht gleich von der Schule oder so. [G(w, 17, HBLA)31]

*Na, mir getraun uns es gar net sagen, dass sie ungerecht sin, weil nachher a paar
Lehrer wirklich streng sin, wei mir dann a Angst haben, dass sich dann a auf die Noten
auswirkt oder so.* [MM(w, 14, AHS)186]

*... dass a wanns an Konflikt gibt, der Lehrer trotzdem nu am längeren Ast sitzt und dass
der trotzdem bestimmen derf über des Ganze und das wir trotzdem einfahren und des
Problem is, i hab nix mehr dagegen machen können.* [CC(m, 20, HTL)144]

*Na eigentlich bin i schon a offener Mensch, der schon über Probleme redt, aber
komischerweise bei die Lehrer halt i mi eher zruck. Wenn i mi unfair behandelt fühl,
also des war einmal in Englisch und da so is ma des wirlich gegen den Strich gegangen
und i hab des dem Lehrer gsagt und dadurch dass i ihm des gsagt hab is des Verhältnis
nu schlechter worden und seitdem hab i des eigentlich bleiben, sein lassen.* [H(w, 17,
HBLA)35]

*... da is a Lehrerin dagstanden und hat gsagt, Schuhe ausziehen und i hab gsagt wieso
denn und da hat sie gsagt, ja bei uns is Hausschuhpflicht, sag i, ja des waß i eh. Sagt
sie, ja i solls ausziehen. Sag i ja Frau Professor sie haben a Schuh an und sie haben auf
die Schuh genau den gleichen Dreck wie i. Sagt sie, ja i sitz aber auf dem längeren Ast
als du.* [H(w, 17, HBLA)37]

Einige der beschriebenen Beispiele, wie Schüler/innen von Lehrpersonen behandelt
werden, erfüllen den Begriff **Bullying**, der sich allgemein auf das Phänomen der
systematischen und geplanten (psychischen) Misshandlung Schwächerer durch
Stärkere vor dem Hintergrund einer sozialen Gruppe bezieht.

2.5.3 Die Leistungsbeurteilung als Konfliktfeld

Für viele Befragte ist der Bereich der Leistungsbeurteilung in hohem Ausmaß mit
negativen Emotionen verknüpft. Im Vordergund steht dabei das Gefühl, ungerecht,
unfair und willkürlich behandelt zu werden. Die zentralen Mechanismen, die dabei
eingesprochen werden, sind insbesondere eine grundlegende Negativausrichtung,
nicht oder zu spät angekündigte Prüfungen über einen nicht erwarteten oder nicht
vereinbarten Stoff, und generell eine willkürliche und damit ungleiche Behandlung
der Schüler/innen.

Als **Negativausrichtung** wird hier bezeichnet, wenn sich Lehrpersonen im
Zweifelsfall grundsätzlich oder auch willkürlich für die jeweils schlechtere
Benotung entscheiden, teilweise auch mit Begründungen, die den Schüler/innen
signalisieren, dass sie ihnen gute Leistungen nicht zutrauen bzw. an ihrem
Misserfolg interessiert scheinen.

*Und da hats gheißen, na des spielts net, der Test is so gut ausgefallen, den werden wir
net so richtig bewerten, hats gheißen bei uns.* [DD(w, 12, AHS)145]

*... dass Professoren immer sagen, ja sie benoten nicht nur Schularbeiten, mündliche
Mitarbeit, Hausübungen und so zählt alles genauso, also Schularbeiten nur 50% und
die Mitarbeit zählt dann tatsächlich nur, wenn man auf einer Zwischennote steht oder
halt positiv oder halt negativ – also – nie irgendwie positiv dass man halt jetzt sagt, na*

ja von den Schularbeiten her stehst du jetzt auf einem Vierer aber du kriegst einen Dreier, weil du so super mitarbeitest immer uns so, also das kommt nicht vor. [V(m, 15, AHS)107]

... dann sagen sie eh glei ja na des is halt so und i gib dir jetzt die schlechtere, weil's eben net zutrauen, dass du des so gut kannst wie die anderen Dreier zum Beispiel, und wann ma dann fragt ob ma a Prüfung machen derf, na weil jetzt san mir schon so spät dran und des geht dann a nimmer. [Q(w, 15, HBLA)85]

... und a gute Freundin von mir die hat eben genau solche Noten ghabt, und die wäre eben auf am Dreier gstanden und die hat die Noten gsagt und da hats gsagt, ja Kerstin du stehst auf einem Vierer, und sie dann, ja wie denn, i hab auf dem Test ja an Zweier und sie dann, na aber du stehst auf einem Vierer, weil i glaub einfach net dass du des so gut kannst wie die anderen Dreier, und i schätz die net so gut ein, i geb dir an Vierer. Und Kerstin, na is ma net recht, weil i steh auf einem Dreier. Na aber i geb dir jetzt einen Vierer im ersten Semester, und du kannst es dir eh noch ausbessern, und dann hat die Kerstin ihre Mama hingschickt und dann hats gsagt, die Kerstin hätt nur was sagen brauchen, und sie kriegt eh an Dreier. Hats ihr einen Dreier geben und i man des kann ja net sein, entweder sie steht auf an Dreier oder auf an Vierer, wann die Eltern hingehen kriegts an Grad bessere Noten des is. [Q(w, 15, HBLA)88]

... und bei dem wars a so, wenn du zwei dreimal gfehlt hast, der hat die glei, wennst auch krank warst, abgstempelt ja du warst wo anders, du warst net daham und du bist net in die Schul kommen, und des war a wo er mi weniger beachtet hat, obwohl i a aufzeigt hab, und dann hab i an Fünfer ghabt im Zeugnis, und dann hab i die Nachprüfung ghabt und dann hab i es gschafft, und dann hat er a gsagt er hat gmeint, wie hat er gsagt, er kann mi net durchfallen lassen weil i positiv war, aber des hat er so auf die Art gsagt, ja er hätt mi gern durchfallen lassen, aber es geht net, weil a zweite Person dabeisitzt und ja wann i vielleicht allein gwesen wär bei ihm. [O(w, 19, HBLA)74]

Oft erleben Schüler/innen, dass ihnen Leistungsfeststellungen **nicht oder zu spät angekündigt** werden bzw. sich dann auf einen Stoff beziehen, mit dem sie nicht gerechnet haben.

Ja zum Beispiel in Englisch, die Lehrerin da sagts uns an Tag vorher, ja mir haben des und des über des einen Test und keiner hat was glernt, drei viertel von die Noten negativ, ihr is des wurscht. [F(w, 15, HBLA)28]

... zum Beispiel die gibt's einmal so einfach unangesagte Wiederholung, wenn man da was net kann, das wird voll gerechnet so wie ein Test, und dann verschlechtert sich schon die Noten, [Q(w, 15, HBLA)84]

Weil er gesagt hat es gibt bei 30 Leuten in einer Klasse keine Mitarbeit, da kann er dich nicht wirklich benoten und bei mir hat er es aber dann sehr benotet, und meine Prüfung und ich hab dann eine Zwischenprüfung gehabt und hab eigentlich wirklich alles können und er hat mir dann ein Stoffgebiet gegeben, dass wir noch nicht gemacht haben und dann sind wir zum Direktor gegangen und der hat dann gesagt, es hat keinen Sinn dass man im Semester eine Berufung einlegt, des geht gar nicht im Semester. [HH(w, 16, AHS)160]

Ja also, sie hat mich, und noch eine Freundin von uns nicht leiden können, und uns hat die dann immer geprüft und immer genau dann die Sachen gfragt, wo sie weiß, dass wir sie nicht wissen. Beziehungsweise sie hat vorausgesetzt, dass wir den ganzen Stoff von allen Klassen können, obwohl wir drei erst in der Fünften eingestiegen sind und die hat auch den Stoff, den wir in der Vierten, Dritten gmacht haben, den hat sie vorausgesetzt das wir wissen und ja [S(w, 17, HBLA)97]

... zum Beispiel BWL ist ein Hauptfach in der HAK und ich kann des, was im Buch steht und irgendwie hab ich das nicht so richtig verstanden was er uns erklärt hat. Und dann bei der Prüfung bin ich durchgefallen, weil er mich immer gfragt hat, warum, weshalb und so und das hab ich einfach nicht erklären können und er hat dann gesagt, das was im Buch steht, das ist zuwenig. [M(w, 17, HAK)65]

... und in Biologie da hat er gsagt, da wollt i mi im Halbjahr prüfen lassen weil i kan Dreier in Biologie wollt, da hab i an Test richtig versaut, da hab i was net und da wollt i mi halt prüfen lassen und da hat er mi über den Blutkreislauf gfragt, und da hab i gsagt, ja des war net beim Stoff dabei, und dann hat er gsagt, ja des haben wir in der ersten Klass gmacht, des ghört zur Allgemeinbildung. [P(w, 14, AHS)81]

Ja, in Geschichte da haben wir kane Tests, sondern nur Prüfungen und wann di der net mag, da bist eigentlich ziemlich im Arsch und da hab i zum Beispiel drei Prüfungen gmacht, und die erste hat er halt ziemlich schwer gmacht und da hab i an Fünfer ghabt und bei der zweiten glei nu einmal und bei der dritten ja, - glei nu einmal. [R(w, 14, AHS)91]

Die Schüler/innen sehen wenig Möglichkeiten, sich gegen Ungleichbehandlung und Willkür bei der Festlegung, aber auch Verweigerung von Prüfungen bzw. bei der Auswahl der Fragen zur Wehr zu setzen.

Ja dass er da extra Prüfungen macht, dass er die bevorzugen kann oder a net und ja der haut dir die Prüfungen eini, bei der an - is es nur aus dem Buch, also wir lesen ja nur, wir schreiben net und voll leichte Fragen, und bei mir, da waren vier oder fünf Fragen, wer is des gwesen, was er halt so dazwischen dabei gsagt hat. [R(w, 14, AHS)92]

Ja dass wann a Test beurteilt wird, dass er halt dann gerecht benotet wird, weil ma sieht es net ein wenn ma fast desselbe durtstehn hat oder dasselbe hingschrieben hat, dass er halt dann einfach sagt, na bei dir passt des net so, weil sie können sich eigentlich, die Noten können sie sich richten wie sie wollen. [L(m, 19, HTL)59]

Ja es war zum Beispiel, also in Englisch, dadurch dass der Lehrer ab und zu einmal, also net ab und zu sondern eigentlich immer, seine persönliche Erfahrungen und einfach Meinungen in a Noten einbezogen hat, wo i mi eigentlich ungerecht behandelt gfühlt hab, wo i gwusst hab, er verlangt ziemlich viel und mant, dass nur sei Fach des wichtigste is, also ka Rücksicht. [H(w, 17, HBLA)34]

Am Anfang vom Semester haben wir kurz einmal gschwänzt zwei drei Wochen, des gib i ehrlich zu, aber das er uns so hasst das er, wir haben a Prüfung damals verlangt und die Prüfung is eben abglehnt worden, es hat gheißen, weil die Prüfung gibt's nur im ersten Semester, obwohl i was, das in jedem Semester a Prüfung jedem Schüler zusteht. Und da hats gheißen na des spielt es net, bei euch so und so net. Hat es gheißen. [CC(m, 20, HTL)139]

Insgesamt erscheint die Leistungsbeurteilung als ein Feld, auf dem die Schüler/innen immer wieder demonstriert bekommen, wie groß auch bei einer relativ genauen gesetzlichen Regelung die Handlungsmöglichkeiten der Lehrpersonen sind.

Ja dann denk i mir, wenn ma nach dem Gesetz gehen darat, was die machen müssten, dann müsste man mehr als die Hälfte von den Lehrer aussihauen, weil es halt sich eh keiner dran, alleine die Schularbeiten kriegen wir nach zwei wochen zruck eigentlich müssten wir die nach einer Woche zruckkriegen. [Q(w, 15, HBLA)85]

... i man es is bei uns eh schon so, es is der Wahnsinn nach jeder Schularbeit haben wir sechs sieben Fünfer, die sie am End von der Stund auf die Hälfte minimieren, weil sich die Leut die Schularbeit kontrollieren noch einmal im Buch nachschauen und fechten anfangen. Da geht's zu wie auf dem Markt die gehen vor nach der Schularbeit und handeln mit dem Professor umanand bis ma echt drei Fetzen weiter haben. Die haben dann alle an Vierer. Da kommt mir das dann teilweise echt so vor der kontrolliert nur so drüber und lasst dann die Schüler selber kontrollieren, weil die finden dann selber eh so fünf sechs Fehler die net ghörerten also so des is wirklich a Witz. [II(w, 18, HAK)168]

2.5.4   Fehlende Unterstützung durch die Verantwortlichen

Vor allem bei Problemen der Schüler-Lehrer-Interaktion sollten die Schüler/innen Anlaufstellen vorfinden, an die sie sich um Hilfe wenden könnten. Von der Organisationstruktur der Schule her könnten das insbesondere Beratungslehrer/innen, Klassenvorstände und die Schulleiter/innen sein.

Beratungslehrer/innen haben nur an wenigen Schulen eine dementsprechende Funktion und werden möglicherweise von den Schüler/innen wegen ihrer Zugehörigkeit zu den Lehrpersonen nicht wirklich als Anlaufstelle akzeptiert.

Ja da gibts bei uns in der Schule so a Dame so a Lehrerin die ist Ansprechpartnerin, aber das wird ja eh net genützt, weil ja des is halt a Lehrerin, wer geht scho zu einer Lehrerin. (lacht). [AA(m, 16, BMS)132]

Die **Klassenvorstände** erweisen sich offenbar manchmal selbst als Teil des Problems, werden aber meistens so wahrgenommen, dass sie sich aus Konflikten mit anderen Lehrpersonen herauszuhalten versuchen.

wir haben einen Klassenvorstand gehabt, der war ziemlich streng und so des war das Ärgste, da haben wir nix sagen dürfen er war ziemlich schlecht und so hat uns immer zusammengschrien. [N(m, 15, AHS)66]

Ja also einmal unser Klassenvorstand der tut überhaupt nix und der fühlt sich immer glei persönlich angriffen, wenn ma über die Klassengemeinschaft reden wollen, weil er is so, er kriegt des halt voll in den falschen Hals. [P(w, 14, AHS)76]

... i versuch des meinem Klassenvorstand erklären, dem is des ah wurscht, der sagt dass i mir des mit den Professoren abklären soll. [DD(w, 12, AHS)146]

Und was halt bei unserem Klassenvorstand so is, dass er einem bei Gott net zuhorcht. Er nimmt einem net ernst, man kann mit ihm absolut net reden, wenn ma irgend a Beschwerde hätt oder so vom Stoff her oder irgend an anderen Mangel, i man des Problem is halt, dass bei uns in der Klass relativ laut is. Des heißt man kanns ihm auch teilweise net verdenken dass er einfach sagt, des interessiert ihn jetzt net. [II(w, 18, HAK)168]

... und der Klassenvorstand is aner, der si a nix sagen traut zu die Lehrer. Weil wenn wir a Problem haben, gehen wir normalerweise zuerst zu ihm, bevor mir irgendwen anderen miteinbeziehen, aber er traut sich a nix sagen wirklich net und er macht des a allweil so zurückhaltend und es is eh net so schlimm, ... er redt si immer da aussi. [NN(w, 14, AHS)188]

... da ist die Direktorin kommen und hat gsagt, so wie ich ausschau, darf ich nicht wiederholen, nur wegen den grünen Haaren. Und das versteh ich nicht, weil ich hab vor einem halben Jahr noch Dreads gehabt, das hat ihr auch nicht passt, obwohl das versteh ich in der Kochschule Dreads, das ist unappetitlich vielleicht. [G(w, 17, HBLA)31]

... meine Mutter ist dann hingegangen und das hat meist das Problem nicht gelöst, also es ist dann, meine Mutter war sogar bei der Direktorin, die hat gesagt, sie kann aber auch nichts dagegen tun, also es wird nichts dagegen unternommen, wenn ein Lehrer ausflippt oder einmal wirklich total aggressiv wird. [U(m, 16, AHS)104]

2.6 Bewältigungsmuster und Ressourcen

Viele der Befragten hatten eine reflektierte Vorstellung, dass sie einen aktiven Ausgleich zur Schule brauchen, und konnten Strategien und Gewohnheit angeben, die diesem Ausgleich dienen. Sie gehen sowohl in Richtung Rückzug als auch in Richtung eines aktiven Abarbeitens von Belastungen. Einige dieser Bewältigungsstrategien sind im folgenden illustriert.

Einige Schüler/innen suchen aktiv **Rückzug und Entspannung**:

Ich entspann mich zu Hause, ich bin sehr verspannt. Meine Aggressionen auslassen; wenn ich mir dann denk, ok, ich kann nimmer, der Berg wird mir einfach zu groß, dann setz ich mich einmal eine halbe Stunde hin und mach gar nichts und dann geht das meistens wieder so halbwegs. [U(m, 16, AHS)105]

Zum Beispiel wenn mi meine Brüder in Ruh lassen bin i allein in meinem Zimmer, wo i mi gscheid hinlegen kann und Radio aufdrehen kann ohne dass mi jemand stört oder so. [DD(w, 12, AHS)147]

Ja, meistens wenn i aus der Schul aussikumm geh i glei heim und i probier, dass i so wenig Kontakt zu die Anderen hab, dass i ihnen aus dem Weg geh und dass i sie einfach ignorier. [B(w, 13, HS)10]

Ja i also i nimm mir recht viel Zeit für mi selber. I zeichne gern und sitz mi hin und überleg über alles. Also einfach das Relaxen, dass ma si Zeit für sich selber nimmt und einmal drüber nachdenkt, was für Ziele dass man hat und wie man die erreichen kann und was eigentlich die Problempunkte san um die zu lösen was i damit tun muss. [H(w, 17, HBLA)36]

Meistens tu ich was in der Freizeit, im Garten irgendetwas spielen, Computer spielen oder fernsehen, nachher nach einer Zeit, wenn ma dann fad is beim Spielen und so dann tu ich Hausübung machen und lernen, dann geht's wieder besser. [B(w, 13, HS)8]

Also so viel wie möglich Freizeit haben tu ich halt, Computer spielen, ein bisserl abreagieren und so, Schlagzeugen. [N(m, 15, AHS)68]

Die weitaus häufigste Form des Abreagierens bilden **Musik und Zusammensein mit Freunden**:

... und nach der Schul triff i mi halt mit meine guten Freund, mit die i reden kann. [GG(m, 15, AHS)158]

Und dann spiel i und dann vergisst ma halt die Schul und des is eigentlich perfekt da, da kann man mit die Freund spielen und die Schul is fffff weg. [KK(m, 10, HS)181]

Ja da bin i immer da auf da Ländn und vergiss es alles und hab a Gaudi ... und kann mi wieder ins Alltagleben zurückversetzen und wieder Gitarre spielen und wieder was lernen und mit meine Freund, is eh immer recht lustig. [E(m, 14, HS)23]

Wenn i an Frust hab, triff i mi mit Freund und red drüber oder so oder red halt a mit meine Eltern drüber und lass halt a wenig Frust ab und tu halt Musik horchen und so des is eigentlich . [L(m, 19, HTL)60]

A: Ja i geh amal auf die Länden, i horch extrem viel Musik, also i tu meine ganzen Gefühle in Lieder - im Grunde... [I(w, 15, HAK)39]

... ja wann i mal von der Schul heimkomm und mir haben länger Schul ghabt unter der Woche, das Schulzeug einmal am Boden hauen net anschauen angreifen gar nix, ja dann vielleicht einmal eine dreiviertel Stund aussi gehen mit Freund treffen vor den Fernseher setzen, hinlegen schlafen. [O(w, 19, HBLA)73]

Was tun wir da, ja i hab einen Freund der hat ein Gasthaus und da sitzen wir alle zusammen auf die Nacht oder tun DVD schauen oder gehen ins Kino oder fahren auf irgendwelche Festeln, aber nix so aufregendes. [HH(w, 16, AHS)163]

Ja da hab i den Turan, der macht ma a paar Witze, weil der sitzt neben mir, weil i hilf ihm dass es ihm a wengerl besser geht in der Schul und da mach ma immer a paar Streiche und da mach ma immer mit die Mädeln a wengerl a, und da mach ma alles mögliche und da reden wir a wengerl, was gestern alles passiert ist, was ma gemacht haben mit unsere Freund, da lach ma uns immer tot, fast. [T(m, 10, VS)102]

Ja man, in die ersten Jahr hab i ziemlich viel Computer gspielt nebenbei da wars a wirklich a ziemlicher Ausgleich, ja kann man e sagen, dass i fast schon mehr Zeit aufgwendt hab zum Computer spielen als für die Schul und ja grundsätzlich zum Aushalten von der Schul. [D(m, 19, HTL)19]

Aggressive Reaktionen werden eher selten berichtet.

... i waß net i hau meistens was herum. i drah die Stereoanlag auf und wanns mi anfäult dann hau i meistens in die Wand eini aber mit der Stereoanlag. I hau die Box immer dagegen. i hab eh schon viel Löcher drinn oder i geh zu am Freund boxen der hat an Boxsack und da hau ma immer dagegen. [W(m, 14, HS)117]

Als Anlaufstelle in **Krisensituationen** dienen vor allem Freund/innen und Eltern:

Also aufbaut bin i worden, immer von die Freund, also i hab in Rechnungswesen immer Probleme ghabt und mi haben meine Freund aufbaut mit denen hab i zusammen glernt, von daham hab i, also mei älter Bruder hat mi immer aufbaut. Er hat gsagt, des schaffst schon, lernst halt und es wird schon irgendwie gehen und du kommst schon durch, und des hat mi eigentlich aufbaut und dadurch hab i des Jahr a irgendwie gschafft, und einfach die Freund a da waren. [H(w, 17, HBLA)36]

I bin immer wenn es mir extrem Scheiße gegangen is, da war immer die ane die was so beliebt war, die is mit mir im Zimmer glegen, die wohnt in meiner Nähe und die hat mi immer irgendwie aufbauen können und sonst hab i immer mei beste Freundin anrufen können. [LL(w, 15, BMS)184]

Ja ... sicher einmal meine Eltern, weil i ihnen eh alles verzählen kann und so, genau wie bei meinem Bruder auch und dann halt a nu kann man sagen, die Freund halt eigentlich a kann man schon a sagen. [L(m, 19, HTL)60]

Ja also die Margit zum Beispiel in der Schul, sie is mei anzige Rettung, weil wir haben viel durt miteinander erlebt, also viel von was wir eben von die Leut dort kennenglernt haben, und dann hat es sich doch als anders erwiesen. [I(w, 15, HAK)40]

Manche halten sich mit **Gedanken an die Zukunft** aufrecht:

Da denk i mir, ja wenn i jetzt die Schule fertig mach, dann hab i voll den super Job und dann hab i a Luxusauto und des Ganze und deswegen denk i mir i muss jetzt die Schule machen und na ja. [M(w, 17, HAK)65]

i denk mir halt immer, dass i jetzt die Matura jetzt machen möchte, dass i einmal die Matura hab, weil dann steht mir eh noch alles offen, dass i halt a andere Richtung a nu machen kann, des is eigentlich der Hauptgrund, warum die Schul zum aushalten is. [L(m, 19, HTL)59]

und ma muss es ja doch durchziehen weil die Angst davor, dass man die Matura net macht weil was is ma sonst ohne Matura jetzt is ma ja nimmer viel kann ma sagen. Und außerdem hat ma ja jetzt schon ein Jahr verloren, weil ma ja doch schon angfangt hat und i hab ja doch schon des fünfte Jahr a wann i in die Vierte geh, es san ja doch schon verlorene Jahr was ma nimmer einibringt. [L(m, 19, HTL)57]

2.7 Motivation und Lernen

Welche Faktoren sind in der Wahrnehmung der Schüler/innen ausschlaggebend dafür, dass sie gern oder ungern in die Schule gehen, und was gibt den Ausschlag, dass sie die Lernleistungen in der Schule angemessen erbringen können?

Für die **Freude am Schulbesuch** werden vor allem Faktoren genannt, die außerhalb des üblichen Unterrichts liegen:

Wegen dem Wandertag oder wenn grad ein paar blöde Stunden ausgefallen sind und dafür bessere waren, dann schon. [A(m, 12, HS)2]

Also, zu der Zeit wo man keine Prüfungen und den Stress von Prüfungen hat, ... wo man den Stress von Prüfungen nicht hat und da geht man gern in die Schule, weil da lernt man auch noch gern was und so, und jetzt ich lern ja eigentlich im Prinzip nicht für mich, sondern für die Schule, also für die Lehrer und ich lern auch, das hab ich gemerkt, ich lern und kaum ist die Schularbeit oder der Test vorbei, dann vergesse ich das alles wieder, und deswegen macht es keinen Spaß das Lernen, und da sitzt man nicht gern in der Schule. [V(m, 15, AHS)110]

Also wie ich in die Hauptschule gegangen bin, wir haben eine voll super Klassengemeinschaft ghabt und i hab mi eigentlich wirklich auf die Schule gfreut. [HH(w, 16, AHS)163]

... weil in der Volksschul haben wir a richtig gute Klassengemeinschaft ghabt, weil sie die Lehrer wirklich drum gekümmert haben, und das war es eben dann nimmer. [P(w, 14, AHS)81]

Ja schon, wann mir zum Beispiel in Werken, da erzählt uns die Lehrerin wie man an Salzteig macht und des is dann a sehr interessant und dann mach ma so Salzteigfiguren und so Schildkröten und das is dann immer sehr toll. [FF(m, 10, VS)155]

.... also es gibt Tage, da denk ich mir, ich wüsste sonst nicht was ich sonst anfangen würde und außerdem ist es wichtig was ich später einmal machen möchte. Also insofern ist mir das schon sehr wichtig dass ich in die Schule geh, auch wenn ich mir manchmal denke, ich kann einfach nimmer. [U(m, 16, AHS)105]

Genannt werden überwiegend Situationen, wo der Unterricht nicht in der üblichen Form abläuft, wenn Stunden ausfallen, oder die Prüfungen bereits vorbei sind. Für viele der Befragten war dies in der Volksschule in einer ausgeprägten Form gegeben; für die gegenwärtige Schule werden zumindest rationale Gründe (Matura) genannt, die ihren Besuch sinnvoll erscheinen lässt.

Für **Schulunlust, Schulverdrossenheit** und daraus resultierendem **Schulschwänzen** werden eine Vielfalt von Gründen genannt:

... weil i bin aus der Hauptschul kommen und hab guten Erfolg ghabt, also zwei Dreier und sonst nur Zweier und Einser und jetzt irgendwie in der Schul glei am Anfang voll viel Stoff kriegt und dann bin i net mitkommen und deswegen hats mi nimmer gfreit. [C(m, 16, BMS)12]

Bei mir war es eigentlich ziemlich bald, schon in der ersten Klasse Gymnasium. Nicht gleich aber schon ziemlich bald dann, weil es auf einmal viel viel schwerer war. Ich weiß es noch als ich den ersten Dreier auf die Mathesschularbeit gekriegt hab, hab ich geheult. Weil sonst hatte ich immer nur Einser und dann bin ich nicht mehr gern in die Schule gegangen. [BB(m, 14, AHS)135]

Weils so schwer is und weil soviel verlangt wird, weil wir haben zum Beispiel in Elektrotechnik, schreiben wir acht, neun Seiten und bei am Test, dann kommen achtzig Seiten Test, also muss ma lernen und dann komm i net mit. Und dann hab i eben schon zwei Fünfer ghabt und dann hats mi nimmer so interessiert und jetzt hab i eigentlich scho abgschlossen mit der Schul. [C(m, 16, BMS)11]

Warum mi nix interessiert hat? Weil mi einfach die, es hat mi einfach so belastet und fertig gmacht und i war a kurz davor, dass i die Schul schmeiss, dass i arbeiten geh, wie des hat di fertiggmacht des Lernen, weil i des net gwöhnt bin, dass i auf einma soviel lernen muss. [F(w, 15, HBLA)25]

... Wie die Schule angfangen hat, i waß net da hab ich net glernt und ich hab immer Angst ghabt, dass ich a schlechte Note schreib und dass ich mir das nicht mehr ausbessern kann und es ist wirklich zur Sucht geworden, da kann man nimmer aufhören, wenn man anfangt zu schwänzen. Vor der Schularbeit, hab i immer Angst, ich hab Angst zu versagen, ich hab Angst, dass ich an Fünfer schreib und dass ich mir das nicht mehr ausbessern kann. Und des war auch oft der Grund, warum ich nicht in die Schule gegangen bin. [M(w, 17, HAK)64]

Warum i gschwanzt hab? Ja weil jeder Tag is gleich, du weißt du stehst in der Früh auf, du sitzt den ganzen Tag in der Schul, Donnerstag haben wir bis um Sechs, Freitag bis um Viere und da geht ma sehr ungern in die Schul wenn ma des waß, du waßt was die erwartet, du musst die Hausübungen haben, is eh klar, aber a net zuviel wie wir ghabt haben, du musst des an dem Tag haben, du musst alweil an einem bestimmten tag musst irgendwelche Sachen haben und sobald du sie nicht hast, bist unten durch bei die Lehrer, [O(w, 19, HBLA)73]

... i habs bereut, dass i in die Schul gangen bin, weil i mir dacht hab es wäre gscheiter gwesen i wäre arbeiten gegangen, hätt meine drei Jahr Berufschul gmacht und hätt dann also andauernd Geld kriegt. [O(w, 19, HBLA)71]

Also wie ich im Kindergarten war, hab ich mich so auf die Schule gefreut und dann im Gym ist mir das so vergangen, dann hab ich die Schule schon so zu hassen begonnen ... weil ich die dort, die Lehrer nicht gemocht hab, die Schüler waren alle so, so unfreundlich halt. [G(w, 17, HBLA)30]

Es is mit der Zeit immer mehr Stress zusammenkommen, es san immer mehr andere Sachen wichtiger worden als wie die Schule, vielleicht a in der Pubertät, dass man halt dann mehr andere Sachen im Kopf hat, dadurch die Leistung in der Schul nachlasst, dadurch Lehrer und Eltern dann a bissel draufsteigen und bevormunden, und i war Gott sei dank so ane, die sie nix hat sagen lassen und wenn i lernen wollen hab, hab i glernt und wann's mi net gfreut hat hab i es net gmacht. [H(w, 17, HBLA)35]

Besonders deutlich sind die negativen Begleiterscheinungen von Stoffdruck und gestiegenen Anforderungen nach Übergängen innerhalb des Schulsystems; damit zusammenhängend spielen aber auch Angst vor Misserfolg, Unzufriedenheit mit den Lehrpersonen und pubertär bedingte Sinnkrisen bei der Zerstörung der Schulfreude eine wichtige Rolle.

In den Bedingungen für eine positive oder negative **Lernmotivation** werden ähnliche Faktoren sichtbar, allerdings spielen hier Erfolg und Misserfolg eine noch stärkere Rolle. Einigen Schüler/innen fällt das Lernen dann leicht, wenn sie für das Thema **Interesse** aufbringen können und der Zugang nicht zu schwierig ist:

Ja also auf jeden Fall wenn mi des Fach interessiert oder es einfach is halt, dann hab i so a Motivation. [I(w, 15, HAK)40]

Wenn mi was interessiert, wann i was können will und wann i einfach Erfolg hab in der Schul. [F(w, 15, HBLA)26]

Ja, wenn es ein Fach ist was mich wirklich interessiert, wir haben Umweltöko als Schwerpunkt und das ist wirklich interessant und das lern ich gerne, das lern ich wirklich gerne, weil das gehört zum allgemein Wissen meiner Meinung nach. [G(w, 17, HBLA)30]

Misserfolg beim Lernen oder Nichtbeachtung durch die Lehrperson ist ein „Motivationskiller":

Ja es is a so ab und zu, dass man was, man hat zwenig glernt oder ja meistens vielleicht, weilst a unfair behandelt wirst, beurteilt wird. Ma glaubt, ma is besser, aber ma kriegt wieder die schlechtere Noten. Und ma verliert eigentlich dann des Interesse komplett. [O(w, 19, HBLA)72]

... hab eben die Englischprüfung ghabt, i hab vorher a Wochen des Lernen angfangt und i hab falsch glernt, i hab zu ungenau glernt und i hab ma die ganze Prüfung verhaut und dadurch hab i a negative Noten und ja, da schlafen hab i net können und lauter solche Sachen. [F(w, 15, HBLA)25]

Ja beim Lernen is des so. I lern immer alles auswendig, alles. Kaum is der Test da, kann i die Hälfte net. Schreib i immer nur Fünfer. Des war in der Hauptschul immer so, hab i a immer alles auswendig glernt, alles, alles. [J(m, 15, PTS)47]

Dann denk i mir, zu was sitz i eigentlich herinn, was soll i machen wann er mi net drannimmt, wann er net merkt, dass i was kann, dass i zeigen will, was i kann, dann denk i mir, i sitz umsonst da, weil er mi eh net sieht. [O(w, 19, HBLA)72]

Des Lernen, i kapier manche Sachen net und dann wird des ziemlich schwer. [A(m, 12, HS)2]

Des is so was – i war in der Hauptschul verdammt gut,- i war überall in der ersten Leistungsgruppe außer in einem Fach und hab wirklich a extrem gutes Zeugnis ghabt so dass i jede Schul machen hätt können und jetzt hab i zwei Fünfer im Zeugnis ghabt. [LL(w, 15, BMS)184]

Verstehen fördert die Bereitschaft zum Lernen:

Also ja Mathe, alles was ich versteh, lern ich gern, also ich lern Geschichte voll gern und GW des ist mir vollkommen egal oder was anderes, aber halt Mathe und Physik des ist net so meines. [HH(w, 16, AHS)162]

Von zentraler Bedeutung erscheint jedoch auch die **Qualität des Unterrichts**:

... aber teils san a sie [die Lehrpersonen] schuld, weil wann sie net so blöd wären dann lernert i ja mehr wann sie, - zum Beispiel – da gibt's an Lehrer in der Schul, der liest die ganze Zeit vom Buch owa und nächste Stund müssen wir es können und der is wirklich einfach so fad, mir schlafen, wirklich in der Stund wir haben gschlafen. Wann der den Unterricht interessanter gestalten tät dann täten wir auch mehr lernen, weil's einfach interessanter is, weil a drum geht ma a in die Schul. [LL(w, 15, BMS)185]

..., ich hab eine extrem strenge Geschichtelehrerin, die ist verdammt anstrengend. Sie macht so arge Stundenwiederholungen, aber sie redet und sie macht das interessant und da hört man einfach zu und ich hör im Unterricht normalerweise nie zu, aber bei ihr hör ich immer zu. Ich hör mir alles an was sie sagt, weil sie das so richtig interessant macht und das bringt dir auch gleich was, weil dann brauch ich nichts mehr lernen, weil dann weiß ich es eh schon, also. [G(w, 17, HBLA)32]

Und i denk einmal - waß i net - des hängt von die Lehrer ab. Na – i man net nur von die Lehrer, aber durch die Lehrer gfreut mi des Lernen nimmer, weil's so blöd san. [LL(w, 15, BMS)184]

Manche erleben die hohe **Lernbelastung** als ein Hindernis für ihr sonstiges Leben und entwickeln einen **Überdruss** am Lernen:

..., wo meine Freund immer schon daham waren und immer Freizeit ghabt haben und a Gaudi ghabt und i bin halt daheim gsessen und hab lernen müssen, und des hab i auf die Seiten gschoben und hab mir dacht, machst es halt a und gehst halt a aussi und dann hab i des halt übersehen. [L(m, 19, HTL)58]

... aber mir haben soviel Stoff, dass i dann mit dem Lernen nimmer zusammenkomm. Mir haben pro Wochen am Anfang glei fünf sechs Tests ghabt, mit viel zum Lernen und da bin i dann nimmer mitkommen. [C(m, 16, BMS)11]

... weil's halt doch schon des dreizehnte Schuljahr is und es is halt schon relativ lang, denk i mir halt so, weil jetzt bin i grad einmal 19 und davon 13 Jahr in der Schule, es is halt erst jetzt wirklich richtig Schule, weil vorher im Gym hat ma eh net wirklich Schul, da haben wir eh zu Mittag ausghabt, aber jetzt is halt doch a lange Zeit auch, und weil halt doch viel Zeit draufgeht. [L(m, 19, HTL)61]

Auch private **Probleme** können eine Rolle spielen:

Ja wenn ma privat Probleme hat entweder mit Familie oder Freund, dann lernt ma eigentlich nicht, i bin so eine i lass alles stehn und liegen und konzentrier mi auf was anderes, i geh aussi oder so aber Bücher nehm i da auf keinen Fall in die Hand. [O(w, 19, HBLA)72]

Lernen macht Spass, wenn es **frei von Druck** ist:

... aber jetzt also ab nächster Woche ist dann wieder Notenabschluss, und dann freu ich mich wieder in die Schule zu gehen. Man muss zwar noch in der Stunde sitzen und lernen, aber dann komm ich am Nachmittag nach Hause und denk mir, na ja in Biologie, dass war eigentlich ganz interessant. [V(m, 15, AHS)110]

... wann ma Freizeit hat, kann ma eben besser lernen und kann ma si besser konzentrieren, weil es hast ja immer, - ma wird abglenkt aber da is ma irgendwie freier, der Geist is frei und du kannst irgendwie viel besser nachdenken, als wann du in der Schul sitzt und zuhorchen musst und währenddessen des merken musst und dann gibt's wieder Tests, wieder a Prüfung und dann musst da mitschreiben und da mitschreiben, es geht einfach zu schnell [EE(m, 16, HAK)149]

3 Resümee

Eine Zusammenschau der Ergebnisse verweist sehr deutlich darauf, dass schulische Belastung Folge eines Geflechts aus schlechtem Unterricht, beeinträchtigten sozialen Beziehungen und eingeschränkten motivationalen Voraussetzungen auf Seiten der Schülerinnen und Schüler ist.

Der Unterricht, den sie erfahren, vermag offenbar oft genau das nicht zu leisten, was sie am dringendsten brauchen würden: hohe Erklärungs- und Vermittlungsqualität und eine Abstimmung auf ihre individuelle Situation. Anders ausgedrückt: der Unterricht ist wenig an Nachhaltigkeit und am Ergebnis orientiert, die Schüler/innen erhalten vielmehr gerade mit Verweis auf die vermeintlichen oder vorgeschützten Anforderungen der Schule zuwenig oder keine klärenden Rückmeldungen. Eine als extrem belastend erlebte Massierung der Anforderungen erfolgt primär nach den Übergängen im Schulsystem; in der Sprache der Schüler/-innen handelt es hier tatsächlich um einen „Überlebenskampf".

Die sozialen Beziehungen zu den Lehrpersonen sind besonders durch fehlendes Zutrauen, verbale Herabsetzung, Demütigung, Entmutigung und Bloßstellung vor der Klasse charakterisierbar. Nicht selten fühlen sich die Schüler/innen von ihren Lehrpersonen verfolgt, schikaniert, benachteiligt, willkürlich behandelt, zurückgesetzt oder schikanös geprüft. Besonders gravierend erscheinen dabei die häufigen Misserfolgserwartungen, die von den Lehrpersonen gegenüber den Schüler/innen ausgesprochen werden („Du wirst dieses Schuljahr sowieso nicht schaffen."), da sie nicht nur den Charakter selbsterfüllender Prophezeiungen, sondern auch ein Element der Selbstverpflichtung für die aussprechenden Lehrer/-innen enthalten.

Die Schüler/innen selbst haben die Freude am Schulbesuch und am Lernen überwiegend verloren, vor allem deshalb, weil sie so wenig Erfolg in der Schule haben und mit den massierten Anforderungen nicht zurechtkommen. Dazu kommt nicht selten, dass sie als schlechte Schüler/innen auch in der Klasse wenig integriert sind und sich von ihren Mitschüler/innen gemobbt fühlen.

In der Schule finden sie wenig Hilfe und Unterstützung; vor allem im Hinblick auf die Klassenvorstände wird häufig berichtet, dass sie sich aus Konfliktsituationen eher heraushalten wollen. Sie reagieren vor allem mit Gefühlen der Resignation und Ohnmacht und versuchen, durch inneren Rückzug, Zusammensein mit anderen und Musikhören Ausgleich und Entspannung zu finden.

Konsequenzen für das individuelle Verhalten von Lehrpersonen liegen auf der Hand. Es geht um eine Umorientierung im Selbstverständnis des Unterrichtens und in der Beziehung zu den leistungsschwächeren Schüler/innen. In einem auf Steigerung der Bildungsbeteiligung begriffenen System kann es nicht darum gehen, sie „auszusieben", sondern vor allem darum, sie individuell zu unterstützen und zu fördern.

Auf Systemebene liefern die Interviews zahlreiche Hinweise, dass die Erfahrungen an den Nahtstellen des Bildungssystems – abgesehen davon, dass hier viele schon zu einem frühen Zeitpunkt scheitern – zum Teil verheerende Folgen für die Motivation der Schüler/innen haben. Es bedarf zweifellos massierter Anstrengungen, diese Übergänge so zu gestalten, dass nicht die Freude am Schulbesuch und die Motivation zum Lernen dauerhaft geschädigt werden.

Ebenfalls sichtbar wird, dass die Verantwortungspositionen im Schulsystem – Klassenvorstand, Schulleitung – zu wenig genützt werden, um den belasteten Schüler/innen Halt und Unterstützung zu geben.

Es wäre völlig unangemessen, die hier zusammengestellten Aussagen von Schüler/innen als repräsentatives Bild der österreichischen Schule zu interpretieren. Sie stellen vielmehr eine Verdichtung jener Ereignisse und Situationen dar, die einer – vermutlich relativ kleinen – Gruppe von Schülerinnen und Schülern widerfährt. Das sind jene Schüler/innen, die sich durch die Schule besonders belastet fühlen, in den meisten Fällen aber auch Schüler/innen mit relativ schlechten schulischen Leistungen. Wenn es gelingen würde, ihre Belastungen zu verringern, würde dies möglicherweise nicht nur ihr individuelles Befinden verbessern, sondern auch ihre Freude am Lernen steigern und ihre schulischen Leistungen verbessern.

Student well-being in Austrian schools

Summary

Aims. The aim of this representative survey is to investigate the well-being of students and to find out the significant factors influencing their well-being. It is a replication of a survey, which has been carried out in the school year 1993/94. Therefore it also aims to cover changes in this period of time. In the widest sense of the term, well-being is defined as the totality of attitudes, feelings and emotional states within a person and his/her personal environment. It includes how individuals experience themselves and their environment. One can therefore distinguish between a current, situationally oriented state and a lasting state of well-being.

Survey Design. The major part of the investigation is composed of a representative sampling survey. As measures of current state of well-being, such variables are registered as the immediate feeling of well-being at school, satisfaction with school, school anxiety, and various other psychic and psychosomatic stress factors resulting from school. Feelings of general self-esteem, achievement self-concept, and one's concept of social self are recorded as lasting characteristics of well-being. The factor *degree of social integration* of the individual with teachers and peers, *accomplishment of requirements, demands of time* for school as well as *characteristics of working conditions* are established as significant determinants of well-being. In addition to these, the quality of the school environment (school and classroom climate), characteristics of the family situation, and integration into peer groups are investigated as to their significance of influence.

Sample. The sampling size of the survey involved 7625 pupils from 4th to 12th grades in 339 school classes in schools of various types (primary schools, general lower and upper secondary schools, vocationally oriented schools with commercial, human science and technical curricula); the sample is representative for student populations across Austria. One in-depth study has been conducted parallel to the representative survey. In 46 detailed interviews with students, who were particularly stressed by school, it can be shown under which school-related and extra-curricular conditions stresses evolve, and which strategies youths use to cope with them.

Results. Positive values for well-being are shown for the majority of students by the representative sampling: the majority of pupils are satisfied with school and feel well there. However, very negative values in 15% to 25% of the respondents in single categories can be established regarding, in particular, school stress and psychosomatic complaints. The generally overwhelmingly positive feeling of the students is usually correlated with feelings of exhaustion and tiredness. All characteristics of well-being are markedly higher for female than for male students: They report more satisfaction with school but as well significantly more psychological strain resulting from school. During the pupil's school career, all well-being characteristics investigated show, in some areas, a massive decline, above all at the lower secondary level (10 to 14 years).

The majority of students report positive self-esteem and a positive social self-concept; compared to that their achievement self-concept is significantly lower. Male students have a better self-esteem and a more positive achievement self-concept. Also, the self-concept degenerates during the student's school career. Within the framework of the school, most students have positive relationships with fellow students and teachers. Respectively 15% to 20% of the students report frequent conflicts with peers. The same percentage have a clearly negative relationship with teachers.

In regard to the demands placed on students at school, a peculiar decrease in average grades is to be seen at entrance into and during the lower secondary level. In comparison to elementary school, the decrease in grade achievement is by more than one grade level. Up to 25% of the students note that they often "do not understand what is happening" in class, in both upper level an in lower classes.

Approximately 30% to 40% of the students feel stressed by school. In addition, the higher the school class, the less students trust themselves to meet the demands placed upon them at school. In vocational middle und upper secondary schools (14 to 18+ years), more than 15% of the students indicate that they have made an incongruent choice of school type. Male students show a higher frequency of responses to this variable.

The time demands placed on students for class work and homework reach or surpass those of working adults. On average 45 hours per week (lower secondary level) up to 48 hours (Gymnasium), respectively, are devoted to school related work. The change from elementary school to lower secondary school grades is coupled with a sudden increase of approximately 12 hours more per week dedicated to school-related work. The time devoted to school-related activities in full time vocational schools is about 55 hours per week on average (!). Numerous students complain about physical ailments related to their workplaces (25% to 35% list backache, headache, neck und shoulder discomfort).

Analyses of the different variables of well-being and discomfort at school show a structure with three dimensions - *feeling of well-being* at school, *psychological strain*, and *positive self-esteem*. Well-being at school results primarily from positive relationships to teachers and peers, learner centeredness and relevance of instruction, satisfaction with one's achievements, and, in the case of upper secondary schools, from the congruence between the student's personality and school.

Responsible for the development of psychological strain are – somewhat differentiated for lower and upper secondary levels – the high social and achievement stress factors, disorientation in class, low satisfaction with one's own accomplishments, and poor peer relations. Positive self-esteem results, above all, from positive relationships with teachers and peers, orientation in class-work, satisfaction with one's work, and parental support.

The intensive interviews with the students indicate that the psychological strains caused by school are the result of a low quality of instruction, of disrupted social relationships and low motivational prerequisites of the pupils. They are often triggered by negative emotions, which arise from the collision of insensitive teacher behaviour patterns and the needs of children and young adults for security, affection, respect, independence, self-realization, and knowledge. The students' ability to deal with these emotions is relatively restricted due to institutional norms at schools and societal expectations, especially those concerning parental achievement expectations, which results in frequently problematic forms of compensation, such as flight from reality through alcohol, drugs, or aggressive behaviour toward oneself and one's environment.

Change and development. Compared to 1993/94 well-being of pupils has slightly increased. Females, who were seen as "losers" of coeducation in the first study, are now in many areas clearly ahead of males. The former existing gender differences in self-concept are reduced, the congruence between school demands and the individual conditions of the females increased. In general, the relations between pupils and teachers have slightly improved.

We also found some changes in the amount of students' time for school. In the lower secondary schools we have a decline of school related time; in spite of this the marks in the lower level of the Gymnasium got noticeably better, as well as in primary schools. Altogether the time from 1994 to 2005 is characterized by the improvement of the females' situation, by the improvement of student-teacher-relations, as well as by changes of assessment practises within some parts of the school system.

Conclusions. The following seem to be problematic areas in school:

- The crossover from elementary to lower secondary school, which is accompanied by massive breakdown in well-being and in pupil's self-concept and self-esteem;
- the lower secondary levels (ages 10 to 14), where there is a continuous worsening of most areas of well-being;
- the physical and psychological health of students, which seem endangered by the heavy workload, to some extent non-ergonomic workplaces, pressure to achieve, and stress;
- the often poor and lacklustre quality of instruction, which results in disorientation for many students; it is probably caused by the lack of individualisation and differentiation particularly at the higher levels of the school system.